KB106584

시민사회의 기획과 도전

근대성의 검토

7   문화의 안과 밖

시대 상황과 성찰

시민사회의 기획과 도전

근대성의 검토

송호근

이진우

강정인

조 은

하영선

곽준혁

박홍규

백낙청

민음사

머리말

1

인간 문명과 역사에 있어 근대화만큼 큰 획을 그을 수 있는 시대 구분은 없을 것 같다. 근대화 이후 사회와 인간의 삶의 내용은 그 이 전과는 질적으로 뚜렷이 구분되는, '근대성'이라고 말할 수 있는 특 성을 획득하게 된다. 그런데 근대성이라는 말은, 인간과 사회의 거의 모든 수준에서 경험하거나 관찰할 수 있는, 또는 추상적으로 상정되 는 어떤 특성을 포괄적으로 가리키는 것이기 때문에 내용이 채워지 지 않은 막연한 개념이라고 할 수도 있다. 근대성이라는 개념은 포괄 하는 범위가 엄청나게 넓고 추상 수준 또한 극히 높다. 따라서 근대라 는 말은, 어떤 한 측면 또는 한 수준에서 정의된 근대라는 의미를 통 해 접근되고, 이해되는 것일 수밖에 없다. 철학적 지평의 관점에서 고 대와 중세로부터 근대로 접어들었다고 할 때 가장 특징적인 요소는 아리스토텔레스의 부재, 그의 철학 체계에 기초한 신학과 신의 섭리 에 대한 믿음의 뚜렷한 쇠락이라고 말할 수 있을 것 같다. 근대를 대 표하는 두 철학적 거인, 데카르트와 칸트는 인간의 이성과 도덕적 자 율성을 중심으로 하는 철학을 통해 새로운 세계관을 열었다고 할 수 있다. 사회과학적 지평에서 볼 때 오늘날 사회학이라고 부르는 학문 영역 자체가 근대화의 산물이다. 마르크스는 자본주의 산업 발전과 그로 인한 계급 갈등의 첨예화로, 베버는 탈신비화, 세속화, 도구적 합리성에 기초한 합리화로 근대 사회를 이해했다. 또한 에밀 뒤르켐은 농경 사회에 기초한 기계적 유대가 중심이 되었던 전통 사회로부터 사회의 기능적 분업이 가져온 유기적 연대에 기초한 사회로의 전환을 근대 사회로 이해했다.

18~19세기 서구에서의 산업 혁명과 공화주의, 민주주의 혁명은 근대로의 획기적인 전환을 가져온 사회 경제적, 정치적 혁명이었다. 그리고 이러한 대전환을 전후로 한 시기, 시민사회의 발전과 이를 토대로 한 (영토) 국가의 발전 또한 근대성의 핵심적 요소로 이해할 수 있을 것이다. 또 다른 측면에서 볼 때 사회학자 랄프 다렌도르프가 말하는 근대성의 두 얼굴, 말하자면 자본주의 산업 사회의 총아이자 경제성장의 주역으로서의 시민(burghers/bourgeois)과 사회적 평등과 민주주의를 표방하는 시민(citizens/citoyens)이라는 그 이중성은, 근대적 갈등의 원천으로 나타나기에 이르렀다. 그렇지만 근대성의 측면들과 근대화의 과정이 어떠하든, 근대성의 문제는 지난 세기들을 통해 이루어진 어떤 거시적 또는 미시적 사회변화로서 완결된 것이 아니라, 현재에도 진행되고 있는 과정이기도 하다.

어쨌든 근대의 흥기로부터 현재에 이르기까지의 긴 시간을 의미 있는 근대라는 하나의 말로 개념화한다는 것은 지난하다. 현대의 학자들이 후기 근대성의 시대(late modern age)니 포스트모더니즘이니 하고 말하는 것은 긴 시간의 사회적 변화를 보다 의미 있는 짧은 단위로 구분할 필요 때문이라고 할 수 있다. 그런데 근대화, 근대성이 어떻게 정의되든 그 말은 철학적 사유, 인간의 삶의 양식, 사회의 제도나 규범의 특징적 측면이나 그 변화를 표현하는 데서 그치는 것이 아니다. 그것은 정치적 문제의 직접적인 원천으로 나타나기도 한다. 오늘날 이슬람 문명과 다른 문명 간의 대립과 충돌이 냉전 이후 세계의 정치적, 사회적 안정에 큰 위협이 되고 있지만, 이 문제는 따지고 보면 이슬람 세계의 근대화, 근대성과 직결되는 것이기도 하다. 먼저 근대화한 서구 세계가 이슬람 세계에 가한 충격과 이에 대한 이슬람 세계의 대응이 문제의 원천이기 때문이다. 정치학자 새뮤얼 헌팅턴은 이 현상을 '문명의 충돌'이라는 말로 표현한다. 그러나 이슬람 문제를 종교적 차이를 원천으로 하는 문명 간의 갈등으로 이해하는 것은 피상적이다. 이슬람 문명이 기독교, 유교, 힌두교, 불교와 같은 큰 종교를 발전시켰던 문명들과는 달리 종교적 세속화, 말하자면 근대화를 부정해 왔거나, 또는 그러한 시도에 실패한 것이 문제의 본질이기 때문이다. 즉 이는 지체된 근대화의 문제라고 할 수 있다.

물론 이러한 문제는 다른 각도에서 다르게 접근할 수 있다. 그런데 보편적 이성과 합리주의를 수용하지 않는 종교적 근본주의나 교조적 이데올로기에 매몰되는 현상, 또 그것을 지속시키는 근대화의 부정 내지 실패가 가져온 결과는 이슬람 세계만의 문제는 아니다. 아직도 분단된 한반도에서 민족 문제 해결을 위한 진전을 어렵게 하는 요인의 하나를 북한 사회의 근대화 지체라고 볼 수도 있다. 또 근대화의 문제는 근대화를 시작하는 타이밍을 핵심 변수로 놓고 다른 방향에서 접근하는 것도 가능하다. 지난 세기 배링턴 무어, 알렉산더 거센크론, 앨버트 허시먼 같은 사회과학자나 경제사학자들이 비교역사 분석을 통해 발전시킨 이론들은 근대화의 출발이 늦은 사회가 어떻게 근대화에 대응했는가 하는 사실을 체계적으로 설명한다. 이들은 근대화의 시작이 지체될수록 권위주의적 요소가 강화된다는 사실을 보여 주었다. 이러한 이론이 갖는 함의는 중요하다. 근대화에 이르는 길이 하나가 아니라 여럿이라는 다원적 근대화의 경로를 시사하기 때문이다. 이러한 이론들에 힘입어 지난날 한국 사회에서 수행되었던 권위주의 산업화와 민주주의하에서 지속되는 그 유산에 대해 그리고 또한 앞으로 일어나게 될 북한 사회의 근대화의 내용과 경로에 대해서도 더 폭넓게 이해하고 전망할 수 있을 것이다.

근대화, 근대성이라는 말은 두 방향으로 사용할 수 있을 것 같다. 그 말을 높은 추상화의 힘을 갖는 것으로 사용하면서 구체적인 현실, 현상을 하향적 방식으로 한꺼번에 추상화해서 이해하든, 반대로 그 말을 구체적인 현상들이 갖는 개별성들을 통일적으로 설명할 수 있는 상향적인 구성적 개념으로 사용하든, 근대화와 근대성의 문제를 이해하고 그에 이성적으로 대응하는 작업은 절대적으로 필요하다. 다음 절에서는 여덟 편의 글을 통해 이 책의 저자들이 근대화와 근대성이라는 포괄적이고 추상적인 말을 세계적으로 또는 한국 사회라는 조건에서 어떻게 사용하고 그 내용을 채워 나가는지 살펴보도록 한다. 한 가지 덧붙여 말한다면, 예컨대 사회학자 앤서니 기든스나 지그문트 바우만이 탐구했던 주제들, 말하자면 후기 근대 시기에 있어 극도로 유동적이고 개별화된 사회의 구조와 성격, 그 사회에서의 인간 자아를 다루는 문제들은 포함돼 있지 않다는 것을 미리 밝히고자 한다.

2

먼저 한국 사회의 역사적 경험과 사회 발전, 그리고 정치적 현실에 관한 주제를 다루면서 글의 성격이 구체적이고 그 범위가 한정돼 있는 세 편의 글을 살펴보자.

송호근 교수의 「상상적 시민의 탄생」은 한국 사회에서 시민과 시민사회의 기원과 그 초기 발전 과정을 사회학적 문제의식, 특히 하버마스의 "공론장" 개념을 중심으로 하여 역사적으로 추적한다. 글이 다루는 시기는 저자가 장차 시민으로 성장할 수 있는 '인민'의 출현을 읽어 내는 조선조 말 동학의 확산부터 본격적인 근대 시민의 탄생이 좌절되는 1910~1920년대 일제 강점기까지이다. 송 교수의 글은 광범한 문헌 자료를 활용하여 인민, 시민, 시민사회의 역사적 발생 과정을 탐색하는 비교역사사회학적 방법의 전형을 보여 준다. 그동안 필자를 포함하여 여러 정치학자나 사회학자들은 한국 사회에서의 시민과 시민사회의 출현을 멀리 잡아야 해방 이후로 거슬러 올라갔고, 본격적으로는 1980년대 민주화의 산물로 이해한다. 이 점에서 송 교수의 글은 정치사회학적이기보다 훨씬 더 역사사회학적이다. 이 주제를 다루는 관점이 어떠하든 근대화 이전의 조선조로 거슬러 올라가 근대적 시민의 발생을 탐색하는 방법은, 먼저 근대화한 서구 사회에서의 시민의 출현과 더 잘 비교해 볼 수 있다는 점에서 큰 장점을 갖는다. 어쨌든 송 교수는 유교적 전통 사회의 정치 질서였던 군주정이 시민이 중심이 되는 근대적 입헌 군주정적 통치 체제로 변하는 것을 한국 사회의 근대화와 근대성의 중심에 놓는다.

강정인 교수의 「유교, 자본주의, 민주주의」는 동아시아 국가들에서 강한 유교적 전통이 자본주의와 민주주의 발전에 긍정적인 영향을 미칠 수 있느냐 하는 문제를 다룬다. 풀어 말하면, 서구가 선도했던 근대화의 두 중심축이라 할 수 있는 자본주의 산업화와 민주주의 발전을 성취하는 데 "아시아적 가치"가 긍정적으로 기여할 수 있느냐 하는 질문이다. 이 질문은 경험적 관찰을 통해 어렵지 않게 해답을 구할 수 있는 것으로 보이기도 한다. 오늘날 중국은 말할 것도 없고 기독교 문명권 밖 동아시아의 여러 국가들이 강력한 후발 자본주의 발전 국가로 성장했다. 요컨대 종교와 자본주의 성장 사이에 인과 관계를 발견하기는 어렵다. 이를 설명하기 위해 강 교수는 서구와 동아시아의 근대화의 역사적 조건과 경험이 근본적으로 달랐다는 점에 주목하고, 각각을 "원초적 근대화"와 "2차적 근대화"라는 개념으로 구분한다. 2차적 근대화를 추구한 동아시아의 후발 국가들은 서구 사회가 자본주의를 발전시켰던 동일한 전제 조건 또는 기능적 등가물로서 유교적 전통을 발견하고 이를 변용하여 '경제 발전'이라는 자본주의화를 합리화하는 매개 변수로 동원하였다는 것이다. 유교 문명권에서의 민주주의 발전에 대한 논의도 이러한 "원초적 민주화"와 "2차적 민주화"의 구분이 유용할 것이라고 말한다.

하영선 교수의 「한반도의 전쟁과 평화」는 1950년대 한국 전쟁의 조건과 과정, 그리고 그것이 갖는 의미를 되돌아보고, 냉전이 해체되었음에도 불구하고 통일은 고사하고 한반도에서의 남북한 간 적대 관계와 긴장이 고조되는 현 상황을 분석한 뒤 평화의 조건을 탐색한다. 하 교수는 한반도에서의 전쟁과 평화가 전개된 역사적 과정을, 구조적 특성을 달리하는 국제 정치 질서 체계의 네 가지 유형, 즉 전통 천하 질서, 근대 국제 질서, 현대 냉전 질서, 21세기형 미래 복합 질서로 구분하면서 체계이론적 분석을 시도한다. 하 교수의 분석은 특히 냉전 초기 1950년의 한국 전쟁과 냉전 후기 데탕트 시기 1972년 7·4 남북 공동 성명의 추진과 폐기에 큰 비중을 둔다. 여기에서 하 교수는 미국과 소련에서 새로이 공개된 비밀문서에 기초하여 커밍스로 대표되는 미국의 수정주의적 해석을 비판하면서 한국 전쟁은 김일성이 스탈린을 설득하여 도발한 전쟁이라는 수단에 의한 통일 기획이었다고 결론짓는다. 또한 7·4 남북 공동 성명의 실패에 대한 치밀한 분석을 통하여 국제 냉전과 미중 관계의 데탕트에도 불구하고 왜 한반도에서만큼은 냉전이 데탕트로 이어질 수 없었는가 하는 점을 보여 준다. 한반도 평화 질서의 구축에 대한 하 교수의 대안은, 그가 21세기 새로운 세계 질서라고 특징짓는 "미래 복합 질서" 체제이다. 새로운 국제 질서는 21세기적 발상을 요구하는 것으로, 그 핵심은 기존의 국가 간 체계에서의 국제 관계 네트워크와는 다른 차원에서 구축되는 사이버 공간의 질서와 중층적으로 결합하는 구조를 발전시키는 일이다.

3

다음으로 거시적인 문제를 다루었던 앞 절에 비해 철학적 또는 이론적인 성격을 가지며 문제를 보다 미시적으로 다루는 특징이 보이는 네 편의 글을 보자.

이진우 교수는 「포스트모던 조건의 재성찰」에서 — 저자 스스로는 그 말에 대해 비판적이지만 — 인간의 삶을 지배하는 역사적 삶의 조건으로서 포스트모더니즘을 다룬다. 그의 표현을 따르면, 텍스트보다는 콘텍스트에 주목한다. 포스트모더니즘은 거대 서사에 대한 의심, 현대적 주체에 대한 부정, 차이에 대한 관심이라는 핵심 내용으로 인해 모더니즘으로부터 분기된다. 그는 21세기 포스트모던 사회에서 거대 서사가 자취를 감추었나라고 질문하면서, 단연코 그렇지 않다고 대답한다. 이성적 비판, 철학적 진리, 정치적 이데올로기의 적극적이고 긍정적인 역할을 통한 역사의 진보는 여전히 필요하며, 전체성, 본질, 토대에 대해 이성적으로 성찰하는 작업이 요구되기 때문이다. 이 교수는 권력이 주체를 창출한다는 주장을 통해 주체의 죽음을 말하는 미셸 푸코의 담론이론과 권력이론에 내장된 보수성에 대해서도 비판적이다. 또한 저자는 차이를 강조하고 절대화하는 이론이 개인들이 하나의 공동체를 구성할 수 있는 기회와 역량을 박탈하는 결과를 가져오고 사회를 점점 탈정치화하는 데 기여한다고 본다. 그는 모더니즘의 효과가 뚜렷이 약화될 수밖에 없었던 후기 근대 사회 내지 현대 사회에서 포스트모더니즘이 등장했다 하더라도 그 철학 또는 문화적 지적 현상은 미래 사회가 창출하는 어떠한 잠재력도 발견하지 못한다는 분명한 한계를 지닌다고 생각한다.

조은 교수의 「근대의 패러독스」는 여성, 젠더의 문제를 근대의 패러독스라는 말로 설명하려고 한다. 이 글은 먼저 여성, 젠더 문제가 분명 근대의 산물이고, 여성 운동과 같은 진보적인 정치적, 사회적 운동을 매개로 근대화가 만들어 낸 인식, 문화, 제도의 변화에 힘입어 근대성을 획득하게 되었다고 말한다. 그러나 그것이 패러독스인 이유는 그러한 근대(성)의 획득에도 불구하고 여성, 젠더 문제, 즉 여성 차별 문제가 해소는커녕 뚜렷이 진전되지 못하고, 오히려 일상화되고 주변화되면서 사회의 중요한 이슈로서 남아 있기조차 힘든, 저자가 여성 문제 논의 또는 관심 영역의 "게토화"라고 표현하는 퇴영적 상황이 나타나고 있기 때문이다. 조은 교수는 이 글에서 여성, 젠더 문제를 진전시키는 어떤 해결책이나 대안을 직접 말하지는 않는다. 차라리 이 글의 목적은, 여성, 젠더 문제가 결코 쉽게 답할 수 없는 극히 복합적인 이슈이고, 따라서 사회의 중심 이슈로서 진지하고 섬세하게 다루지 않으면 안 된다는 사실을 일깨우는 데 있다. 저자는 여성, 젠더, 성별 제도를 식민지 근대로부터 시작하여 현재 자본주의 시장 경제적 조건에 이르기까지 역사적으로 추적하면서 여성 문제가 담론적 구성물이며, 고정된 구성물이 아니라 유동적인 의미 투쟁의 장이라고 강조한다.

곽준혁 교수의 「비지배적 상호성과 세계시민주의」는 "세계시민주의"를 일국 중심의 시민 참여를 통한 민주주의에 대비시키면서 일국적 경계를 넘어 세계적 수준에서 민주주의의 가능성을 발견할 수 있느냐 하는 문제를 철학적, 이론적으로 탐색한다. 저자는 세계시민주의 사상이 고대 로마 공화정 이론으로부터 시작하여 현대에 이르기까지 풍부한 이론적 근거를 갖는다고 말한다. 그 가운데서도 현대의 신로마공화주의(Neo-Roman republicanism) 이론가들이 주장하는 "비(非)지배 자유"를 자신의 이론적 논거로 제시한다. 저자는 먼저 자신의 논거를 구성하기 위해 세계시민주의가 기초하고 있는 보편주의와 민주적 시민성에 대한 정치사상적 연원을 살펴본다. 그런 연후에 "비지배적 상호성"을 세계시민주의에 도달할 수 있는 중심 개념으로 제시한다. 비지배적 상호성에 기초하여 그가 제시하는 대안은 "민족주의 없는 애국심"이다. 민족주의가 담당해 온 공적 역할을 시민적 연대로 대체하는 것이다. 곽 교수는 민족주의 없는 애국심이야말로 세계 평화와 보편적 가치의 실현을 위해 세계가 함께 추구해야 할 해결책이라고 생각한다.

박홍규 교수는 「자유와 자치 그리고 자연」에서 개인의 양심, 집단적 정의, 보편적 인간 윤리라는 주제를 다룬다. 그의 글에서 가장 특징적인 것은 두 가지이다. 하나는 박 교수의 실제 삶의 양식이다. 그는 가능한 한 육식을 삼가고, 의식주는 스스로 마련하는 자급자족의 생활을 하며, 핸드폰 같은 문명의 이기를 사용하지 않고 자전거로 출퇴근하며 산다. 다른 하나는 모든 존재의 자연 상태인 무지배와 무차별을 지향할 것을 주장하면서 그 원리를 모든 계급적 인종적 성적 차별뿐만 아니라 종적(種的) 차별에까지 적용해야 한다고 역설한다. 윤리의 원칙이 동물이나 식물로까지 확대되어야 한다는 것이다. 박홍규 교수는 우리가 매일 마주치는 문제들이 곧 가장 현실적이고 윤리적인 문제라고 말하는 철학자 피터 싱어의 사상을 따라 개인의 양심, 집단적 정의, 보편적 인간 윤리가 환경적 정의와 동물의 권리로까지의 확대되어야 한다고 생각한다. 박 교수는 정의와 윤리의 기본이 양심이라고 전제한 후, 이 양심으로부터 집단적 정의나 보편적 윤리가 나온다고 본다. 그러나 이 양심의 자유는, '양심적 병역 거부'나 '집총 거부' 혹은 '지문 제도 거부' 등에서 보듯이 우리 사회에서 여전히 인정되지 않으며, 이것은 우리나라의 인권 제약이 얼마나 심각한지를 보여 준다고 주장한다.

4

백낙청 교수의 「근대, 적응과 극복의 이중과제」는 제목이 말하듯이 근대를 이중과제, 즉 근대에 대한 비판적 수용과 근대의 극복이라는 두 차원으로 접근한다. 근대를 이중과제로 접근하는 이론 구성 과정에서 이매뉴얼 월러스틴의 자본주의 세계체제이론과 프레드릭 제임슨의 비판적 포스트모더니즘 이론이 상당 정도 조력자 역할을 한다. 백 교수의 글에서 근대는 자본주의 생산 체제의 발전과 전개로 표현된다. 그것은 한편으로는 세계적 차원에서 위계적으로 조직된 자본주의 생산 체제로서 소수 중심부 국가의 주변부에 대한 식민지수탈, 노동착취와 같은 부정적 측면을 내장하는 것으로 비판의 대상이 된다. 그러나 저자는 다른 한편 자본주의의 산업화가 가져온 성취를 부정하는 사회주의와 어떤 대안적 유사(類似) 변혁 사상에 대해서도 비판적이다. 저자는 근대에 적응하고 그것을 수용하는 과정에서 근대를 극복할 수 있는 논점들을 명시적으로 또는 암묵적으로 제시한다. 이렇게 이해된 근대의 수용과 극복의 이중과제를 분단된 한반도의 상황에 위치시키는 것이 글의 중심 내용이다. 근대에 대한 이러한 이해 방식은 한반도 분단체제를 이해하고 극복하려는 백낙청 교수의 이론이자 실천적 방법론이라고 말할 수 있다.

여기에서 근대의 조건, 더 정확히 말하면 바람직한 조건은 두 가지 규범적 명제를 요건으로 한다. 하나는 독립된 민족/국민국가를 건설하는 것은 근대의 핵심적 요건이라는 것이고, 다른 하나는 한민족은 오랜 기간 단일 민족으로서 단일 독립 국가를 유지해 왔고 민족문화를 발전시켰기 때문에 통일은 무엇보다 우선하는 가치라는 점이다. 이러한 두 개의 기준에서 분단체제는 "결손국가"이고, 국가간체제에 참여하지 못하는 "비정상적" 상태에 머무르는 것이라고 생각한다. 백 교수의 이러한 논지로부터 필자는 한국과 같은 분단 경험이 있는 독일에서의 역사 해석 방식을 떠올리게 된다. 그들이 "독일 문제(Die Deutsche Frage/the German Question)"라고 말하면서 자신의 역사를 이해하는 방식은 국민국가 형성과 산업화의 지체에 의한 "독일 예외주의"의 결과라는 것이다. 백낙청 교수의 글을 읽을 때 한국에서도 민족 문제를 근대화의 중심으로 안은 '근대화에 이르는 한반도의 특수한 길'에 대해 생각할 수 있느냐 하는 물음을 갖게 된다. 그러나 같은 분단국가로서 한국과 독일이 어떤 공통점이 있든 간에 백 교수는 단선적인 근대화 과정, 독일을 따라가는 것과 같은 단선적인 통일 전개과정을 수용하지는 않는다. 그는 단일한 국민국가의 형성, 즉 통일은 사실상 어려운 과제라는 점을 고통스럽게 수용하고 있는 것으로 보인다. 통일에의 강렬한 희원을 담은 논지에 비해 해결책은 왕성한 시민참여에 의한 동아시아 시민사회의 발전에 기대하는 극히 온화한 대안으로 나타난다. 그리고 한반도의 통일 문제는, 전지구적 차원에서 근대에 이르는 이중과제의 한 사례로 용해된다. 그러나 통일에 이르는 경로가 어떠하든 백 교수는 민족적 일체성의 감성이야말로 통일을 위한 정신적 기반이자 원천이라는 점을 강조한다. 이 점에서 민족문학론은 그 일체성의 표현으로서 민족적 감성과 민족문화를 유지, 형성하고 함양할 수 있는 핵심적 자원이자 매개라는 의미를 갖는다.

문화의 안과 밖 자문위원 최장집

차례

일러두기

국립국어원의 한글 맞춤법과 외래어 표기법을 따르되 일부 글은 필자의 요청에 따라 예외를 두
었다.

상상적 시민의
탄생

한국 근대 사회의 기원

송호근

서울대학교 사회학과 교수

1 인문학과 사회과학

사회과학을 하는 필자에게 서양의 근대는 언제나 뚜렷했고 분명했다.[1] 유럽의 정치 체제와 자본주의 역사에 대해서도 그 기원과 진화 양상을 대체로 무리 없이 그려 볼 수 있다. 근대의 사회과학은 그런 배경에서 태어났다. 그런데 한국은 근대의 기원과 진화 궤적이 모호하다. 여러 학문 분과에서 한국의 근대를 찾아 힘든 지적 모험을 감행해 왔지만 총체적 모습은 아직 흐릿하다. 어떻게 시작됐는지, 근대의 발전 궤적은 왜 집단적 기획으로 수렴되지 못하고 천지 사방으로 흩어졌는지, 제국주의적 통치는 어떻게 그것을 왜곡했는지를 두고 아직 논쟁이 분분하다. 현대 시민사회의 모체가 어떠했는가는 둘째 치고라도, 근대 국가가 언제 형성되었는지, 근대적 사회와 근대인은 언제 탄생했는지를 분간하기는 쉽지 않았다. 그런 마당에 사회과학자의 주 관심사인 시민사회의 형성 요인들, 주요 행위자들, 그리고 시대적 환경과 내외적 변수들을 정립하는 것은 거의 퍼즐 맞추기에 가깝다.

지난 몇 년 퍼즐 맞추기를 하는 동안 필자는 인문학의 내부를 실컷 들여다보았다. 인문학자는 세상의 복잡한 현상과 사건을 단칼에

　　　　　　　　상상적 시민의 탄생

해부해 보여 주는 사회과학자를 부러워할 것이다. 인문학자는 단순한 것을 복잡하게 만드는 것에 이골이 난 사람들이고 사회과학자는 거꾸로다. 복잡한 것을 가능한 한 단순하게 다듬는 일, 그것이 사회과학자의 임무다. 이름난 사회과학자일수록 간단명료한 것을 좋아한다. 사회과학자는 명제를 만드는 사람이다. 명제(proposition)는 두 개 변수 간 인과 관계로 이뤄진다. 독립 변수와 종속 변수다. 독립 변수는 설명하는 요인이고, 종속 변수는 설명되는 현상이다. 하나의 변수로 하나의 현상을 설명하는 일, 그것이 사회과학이다. 두 변수 간 관계에 개입하는 수많은 여타의 변수들은 매개 변수로 설정되거나 아예 영향을 미치지 않도록 통제된다. 매개 변수를 어떻게 배치하는가가 논문의 수준을 좌우하는데 이런 것들을 능수능란하게 다루기란 보통 어려운 일이 아니다.

프랑스의 사회학자 에밀 뒤르켐(Émile Durkheim)은 『자살론』에서 종교와 자살률의 상관관계를 연구했다. 양자를 어떻게 연관시키는지가 바로 연구자의 관심이자 연구의 가치를 결정하는데 뒤르켐은 놀랍게도 연대감(solidarity)에 주목했다. 어떤 종교가 사회적 연대감과 친화성이 있는가, 연대감을 증진하거나 약화하는지가 자살률을 결정한다는 것이다. 인문학자에게 일단 '자살'이라고 하면 우울증, 유전자적 영향과 주관적 기질, 돌발적 사건, 실연 등 개인적 사건을 떠올릴 것이다. 베르테르는 왜 자살했는가? 이루어질 수 없는 사랑, 약혼녀인 로테를 사랑했기 때문에, 그리고 유전자적으로 자살 충동을 물려받았을지 모르기 때문에. 사회과학자들은 개인의 주관적 기질과 스토리에 별로 관심이 없다. 베르테르의 종교는? 계층은? 직업은? 시민

계급(베르테르)과 귀족(로테) 간 넘을 수 없는 간극과 관습이 그를 자살로 몰고 갔다고 하면 사회과학적 설명이다. 그런데 그런 사람이 어디 한둘이었을까? 베르테르가 예외(exception)라고 하면 설명 실패다. 그런데, 계층 '내' 연애하는 집단과 계층 '간' 연애하는 집단의 자살률을 비교하면 베르테르의 자살이 그럴듯하게 설명될지 모른다. 이를 밝히려면 자료를 수집해야 한다. 당시로 돌아가서 자살한 사람들의 배경을 살피고 계층 분류를 하고 자살 동기를 코드화해야 한다. 변수화한다는 말이다. 사회과학자는 변수와 놀고, 인문학자는 스토리와 논다.

변수와 놀다 보니 허무해졌다는 것을 강변하려고 장황하게 늘어놓았다. 변수는 스토리를 제공하지 않는다. 인간 스토리가 기억 창고에 착착 쌓이면 허무해질 때 참고용으로 쓸 수 있으련만 주로 변수와 변수 관계만 쌓였으니 참고할 만한 것이 별로 집적되지 않았다. 마음의 창고가 텅 비는 것이다. 더군다나 사회과학은 시간 제약적 변수에 매달려야 하는데 시간이 흐르면 그 연구는 곧장 창고행이다. 몇 년을 바쳐 쓴 연구서가 시대의 관심이 변하면 옛이야기가 되기 일쑤다.[2]

그렇다고 인문학적 연구를 마냥 흠모하는 것은 아니다. 필자는 국사학계의 연구를 두루 섭렵하면서 연구자의 주관적 가치관이 스며든 논문과 저서를 수없이 많이 접했다. 식민 사관을 극복해야 한다는 시대적 사명감을 고려하면 충분히 이해할 수 있지만 해석의 오류, 의도가 실린 연구 경향에 대해서는 공감하기 어려웠음을 솔직히 고백하고 싶다. 동학이 전형적 사례다. 민중 사학의 출발점이자 보고(寶庫)인 동학 연구는 90퍼센트 이상이 농민 전쟁의 혁혁한 변동론적 의

상상적 시민의 탄생

미에 초점을 두고 있다. 전봉준의 활약상, 폐정 개혁안에 실린 근대적 의미, 척왜양이로 대변되는 민족주의적 기치, 가슴이 뛸 만큼 번득이는 찬란한 민중 의식을 부정하는 것은 아니나, 평범한 농민들이 왜 가족을 버리고 전쟁에 뛰어들었는지를 물어보면 답은 궁색하다. 민중 의식이 왜 발현되었을까를 파고드는 연구들에도 탐관오리의 착취에 분연히 일어난 '의식화된 민중'이 배치될 뿐이다. 동어 반복이다. 동학 경전을 분석한 논문들도 최제우의 평등 의식, 민주 의식, 그리고 신분 타파 등등으로부터 근대 개혁의 단초를 발견하고 확대 해석하는 것으로 끝난다. 과연 최제우는 평등, 민주, 민중과 같은 근대적 기치들을 의식적으로 기획했을까, 아닐까? 창도자는 형장의 이슬로 사라졌다. 그런데 동학은 전파되었다. 전파는 최시형의 몫이었다. 이런 관점에서 해월 최시형이 중심이어야 한다는 생각에 미쳤다.[3] 최시형이 훨씬 중요한 인물이고 훨씬 더 본질에 가까웠다고 말이다. 문해인민(文解人民)에게 새로운 인식을 부여한 주인공이기 때문이다. 새로운 인식이란 조선 지배층에게는 매우 위험한 '개인적 자각'을 일깨워 준 것을 지칭한다. 동학도들은 교조 신원이 부정된다면 자신들도 진정한 인간이 될 수 없다는 개인적 자각을 내면화했던 것이고, 그것을 일깨운 사람이 최시형이었다. 농민들은 '나를 인간으로 인정하라'고 외치면서 논밭에서 죽어 갔던 것이다. 그렇다면, 동학 연구에서 최시형을 홀대하는 그런 선입견과 고정 관념은 어디에서 유래한 것일까? 동학은 조선 최초의 종교 개혁이었다. 최제우는 루터였고, 최시형은 칼뱅이었다.

근대의 기원을 탐구하는 연구들이 빠진 함정도 마찬가지다. 필자는 국사학계가 성취한 근대화 관련 연구 업적을 높이 평가하고 어려운 상황 속에서도 뭔가 해내려는 연구자들의 열정을 존경한다. 그러나 다음과 같은 점들을 지적해야 한다. 대부분 하나의 연구 주제에 매몰되어 총체적 변동 양상을 그려 내지 않거나 그렇게 하는 것을 극도로 경계한다. 그게 국사학계의 불문율인지는 몰라도 한마디로 소재주의다. 또한 방법론이 없다. 사료를 읽고 해석하고 발견한 바를 정리하는 것으로 논지가 흐른다. 누가 더 많이 읽고 더 깊이 해석하는지에 차이가 날 뿐 변수들의 체계적 집합과 그 체계의 변동 규칙이 보이지 않는다. 예를 들어, 갑오개혁 이후 대한 제국 시기에 근대 국가가 태어났다는 것이 국사학계의 일반적 견해다. 그런데 근대 국가의 기준은 무엇인가? 다른 나라와 비교하여 당시 대한 제국이 갖춘 것과 갖추지 못한 것을 가려내야 근대 국가의 성립 여부를 판단할 수 있을 터이다. 어떤 연구는 당시 국민국가가 성립되었다고도 말한다. 그 기준은 무엇인가? 당시 국민이 존재했는가? 인민에서 근대적 개인으로도 진화하지 못했던 당시에 국민이 형성되었다는 주장은 연구자의 희망 사고가 없던 결과인가? 방법론적 검열을 받지 못한 연구는 연구자의 주관에 좌우되기 마련이다. 스토리는 훌륭하나 해석은 자의적이다.

2 근대를 찾아 나서다 — 인민의 진화 궤적

한국에서 근대 국가는 언제 탄생했고 어떻게 성장했기에 오늘날

상상적 시민의 탄생

이런 모습을 띠었는가? 근대인과 시민사회는 어떻게 생겨났기에 식민지와 전쟁을 허용할 수밖에 없었고, 이후 세계에서 가장 치열한 경쟁 사회로 치달았는가? 근대를 찾아 나선 나의 여행은 그만 훨씬 더 깊숙한 근원으로 거슬러 올라갔다. 마치 강물 탐사 팀이 발원지를 찾아 산속으로 들어가듯 말이다. 『인민의 탄생』은 그렇게 출간되었다.

조선의 지배 양식은 세계에서 보기 드문 '문(文)의 통치'였다. 군대와 치안 조직을 최소화하고 오직 관권과 향권으로 500년을 다스렸다는 것은 그야말로 국가론의 관점에서 연구 대상이다. 아니 무력을 증강할 필요성을 느끼지 않았다. 중국의 비호 아래 바다를 봉쇄했기에 북쪽의 변방 오랑캐와 남쪽의 왜구만 물리치면 족했다. 만주족이 북경을 점령하고 청을 건국한 이후에는 조금 사정이 복잡해졌지만, 중국에의 무력 의존은 변함이 없었다. 조선은 내정에만 신경 쓰면 족했다. 내정에서 '문의 통치'는 '무(武)의 통치'보다 단단하고 견고했다. 인민의 머리를 점령했으니까 말이다. 진리의 근원으로서 하늘(天)이 상정됐고, 하늘의 이치(天理)를 깨닫고 그것을 세상에 펴는 것은 군왕과 사대부, 양반의 몫이었다.

조선에서 인민은 통치와 교화의 대상이었다. 조선의 통치 철학인 성리학이 민유방본(民惟邦本)이라 하여 '민(民)을 국가의 본(本)'으로 상정하고 있었지만, 민은 공역과 납세의 의무를 짊어지고 군주의 권력에 복종해야 하는 집단이었다. 민이 없으면 권력은 존재할 수 없다는 의미에서 민심(民心)은 천심(天心)으로, 천심은 천도(天道)로 정의되었다. 군주는 인민에 터를 잡아야 한다는 것이 민유방본, 또는 도덕 정치의 기본 논리였다. 조선 초기 통치의 기본 원리를 구축했던 정도

전은 군주-사대부-인민의 관계를 건축물에 비유했다.

통치 체계는 세 개의 축으로 축조되었다. 제례와 생활 윤리를 관장하는 유교를 중심축으로 하고, 정치와 문예가 권력 행사와 이념 생산을 각각 담당했다. 정치와 문예는 모두 유교의 상위 개념인 성리학에 의해 규정되었으며, 정치권력과 학문은 성리학적 원리와 정확히 부합해야 했다. 성리학은 조선인의 의식과 도덕, 현실 생활을 지배한 최고의 원리였으며, 그런 의미에서 조선은 매우 철저한 정교일치(政敎一致) 국가였다. 종교, 정치, 문예가 빈틈없이 짜인 견고한 통치 구조에서 벗어난다는 것은 상상할 수 없었다. 그러나 내부 균열이 발생했다. 조선의 인민이 세상사에 대한 다른 이치를 깨닫고 봉건 질서와 지배층에 반기를 들게 되는 1860년대, 이른바 '민란의 시대'가 도래했다는 것은 조선의 지배 구조에 어떤 심각한 균열이 발생했음을 뜻한다. 통치의 객체이자 대상인 인민, 세계에서 유례없이 단단한 통치 구조의 그물 속에서 저항과 이탈의 꿈을 꾸지 않았고 꿀 능력도 없었던 인민이 찢긴 그물을 헤치고 나오듯 봉건 질서로부터 걸어 나왔다는 것은 구질서의 효율성이 소진된 끝에 신질서가 도래하고 있었음을 의미한다.

인민을 단단하게 포박하는 이 삼중 구조가 지속되는 한, 중세는 성공적으로 지속되고 근대는 오지 않는다. 신분 직역을 충실히 수행하는 통치 객체로서 인민의 지위가 전혀 변화하지 않기 때문이다. 가끔 국지적 민란이 발생하기도 했고, 임꺽정과 장길산 같은 군도가 출몰하기도 했지만, 그것은 이탈이었지 인민대중의 전면적 저항은 아니었다. 서양에서 인민대중의 지위를 변화시키는 기제들, 예컨대 시장과 상공업 발전은 관료제적 통제하에서 그 싹을 틔우지 못했다. 시장은 국가에 종속되었으며, 재산을 축적한 신향(新鄕) 세력도 19세기 중반에야 비로소 전통적인 향권에 맞설 정도가 되었다. 중세적 인민이 근대적 인민으로 변화하기 시작하는 것은 이 삼중 구조의 통치 효율성이 쇠락했을 때이다.

3 문해인민과 국문 담론장

인민대중을 중세로부터 근대로 날라다 준 비행체는 무엇인가? 인민은 그 강력한 통치 체계에 저항할 어떤 지식도 의지도 배양할 수 없었을 터인데, 무엇이 그들로 하여금 통치 체계의 내벽을 허물도록 만들었는가? 중세가 허용했던 어떤 생활 양식과 제도가 인민대중으로 하여금 그 '의도하지 않은 결과'를 낳도록 만들었는가? 근대의 기원에 관한 기존의 연구들은 종교(의례), 교육, 향촌 지배라는 세 개의 영역에서 각각의 통치 효율성을 약화하는 내적 요인들과 내적 모순들을 개별적으로 파고드는데, 그 각종 모순들을 '기원'으로 설정하고, 그로부터 발생한 새로운 현상을 '근대'로 개념화하는 일반적 설명 방식에 필자는 조금 회의적이다. 아무리 탁월한 분석이라도 소재주의와 목적론의 범주를 벗어나기 어렵다. 분야별, 영역별 연구가 대부분 그렇다. 너무나 익숙한, 그래서 너무나 당연한 인과 관계가 등장한다. 설득력이 있지만 부분적이다. 한 분야에서 밝혀진 원인은 다른 분야에서는 문제도 되지 않으며, 한 분야에서 밝혀진 결과도 다른 분야에서는 '근대'로 등록되지도 않는다. 이를 인민대중의 입장에서 바라보면, 인민의 얼굴은 실로 다양하게 나타난다. 민족주의에 경도된 인민, 상공업에 종사하는 인민, 향권에 도전하는 인민, 민란에 가담한 인민, 관료제를 비웃는 인민 등등. 개화기는 실제로 그런 인민들이 혼효되고 병존하는 시기였을 것이다. 혼효된 인민상(像)에서 근대적 표정을 일일이 가려내는 일이 역사학자의 몫이었다. 그렇다면, 혼효된 인민을 총체적으로 바라보는 것, 분절된 각 영역사에 공통적으로 적용되는 인과 요인을 찾아내는 것은 사회과학자의 몫이다. 그 인과는 이미 중세적 제도에 배태되어 있던 중추 신경으로서, 어떤 역사적 계기를 통과하면서 인민대중이 스스로도 예상치 않았던 '뜻밖의 결과'를 낳은 것이어야 한다. 그것이 언문(諺文)이고, 언문으로 이뤄진 국문 담론(國文談論)이다.

주지하다시피, 세종이 훈민정음을 창시한 것은 성리학 경전의 내용을 백성에게 보급하려는 정치적 의도에서였다. 훈민정음은 한자의 발음 기호였다. 한자를 쉽게 읽는 방법을 창안한다면 무지한 백성들도 사서오경의 내용을 쉽게 익힐 수 있으리라 기대했다. 훈민정음 창제 후 곧바로 사서오경 언해에 착수한 것은 통치 효율성을 높이고자 한 정치적 목적에서였다. 그 목적이 어느 정도 실현되었는지 알 수 없으나, 문자적 수단을 갖게 된 인민이 지배 계급과는 다른 인식 공간을 가꿔 가게 될 줄은 세종 자신도 예상치 못했다. 훈민정음은 민족어였다. 민족어는 보편 언어인 한문을 보좌했고 또 대립했다. 이 대립적 관계 속에서 예기치 않은 씨앗이 싹텄다. 지배 계급의 세계관을 습득하면서 다른 한편에서는 그것을 비웃고 냉소하고 때로는 그것을 초월하는 인식 체계를 발아시켰다. 지배 계급이 눈치채지 못하는 사이 이른바 문헌 공동체가 느슨하게 형성되어 가고 있었던 것이고, 그 속에 근대의 씨앗이 배태되고 있었다. 인민들만의 국문 담론이 산발적으로 형성되었다. 그것에 노래를 실었고, 한을 풀었으며, 스토리를 만들어 유포했다. 상상적 담론 속에 개인이 태어났다. 이 상상적 담론들은 유교적 통치 체계를 이루는 세 개의 축에 각각 달라붙어 밑동을 갉아먹기 시작했다. 중세의 완성을 위한 제도 또는 문물이 중세를 무너뜨리는 힘의 원천으로 기능한 것이다. 인민을 근대로 날라다 준 비행체가 바로 국문 담론이다.

인민은 진화한다. 진화의 방향은 '통치의 객체'로부터 서서히 자리를 옮겨 독자적 주체성을 형성해 가는 쪽으로, 보호받아야 할 갓난아이, 무지의 집단이라는 초기적 성격을 벗어나 현실의 모순을 깨닫고 극복할 수 있다는 앎과 신념을 획득하는 단계로 점차 나아갔다. 통치 체계를 이루는 세 개의 축을 약화한 추동력은 한 가지 공통 요인을 포함하고 있었다. 글을 읽고 쓰는 능력, 특히 조선의 공식 문자인 한문이 아니라 국문 해독 능력을 갖춘 이른바 문해인민이 그것이다. 문해인민은 한문을 쓰는 지배층과 구별하여 한글이라는 새로운 매체를 공유하는 기록 공동체다. 양반 사족들이 그들의 문자인 한문을 통해 소통하면서 그들의 '역사'를 써 나갔다면, 문해인민은 언문을 통하여 자신들의 현실을 돌아보고 독자적인 형상들을 만들어 갔다. 언문 독해 능력을 갖춘 문해인민의 존재가 중요해지는 이유는 조선의 정통 이념에 대한 긍정적 혹은 이단적 시선을 언문 소설, 교리서, 통문(通文) 등을 통해 습득할 수 있는 가능성 때문이다. 생각을 문자로 표현할 수 있는 수단이 마련된다는 것은 의사소통의 장(sphere of communication)이 형성되는 것을 의미한다. 의사소통의 장은 개인적 삶의 울타리를 넘어 자신의 생각과 정서를 타인과 공유하게 만든다. 자신의 생각을 말하고 교환하고 설득할 수 있는 기제, 타인의 낯선 생각을 접하고 자신의 삶을 돌아볼 수 있는 성찰의 기회가 생긴다는 사실은 사회 변혁에서 매우 커다란 의의를 지닌다. 문해인민은 그런 사람들이었다. 언문 소설을 서로 돌려 보고 같은 주제로 담화를 나눔으로써 알게 모르게 동의의 기반을 형성하게 된다. 언문은 문해인민에게 문헌 공동체를 형성하도록 문자적 수단을 제공했다. 그것은 사대부의 세계관과는 다른 인식 공간이었는데, 그 속에서 '새로운 인민'은 싹을 틔우고 줄기를 만들어 냈던 것이다. 인민의 역할과 위상이 달라지는 것을 체제 변동이라 한다면, 체제 변동의 가능성은 바로 세 개의 축이 효율성을 소진하는 시점, 또는 세 개 중 어느 하나의 축이 붕괴되는 시점에서 비롯된다. 여기에 언문의 체제 변동적 의미가 발견된다는 사실은 놀라운 일이 아니다. 언문의 활용도가 높아지고 문해인민의 규모가 날로 증대함에 따라 언문 담론 또는 국문 담론이라고 부를 수 있는 담론장이 형성되어 세 개의 통치 축을 약화하는 효과를 창출했다. 이 중심축의 약화는 관료들의 학정, 현실 변화에 신축적으로 대응하지 못하는 제도적 경직성 등이 주요 원인일 것이나, 사회적 맥락 속에서 발생한 국문 담론이 지배층의 담론과 경쟁 관계를 유지하면서 장기적으로는 공식 이념을 약화하는 기능을 수행하였다면 그런 명제가 성립할 것이다.

이에 비하면, 한문 담론은 지배층의 공식적 담론으로 표현 양식,

의사소통과 전달 기제, 청중을 이미 갖췄다는 점에서 하버마스의 공론장(公論場, public sphere) 개념에 부합한다. 공론장은 공중(公衆, a public)으로 변한 사적 영역의 사람들이 자신들의 이해 관심을 관철하기 위해 '이성(理性)의 공적 사용'을 활용해 공적 권력에 대항하거나 논쟁을 요구하는 행위로부터 발생한다. 하버마스의 공론장 개념이 성립하려면 공중, 정보와 상품의 교환 기제, 봉건 권력에 대항하는 비판적 논리와 매체 등을 전제로 해야 한다. 비록 시장 경제가 활성화되지는 않았지만, 조선의 사대부와 재지사족(在地士族)들은 상소(上疏)와 상언(上言) 제도를 통하여 국사(國事)와 공적 사건에 개입할 권한이 부여되어 있고, 그들의 붕당적 견해를 취합할 수 있는 의사소통의 기제인 서원(書院)과 향회(鄕會)를 배타적으로 운영했다는 점에서 이미 공중으로서 공론장을 형성했다고 보는 편이 적합하다. 구태여 명칭을 붙인다면, 그것은 양반 공론장, 유자(儒者) 공론장, 사족 공론장 등으로 불릴 수 있을 것이다.

언문을 사용하는 문해인민의 관점에서 보자면, 언문은 분산적, 산발적, 우연적 담론들로 이뤄졌을 뿐 '사족 공론장'처럼 의사소통의 기제, 서원, 향회, 사발통문과 같은 전달 매체, 문집, 서책 등을 향유할 수 없었고, 무엇보다 '이성의 공적 사용'을 무기로 비판적 논리를 만들어 내는 공중으로 변할 통로와 기회가 평민과 천민에게는 허용되지 않았다. 그것은 우연히 발화되고 우연히 표현 수단을 얻어 개념화의 과정을 거치게 되는 크고 작은 언술 다발들이었다. 그런 의미에서 담론이라 불러 마땅하다. 담론은 분산된 진술과 문장들의 집합이기는 하지만, 사회적 맥락과 끊임없는 교호 작용을 통하여 설득력을 얻는다는 점에서 실천 개념과 닿는다. 그것은 무엇보다 지배 담론이 권력을 강화해 가거나 정당성을 잃게 되는 다양한 모습을 포착하게 해 준다. 언문은 한문과 구별되는 사회적 상상(想像)을 인민에게 제공한다. 사회적 상상이란 문자 행위를 통해 얻게 되는 새로운 성찰이라고 한다면, 그 새로운 성찰 속에는 지배 권력의 허를 찌르고, 지배 이념의 논리를 뒤집고, 심지어는 지배 체제의 전복까지를 꿈꾸는 혁명적 이상이 싹트고 있었다. 이를 '사족 공론장'에 대해 '평민 담론장 (plebeian public sphere)'이라 한다면, 이는 억압적 현실에 대한 개념 규정, 즉 저항적, 비판적 지식의 수원지였다. 통치 질서의 내부 균열이 발생하고 그것을 집요하게 파고드는 국문 담론이 비판적 의식을 증대하면서 세 개의 축은 비틀거리기 시작했다. 그런 징후가 어느 영역에서 가장 먼저 나타났는가는 별로 중요하지 않다. 각 영역에서 형성된 국문 담론의 내용과 형식, 그리고 지배 담론과 갈등하고 대립했던 양상과 효과들을 가려내는 것이 우선 필요하다. 통치 체제의 세 개의 축인 종교, 교육, 향촌 지배에 각각 대응하는 국문 담론을 '종교적 담론', '문예적 담론', '정치적 담론'으로 개념화하고, 이 각각의 담론이 전개된 역사적 양상과 지배 담론과의 대립 양상을 분석한 것이 『인민의 탄생』이다.

4 말안장 시대의 개막

무너지기 시작한 봉건 질서로부터 천천히 걸어 나오는 인민, 전국적으로 발생하는 민란에 휩싸이거나 뭔가 기존 질서에 모순을 느끼게 된 인민, 그리고 봉쇄된 바다의 경계선을 넘어 밀려든 이양선의 위용과 서양 문물에 경계심과 호기심을 동시에 느낀 인민이 출현했다. 말안장 시대는 이런 '자각인민'과 함께 출범했다. 문자 해독력을 갖춘 '문해인민(literate subject)'이 말안장 시대에 '자각인민(self-realizing subject)'으로 진화한 것이다. 문해인민이 통치 구조의 내벽을 헐었던 주역이라면, 자각인민 역시 말안장 시대에 종교, 정치, 문예의 각 영역에서 이미 취약해진 양반 공론장을 대체해 평민 공론장을 형성해 나갔던 주체였다. 이 주체들은 주로 동학 교문에서 배출되었다. 양반의 전유물이었던 하늘(天)을 인민의 것으로 인격화했고(한울님), 그를 통해 최초로 존재론적 자각을 품었던 동학도는 근대인의 원형이었다. 인즉천(人卽天), 사람이 하늘이라는 자각은 양반처럼 인민도 인격체라는 사실을 일깨워 주었다. 나를 하늘의 이치에 맞추는 것이 아니라 하늘이 나에게로 왔다. 동학에서 강조하는 수심정기(守心正氣)는 자신을 스스로 한울님과 일치시키는 과정이다. 자신이 하늘이 될 수 있다는 믿음은 조선 최초의 종교 개혁이었다. 지배층이 전유한 천리(天理)를 사적 신념(private conviction)으로 변환한 일대 변혁이었다. 천 개념이 흔들리자 그것에 기초한 조선의 통치 구조가 무너지기 시작했다. 그 무너져 내리는 진동의 와중에 서양이 몰려왔다. 조선의 말안장 시대는 그런 격변의 시기였다.

근대적 개인은 사회를 구성하는 주체이고 개인과 사회가 근대성을 획득해 가는 과정에서 개인은 시민으로 발전한다. 시민사회의 일원이 되는 것이다. 이것이 현대 사회과학이 발을 딛고 있는 기원에 해당한다. 근대적 개인, 근대 사회, 그리고 근대 국가는 과연 태동했는가, 그랬다면 어떤 과정을 통해 형성되었고 그 초기 모습은 어떠했는가? 역사의 주체로 등장한 인민(人民)이 시민(市民)이 되어 가는 과정을 분석한 것이 『시민의 탄생』이다. 말안장 시대에 공론장의 급격한 부침이 발생했다. 종교, 정치, 문예로 짜인 지식 국가의 견고한 구조가 분리, 분화 과정을 거치면서 양반 공론장의 지배력은 쇠퇴하기 시작하였고 이에 대응하는 인민의 공론장, 즉 평민 공론장은 점차 세를 확대해 나갔다. 양반 공론장은 한문의 세계였고 평민 공론장은 언문의 세계였는데, 언문 공동체가 점차 저변을 확장하면서 한문 공동체가 갖고 있던 정치적 권력과 사회적 위세, 그리고 인식의 정통성에 도전을 가한 것이다. 1894년 갑오개혁은 국주한종(國主漢從)을 공식화함으로써 언문을 국문의 지위로 격상하고 국문 공동체를 역사의 주체로 인정하는 계기를 만들었다. 언문일치의 세계는 근대였다. 갑오개혁은 적어도 법적, 제도적 관점에서 근대의 문을 열고 그 기반을 닦는 정초 개혁이었다. 근대 이행(transition to the modern)이 시작된 것이다.

5 지식 국가의 분리와 분화

조선을 호령하던 양반 공론장이 쇠퇴하기 시작한 것은 국가 권력에 지식의 투입을 차단한 세도 정치에서 비롯되었다. 지식-권력의 선순환 과정이 차단되자 지식 국가로서의 복원력과 유연성은 급격히 저하되었다. 경향 분리와 학파 간 분절은 하나로 통합되어 있었던 양반 공론장을 각 지방의 '유림 공론장'과 궁정 중심의 '조정 담론장'으로 분리했으며, 내적, 외적 위기와 충격에 대응하는 국가의 능력을 떨어뜨렸다. 서양의 위협이 현실화되는 상황에서 유림은 여전히 성리학적 세계관에서 그 해결책을 찾고자 했지만, 성리학은 서양 문명을 수용할 여지를 허용하지 않았다. 지식의 수혈이 끊긴 조정은 문명개화와 서양의 위협에 대한 현실적 대응이라는 시대적 과제를 온전히 안게 되었다. 그렇다고 사대부와 조정 관료들이 조공 체제라는 전통적 세계관에서 벗어나 새로운 활로를 찾기란 역부족이었다. 고종은 조공 체제의 전통적 제약과 문명개화라는 시대적 과제의 틈바구니에서 부국강병을 향한 험난한 길을 헤쳐 나가야 했다.

　말안장 시대 공론장의 분열과 쇠퇴의 배경에는 천 개념의 고유한 지속성이 놓여 있었다. 천 개념이 쌓아 놓은 경험 지층은 그야말로 두텁고 단단해서 어지간해서는 그로부터의 이탈을 상상할 수 없었다. 천 개념은 '중심의 재구축'이라는 어려운 문제를 내포하고 있었기 때문이다. 천 개념의 변용은 진리의 근원이라는 형이상학적 문제뿐만 아니라, 중국을 어떻게 볼 것인가 하는 현실적 문제와도 결부되었다. 중국이 중화(中華)의 중심인 한, 천 개념을 바꾼다는 것은 형이상학적으로는 개종(改宗)에 해당하는 일이고, 현실 정치적으로는 중국을 배반하는 일이다. 천을 버리면, 중국을 버리는 결과를 야기한다. 그러나 서양의 위협 앞에서 그 개념을 변화시켜야 했다. 말안장 시대에 천 개념의 변용은 세 가지로 일어났다. '중심의 재구축'이 세 가지 방향으로 일어났다는 뜻이다. (1) 천과 문명(文明)은 '분리 불가'하다, 즉 중심은 여전히 중국이라는 관점(위정척사), (2) 천은 중국이지만, 서양 문명과는 별개의 것이라는 '분리 가능' 관점(동도서기), 그리고 (3) 이제 시대가 바뀌었기에 중국은 더 이상 중심이 아니고, 따라서 천 개념을 파기하고 서양 문명을 표준으로 삼아야 한다는 '교체' 관점(문명개화)이 그것이다.

말안장 시대에 이 세 가지 유형 중 다른 것에 비해 두드러진 성공을 거둔 패러다임은 없었다. 앞의 두 개는 쇠잔하는 '한문의 세계'에서 출구를 모색하면서 천 개념과 결코 작별하지 못했으며, '교체' 패러다임은 일찍이 한문을 버렸으나 한창 생성되던 '언문적 세계'의 인민과 접속하는 데에 실패했다. 세 패러다임 모두 '지배층의 천'에 집착한 것이지 '인민의 천'은 고려되지 않았다는 점에서 공통이다. 지배층이 보기에 인민에게는 천이 없었다. 성리학적 정치 질서에서 지배층은 인민에게 천 사상을 각인하는 메신저였다. 인민의 각성이 널리 확대되는 상황에서 이런 논리에 집착한 양반 공론장의 위세가 여전히 존속되기란 어려웠다. 더욱이 분리 가능 패러다임으로 나가기는 했지만 '인민의 천'을 수용할 수 없었던 조정 담론장 역시 저항하는 인민을 끌어들일 지적 자원은 고갈되었다. 양반 공론장의 쇠퇴, 그리고 조정 담론장의 혼란과 불안정이 초래된 이유이다.

역으로 평민 공론장은 동학의 확산에 힘입어 날로 그 영향력을 확산시켰다. 동학에는 조선 지배층의 천 사상을 뒤엎는 혁명적 요소가 들어 있다. 천리와 천명은 조선 지배층만이 깨달을 수 있는 진리인데, 인민도 수심정기하면 알 수 있다는 것, 그리하여 지배층의 천이 나의 천이 될 수 있다는 확신이 그것이다. 공허한 신심(信心)의 빈 터에 인격신을 채울 수 있게 되었다는 것과, 인민도 스스로 천도를 깨

상상적 시민의 탄생

닫고 실행하는 주체가 될 수 있다는 두 가지 사실만으로도 동학은 종
교 개혁에 해당한다. 천의 내면화, 자기화가 가능해진 것이다. 새로운
천 개념은 '인민의 주체화'에 출구를 만들어 주었다. 사인여천(事人如
天), 인간을 하늘처럼 대하라는 2대 교주 최시형의 계율은 인간이 하
늘이고 인민이 하늘이라는 혁명적 계시였다. 그것은 지배층의 독자
적 소유물인 '성스러운 천개'를 공유한다는 것을, 인민도 공경신(公敬
信)의 주체라는 사실을 뜻한다. 인민은 이렇게 내면화된 천 개념으로
말안장 시대를 통과하고자 했으며, 새로운 시간대를 자신의 내부로
끌어들이고자 했다. 말안장 시대에 천 개념은 이렇게 분화되어 대립
했다. 지배층은 여전히 공허하고 추상적인 천 개념으로 새로운 시간
대를 감당하고자 했던 반면, 인민은 인격신을 향해 달려 나갔다. 그것
은 천 개념의 세속화였다. 그러므로 말안장 시대를 서로 자기의 역사
로 만들려 했던 지배층과 인민이 상이한 천 개념 때문에 맞붙었던 것
은 당연한 귀결이었다. 지배층의 재성화(再聖化, 다시 성스럽게 만드는
것)와 인민의 세속화(世俗化) 간 충돌이 그것이다.

　말안장 시대에 지배층과 인민의 분리는 서양에서도 나타나는 일
반적 현상이지만, 서양은 부르주아라는 새로운 계급의 출현을 통하
여 왕권과 인민의 새로운 접합이 가능했다. 이 과정에서 절대 군주제
가 입헌 군주제와 공화정으로 전환했음은 근대를 입증하는 지표이
다. 조선은 그렇지 못했다. 1860년대와 1870년대는 인민과 지배층이
동일한 경험 공간에서 헤어져 서로 다른 기대 지평으로 나아갔던 시
기였고, 그런 의미에서 서로 다른 역사를 쓰기 시작한 시기였다. 하나
였던 역사는 결국 두 개로 분리되었다. 인민의 역사와 지배층의 역사

가 그것이다. '분리'와 '분화'는 지극히 불안하고 새로운 시간대를 동반했다. 인민의 역사는 동학이라는 문을 열고 나와 당시 확산 일로에 있었던 고전 소설과 서민 예술을 자양분으로 해서 정체성과 고유 영역을 개척해 나갔다. 인민의 역사를 썼던 주역은 주체 의식을 갖추기 시작했던 '자각인민'이었는데 자아 현실과 사회적 실상에 눈을 뜨면 뜰수록 텍스트 공동체로서의 언문 공론장은 활력을 더해 갔다. 이에 반해 지배층의 역사는 내부 모순에 부딪혔다. 조공 체제를 유지하면서 서양과 수교하는 것, 김윤식이 양편 체제(兩便體制)라 불렀고 유길준이 양절 체제(兩截體制)로 개념화했던 어정쩡한 동거 상태를 해소하는 일은 성리학적 질서를 하늘의 이치로 여긴 채 국제 질서의 변화에 대한 견문이 좁았던 지배층에게는 힘겨운 과제였다. 여기에 조공 체제를 강요한 청과 만국 공법을 무기로 조선을 침탈하고자 했던 일본과의 긴장과 대립이 조정을 둘러싸고 치열하게 전개되었다. 조선의 내부 질서가 약화되고 관료들의 침학이 심화될수록 인민의 역사는 동력을 얻어 갔음에 비해, 지배층의 역사는 일본과 청의 틈바구니에서 동력을 잃었다. 지배층의 역사와 인민의 역사가 분리를 지속한 30여 년 후인 1894년에 급기야 두 개의 역사는 충돌했다. 그 결과는 참혹했다. 두 역사는 동시에 무너졌다. 지배 세력과 농민 세력이 기진맥진한 가운데, 정치적 주변 세력에 지나지 않았던 개화당 주도의 외세 의존적 갑오 정권이 들어섰던 배경이다.

6 근대 개혁과 공론장의 구조 변동

말안장 시대가 그렇게 마감된 조선에서 이윽고 근대가 개막되었는데, 1910년 한일 강점 때까지 근대 이행의 과정 속에서 근대인, 근대 사회, 근대 국가가 어떻게 태어났는지를 공론장 분석을 통해 규명하는 작업은 이 연구의 핵심적 주제에 해당한다. 과연 근대인은 태어났는가? 국가와 사회는? 그리고 시민과 시민사회는 출현했는가?

갑오 정권에서 대한 제국에 이르는 근대 이행기에 공론장의 관점에서 주목할 만한 세 가지 변화가 발생했다. 첫째, 조정 담론장의 영향력 쇠퇴와 양반 공론장을 계승한 '지식인 공론장'의 형성, 둘째, 동학이 기여했던 종교적 평민 공론장이 '세속적 평민 공론장'으로 부활한 것, 셋째, 지식인 공론장과 평민 공론장의 상호 연대와 공명(共鳴)이 그것이다. 각각에 대하여 간략히 살펴볼 필요가 있다.

첫째, 지식인 공론장은 하버마스가 말한 '부르주아 공론장(bourgeois public sphere)'의 조선적 형태였다. 여러 가지 점에서 그렇다. 지식인 공론장의 주도층은 대체로 자유주의 이념을 내면화하여 전제 군주제보다는 입헌 군주제를 선호했으며, 신분제 철폐와 사민 평등을 주장하고 상공업을 부국(富國)의 창구로 보았으며, 출판 결사의 자유를 옹호하고 스스로 교육과 언론에 뛰어들었다는 점들이 그러하다. 정보와 상품의 유통이 부르주아 공론장을 확산시키는 핵심 기제였던 만큼, 지식인 공론장은 신문과 잡지의 발간을 통해 정보를 널리 공유하고자 했고 논설과 사설을 집필해서 스스로 정보와 이념의 직접 생산자 역할을 맡았다. 이들이 결성한 각종 결사체는 하버마스가 중시했던 부르주아 중심의 살롱과 클럽, 사교 모임에 해당한다. 그러므로 토론과 동의 창출은 이들이 왕권과 귀족 계급의 특권과 대적할 때 활용했던 최대의 무기였다. 만민 공동회, 관민 공동회는 조선 사상 최초로 등장한 대중 토론회로서 민주적 소통 방식을 통해 공론을 모아 가는 행위 양식을 정착시켰다. 지식인 공론장에는 '교양 시민(Bildungsbürgertum)'들이 주로 참여했는데, 자유주의의 주요 파트너인 상공업 분야의 '경제 시민(Wirtschaftbürgertum)'이 아직 초기적 형성 단계에 있었기 때문이다. 일제 강점으로 중단되지 않고 혹시 1910년대에 경제 시민이 여기에 합세했더라면 어떤 결과가 나타났을까를 상상해 보는 것은 식민지 근대화론의 경제 중심적 사고를 비판하는 데에 유용한 실마리를 제공할 것이다.

둘째, 평민 공론장의 부활이다. 동학은 기본적으로는 종교였지만, 정치적 저항을 함축하고 있었다는 점에서 정치 공론장이었고, 『동경대전』과 『용담유사』 같은 교리문과 가사 문학을 유행시켰다는 점에서 문예 공론장의 성격도 포괄했다. 종교, 정치, 문예를 종합한 공론장, 그것도 양반층을 제외한 평민에게 확산 유포되었던 평민 공론장이었다. 동학이 창출한 평민 공론장은 동학군의 패배와 더불어 함께 죽었다. 그러나 평민 공론장의 정신은 살아남았다. 일본군과 관군의 진압에 의해 그 형태는 괴멸되었다고 할지라도 평민 공론장을 창출했던 그 정신, 평민의 원억(冤抑)을 표출하고 지배층을 비웃고, 그들의 한(恨)을 노래에 담고, 고전 소설과 해학을 즐기고 언문으로 그들의 견해와 삶의 애환을 기록해서 서로 유통하고자 했던 그 정신은 살아남아 부활의 계기를 엿보고 있었던 것이다. 갑오 정권은 이들에게 공식 수단인 국문을 제공했다. 신문과 잡지, 기타 여러 인쇄 매체에서 서민을 대상으로 한 문예가 쏟아져 나왔는데, 그들은 독자이자 스스로 작가가 되어 필진으로 참여할 수 있는 기회가 열렸다. 이번에는 '종교적 평민 공론장'이 아니라 '세속적 평민 공론장'이었다. 마치 양반 공론장을 대체한 지식인 공론장이 들어섰듯이, 문예의 소비자이자 생산자, 독자이자 작가로 승격된 평민을 중심으로 새로운 유형의 평민 공론장이 들어섰다. 자각인민은 근대 소설로 접근해 가는 신소설과 단형 서사 문학을 따라 '개명인민'으로 서서히 변신했고, 인쇄술의 발달과 출판업의 확대, 그리고 전업 작가의 출현에 힘입어 대중 독자층으로 성장 발전했다. '개인의 발견'이 이뤄진 것도 이런 문예의 유통을 통해서였는데 근대 문학의 본격적 출범과 더불어 평민 공론장에서 싹트는 '시민 의식'의 맹아를 목격할 수 있다는 것은 이 연구가 밝히려는 중요한 가설이다. 그것은 문자 혁명이 몰고 온 선물이었다. 한문에서 국문으로의 전환과 국문이라는 민족어가 만들어 낸 상징 세계 속에서 민족의식이 싹텄으며, 빠른 속도로 유통되고 공유되었다. 이질적 집단과 세력을 단일한 정치 목표와 행위로 통합하는 국가를 국민국가라고 한다면, 국민국가 만들기에서 문자 공동체의 탄생과 확대보다 더 중대한 요소를 찾아보기 힘들 정도다. 여기에 민족 개념이 부가되면 국민국가는 곧 민족 국가와 동일시된다.

셋째, 지식인 공론장과 평민 공론장의 상호 공명이다. 이 공명 현상은 조선사상 최초의 일이었다. 양반 공론장 혹은 지배 계급의 공론장이 평민 공론장과 접속한 일은 한 번도 없었으며, 더욱이 공명한 적도 없었다. 지식인 공론장은 평민 공론장과 접속했고, 여론 주도층은 평민을 공론의 주체로 설정했다. 지식인 공론장의 쟁점은 곧 평민 공론장의 주제로 화했고, 식자들도 평민 독자를 위해 글을 쓰거나 공론을 창출했다. '국민 호명'이 전형적 사례이다. 근대 이행기 개혁 세력의 최고 목적은 '근대 국가 만들기'였다. 지식인들은 국민 개념을 만들어 평민을 공론장으로 불러들였다. 을사늑약에 의해 황제권이 약화되자 지식인들은 국가 만들기의 책임 주체로서 국민을 적극 호명하기 시작했다. 신민(臣民)이 국민으로 명명되는 계기였다. 그러나 1910년 한일 강점은 국민국가로 가는 현실적 가능성을 완전히 제거해 버렸다. 국민 호명으로 국민이 태어나자 국가는 사라진 것이다. 호명된 국민도 주권 국민의 진정한 요건을 다 갖추지 못한 상태였다. 당시 공론장에 자주 등장했던 국권론, 민권론에서 국민 자격이 절실히 언급되었던 배경이다. 소멸된 국가는 상상 속에서 재현되었다. '상상 국가'가 만들어진 것이다. 호명된 국민은 상상 국가 속으로 진입했다. 이것이 근대 이행기(1894~1910)에 겪은 공론장의 변화 양상이었다.

7 개인, 사회와 상상적 시민

이런 과정에서 사회가 태어났다. 사회의 모체가 1894년부터 생겨나기 시작한 자발적 결사체였다는 사실은 흥미롭다. 자발적 결사체는 '국가 만들기' 내지 '소멸되는 국가 구제하기'의 임무를 띠고 탄생했는데, 그것이 공론장에서 이론적, 관념적 차원으로 논의되던 '사회'를 경험적, 실천적 공간으로 구체화한 견인차였다. 자발적 결사체

상상적 시민의 탄생

는 인민에게 사회의 실체가 무엇인지를 실감케 하였으며, 그 구체적 작동 양상이 어떤 것인지를 알게 해 주었다. 자발적 결사체 속에서 사회가 태어났고, 사회 속에서 결사체가 만들어졌다. 자발적 결사체는 조선 시대의 조직 원리와는 질적으로 다른 사회 조직이었는데, 개인과 지역을 넘어 집단과 전체의 보편적 이해를 추구했다는 점에서 현실적 사회를 배태한 인큐베이터였다. 근대 이행기에 사회는 그렇게 탄생했다. 당시 지식인들이 지적하였듯이, '공공사업의 주체'가 결사체였고 자치 단체였다. 이 결사체들은 개인을 국민으로 호명해서 '상상적 국가'로 데리고 갔다. '국가 만들기'에서 개인을 국민으로 진화시키고 단순한 집합체에 공익 추구의 기능과 의미를 불어넣어 준 것이 결사체였다. 바로 이 점이 서양과의 질적 차이가 존재하는 지점이다. 시민성은 국가 권력에 대한 견제 · 저항 · 협력 관계 속에서 일차적으로 유래한다. 자유주의는 자율적 합의와 결정, 자치라고 하는 시민성이 발휘되는 가운데 성립되고 성장하는 이념이다. 개인과 사회가 국가 건설에 협력적 관계를 맺게 되는 것은 개인과 사회의 고유한 권한이 이론적, 경험적으로 확정되고 인정된 다음 단계의 일이다. 서양에서 자유주의의 무게 중심은 국가보다 개인의 권리, 개인의 의무에 더 쏠려 있으며, 국가의 무한한 권력에 비하여 사회의 고유 영역과 기능에 더 큰 비중이 실린다. 그런데 조선에는 결사체가 태어나자 '상상 국가'를 구제하고 건조하는 일차적 과제를 떠안았다. 견제와 저항의 겨를이 주어지지 않았다. 자치를 추구했지만 국가 건설을 위한 것이었고, 사회가 탄생했지만 국권 회복이 시급한 과제로 설정됐다. 근대 이행기 조선에서 태어난 개인, 결사체, 사회는 국가와의 대결 구도를 경험하지 못한 채 소멸하는 국가를 회복해야 하는 태생적 운명을 부여받았다. 소멸하는 국가를 붙잡고 국권을 회복할 새로운 주체로서 국민이 '발견'되었다면, 이 '추상적 국민'을 작동시키고 활력을 불어넣는 구체적인 행위자가 사회였다. 국가는 소멸해도 '개인'과 '사회'는 살아 있다! 당시 지식인들이 주목한 사실이 이것이었다. '형식적 국가'가 소멸하는 자리에 '정신적 국가'를 설정한 지식인들은 국민정신, 역사 정신, 민족혼을 담지할 구체적인 행위자를 호명했고 거기에 개인과 사회가 응답한 것이다. 국민이라는 관념적, 추상적 집합명사를 구체화할 수 있는 행위자가 개인이고 사회였다. 개인과 사회는 이렇게 탄생했다. 지식인들에 의해 잉태되었다고 해도 좋다.

그런데 그렇게 호명된 개인에게 근대적 인식을 채우고 새로운 옷을 입힐 지적 모험과 역사적 투쟁은 1910년을 전후하여 뚝 끊어졌다. 그나마 자아의 거울 역할을 했던 신소설은 주인공의 내면 상태를 묘사하거나 심리 상태를 세밀히 천착하여 플롯에 반영할 정도는 아니었지만 1910년대 초반에 약속이나 한 듯 사라졌고, 그 빈자리에 고전 소설과 야담류의 전기(傳記)와 소화(笑話)가 들어선 식민 상황에서 근대적 개인의 온전한 성숙을 기대하기는 어려웠다. 지식인들은 근대적 이론으로 개인의 위상을 정당화하고 인격과 권리를 부여했지만 그것은 어디까지나 국가 구출의 행위자로서, 국권 회복의 주역으로서의 개인이었다. 지식인들은 그 앞장에 선 전위 부대라고 스스로 생각했다. 근대 이행기 조선에서 '개인'은 언제나 국가와 사회를 전제로 성립되는 개념이었다.

그렇다면 시민은 태어났는가? 태어나고 있었는가? 역사의 주체로 나선 '인민이 탄생'했기에 이들 인민이 근대적 시공간에서는 또 다른 성격의 주체, 근대적 주체라고 말해야 할 어떤 행위자가 될 것을 기대할 수 있다. 서양의 역사적 발전 과정에 비추면 '시민'이 될 터이 다. '시민의 탄생', 그런 일이 조선에서 과연 발생했는가, 시민의 존재 가 관찰되는가? 근대 이행기에 개인과 사회가 태어났다! 그렇다면 그 개인과 사회는 근대적 조건이 성숙해짐에 따라 어떤 형태로든 변동 과정을 경험하기 마련이다. 자율성이 문제였다. 조선이 자율성을 확 보한 독립 국가였다면 개인과 사회는 시민사회(civil society)의 단초를 형성했을 것이다. 시민사회는 사회적 분화가 빠르게 이뤄져 계층과 집단 간 이해 갈등이 다발적으로 일어나는 그런 사회다. 시민사회는 경제적 분화와 정치적 분화가 서로 대응하여 제도로 정착될 때에 비 로소 형성되었다고 말할 수 있고, 경제적 분화와 정치적 분화의 제 과 정에서 어떤 뚜렷한 개별적 위치와 권한을 점하게 되는 개인을 시민 이라고 정의할 수 있다. 또한 시민사회는 네 가지의 요인을 충족했을 때에 비로소 성립한다고 말할 수 있는데, 그것은 종교 개혁(거대 종교 의 개별적 신심(信心)으로의 환원), 계약적 질서, 개별적 인권, 정치 참정 권이다. 시민은 입법자(law-maker)여야 한다. 시민은 그런 사회를 구 성하는 주권적, 주체적 개인이며, 이해 갈등과 계급적 대립에 의해 파 열하기 쉬운 사회 질서를 공적 담론과 공적 기구를 통하여 유지 존속 시켜 나가는 근대적 개인이다. 더 나아가 공익과 사익 간 균형을 취할 수 있는 공공 정신과 도덕을 내면화한 사람이다. 공공 정신과 도덕 형 성의 가장 중요한 전제는 자율성이다. 자율성이 주어지지 않은 사회 에서 시민은 태어나지 못한다.

개인과 사회의 발전 양상을 고려한다면, 조선에서 적어도 초기적 개념의 시민을 목격할 수 있었을 것이다. 1910년대의 성장기를 거쳐 1920년대에는 초기적 형태의 시민사회 역시 그 출현을 기대할 수 있었을 것이다. 일제의 강점이 없었다고 가정한다면, 조선의 1910년대는 정치 체제를 두고 각축하는 기간이었을 것이다. 시민은 그런 과정에서 태어난다. 도시 지역을 중심으로 형성되는 상공업층이 계급 분화를 주도하는 가운데 농민의 임노동자화, 빈농층과 무산 계층의 도시 유입이 빠른 속도로 진행된다. 대한 제국의 근대화가 별 탈 없이 추진되었다면 도시와 농촌 지역의 계급 분화는 1920년대 말에 이르러 시민사회를 형성할 정도의 수준에는 도달했을 것이다. 실제로 계급 분화가 일어나기는 했다. 그러나 자신들의 이익을 옹호하거나 극대화하는 제도와 법 만들기가 불가능했고, 타 계급과 투쟁, 협의, 조정하는 자치 능력을 발휘할 공론장은 폐쇄됐으며, 국가 권력을 창출하고 그에 대한 공적 책무와 시민적 윤리를 배양할 공간은 소멸됐다. 국가는 사라졌으며, 개인과 사회는 어떤 자율성도 발휘할 수 없는 어두운 터널로 들어섰다. 그곳은 출구가 막힌 동굴과 같았다. 개인은 시민으로, 사회는 시민사회를 향해 서서히 발을 옮기고 있었지만, 시민 됨의 가장 중요한 요건인 자율성이 박탈된 동굴이었다. '동굴 속의 시민' —— 근대 이행기를 경과한 조선의 개인과 사회를 기다리는 것은 불행히도 그런 어둡고 슬픈 공간이었다. 그것을 상상적 시민으로 부를 수 있을 것이다. 상상 국가 속의 상상적 시민, 이것이 식민지 시대가 강제한 현실이었다.

1910년 일제의 강점이 없었다면, 근대 이행은 어쨌든 진전을 계속했을 것이다. 물론 서양의 여러 국가에서 보듯 그 과정은 결코 순탄하지만은 않았을 터이지만, 갑작스럽게 차단된 조선의 근대는 예측할 수 없는 경로를 거쳐야 했다. 개인과 사회는 동굴 속에 갇혔다. 시민과 시민사회의 출현을 낳았을지 모르는 조선의 근대 이행은 그렇게 중단되었고, '시민의 탄생'은 식민 통치하에서 유일하게 허용된 상상력의 공간, 문학의 영역에 기댈 수밖에 없었다. 이광수가 처음 열어 준 문학의 공간에서 사상과 감정의 자유, 이상향의 소요를 통해 '상상적 시민'의 리허설을 이어 가야 했던 것이 식민지 현실이었다. 시민은 탄생했는가? 이광수의 묘사대로 "불여의(不如意)한 실사회(實社會)"에서 '시민의 탄생'은 어려웠다. 그 절망을 상상의 세계, 문자의 세계에서 회복하려는 몸부림, '동굴 속의 공론장', 그것이 식민지 현실이었다. '상상적 시민'을 현실에 접목하는 것, 현실 속에 그것을 구현해 내는 것이 식민지 지식인과 개인의 시대적 과제가 되었다.

사회과학에 대한 약간의 회의감에서 출발한 나의 연구가 인민, 시민으로 진화하는 역사 연구로 발현되었다는 점에서 필자는 다소 안도감을 얻는다. 그러나 아직 길은 멀다. 두 권의 연구서를 내고 일단 숨을 고르는 중인데 1970년대, 나의 사회의식을 형성한 그 어두웠던 시대까지 올라와야 연구를 마무리할 수 있을 거라고 생각한다. 나의 존재, 나의 사회의식을 형성한 그 시대의 명령이 무엇이었는지를 알아내려면, 그리하여 나의 존재를 구성하고 있는 시대적 필연성에 도달하려면 여행을 멈출 수 없다. 그것은 '국민'일 것이다. 나의 청춘 시대를 구성했던 가장 중대한 명령이 국민이었고 분단 형태의 국민

국가였다. '국민의 탄생'이라는 제목을 달고 나올 그 책의 구상은 시작되었으나 과연 쓰게 될지는 나도 모른다. 근대는 질적으로 전혀 다른 방법론을 요구한다. 방법론은 인식론이고 세계관이다. 방법론이 없으면 명제도 없다. 식민 시기, 전쟁, 권위주의 정권을 총체적으로 파악하게 해 주는 그 방법론을 찾아 헤매는 중이다.

포스트모던 조건의 재성찰

포스트모더니즘 비판

이진우

포항공과대학교 인문사회학부 석좌교수

1 포스트모더니즘은 죽었는가?

"하나의 유령이 유럽에 떠돌고 있다. 공산주의의 유령이." 『공산당선언』을 여는 카를 마르크스의 이 유명한 말은 포스트모더니즘에도 적용될 수 있는 것처럼 보인다. 현대를 대변하는 자본주의의 모순을 지적하면서 자본주의는 그 내부적 모순에 의해 종말을 고하고 곧 공산주의로 이행해 갈 것이라고 예견하였던 마르크스주의의 운명은 포스트모더니즘의 그것을 선취하였다고 말해도 지나치지 않을 것이다. 현대 자본주의는 마르크스의 신랄한 비판에도 불구하고 ― 어쩌면 그 덕택에 ― 여전히 지속되고 있으며, 그 어떤 비판과 대안도 용납하지 않는 운명처럼 여겨지고 있다. 모더니즘 역시 온갖 포스트모던 비판에도 불구하고 여전히 현대 사회를 움직이는 강철같이 견고한 힘과 논리로 작동하고 있다. 이런 상황에서 "포스트모더니즘은 죽어 매장되었다."[1]라고 선언해도 전혀 이상한 일이 아니다.

그런데 포스트모더니즘의 죽음은 포스트모더니즘을 더욱 유령으로 만든다. 이름만 떠돌아다닐 뿐 그 실체는 파악할 수 없는 것을 유령이라고 한다면, 포스트모더니즘을 규명하는 것이 더 어려워졌기 때문이다. 포스트모더니즘이라는 용어가 현대 문화의 모든 영역에

포스트모던 조건의 재성찰

침투해 들어와 상당한 영향력을 발휘할 때에도 그 실체가 불투명했는데, 그 용어가 지시하는 시대가 끝난 시점에서 시대구분은 무의미할 수도 있다. 포스트 포스트모던 시대에도 여전히 변하지 않은 것이 있다면, 포스트모더니즘에 관해 논의하려면 우리는 여전히 "이 단어가 의미할 수도 있는 것이 무엇인가?"[2]라는 물음으로 시작해야 한다는 점이다.

"포스트 포스트모더니즘"[3]이 공공연히 거론되고 있는 지금도 포스트모더니즘의 실체를 파악하는 것은 그리 쉽지 않다. 포스트모더니즘은 서구에서는 그 기세가 꺾여 이미 한물간 것으로 평가되기 시작한 1990년대에 우리 사회에 지적인 유행 상품으로 도입되어 논의되었다.[4] 모더니즘조차 제대로 실현되지 않은 상태에서 포스트모더니즘은 우리의 문제가 아니었던 것처럼 보인다. 포스트모더니즘이 현대, 현대성 또는 모더니즘에 대한 문제의식에서 출발하였다는 점을 상기하면, 이러한 문제의식이 우리에게 결여되어 있다는 점은 분명하다. 이런 상황에서 포스트모더니즘에 대한 논의가 우리 사회에 수용된 것보다 훨씬 더 빠르게 증발되었다는 사실은 전혀 놀라운 일이 아니다.

이런 상황에서 포스트모더니즘의 평가가 과연 의미 있는 일일까? 포스트모더니즘에 대한 격렬한 찬반 논의에도 불구하고 우리가 포스트모던 세계에서 살고 있다는 점은 부인할 수 없다. 설령 하나의 이론 또는 사상으로서의 '포스트모더니즘'에 대해서는 비판적이라고 할지라도 시대 변화와 문화 변동의 관점에서 보면 "역사적 조건으로서의 포스트모더니티"[5]는 여전히 숙고할 가치가 있다. 우리는 현재 어디에 있는가? 21세기 초 우리의 삶을 지배하고 있는 역사적, 사회적 조건은 무엇인가? 우리는 이 물음으로부터 출발하여 포스트모더니즘의 공과를 조명하고자 한다.

우리는 우선 포스트모더니즘의 '텍스트'보다는 '콘텍스트'에 주목하고자 한다. 포스트모더니스트들은 처음부터 통일적이고 체계적인 이론을 추구하지 않았다. 그뿐만 아니라 포스트모더니즘에 많은 영향을 주었고 포스트모더니티의 조건을 분석하는 데 천착하였던 몇몇의 이론가들조차도 스스로를 포스트모더니스트로 이해하지 않는다. 리오타르, 보드리야르, 로티처럼 적극적으로 포스트모더니즘을 주창하는 사상가들부터 푸코의 후기 구조주의와 데리다의 해체주의에 이르기까지 다양한 이론들을 '포스트모더니즘'이라는 하나의 조류로 묶는 것은 바람직하지 않다. 그보다는 이들을 관통하고 있는 포스트모더니티에 대한 태도에 집중하는 것이 우리 시대를 이해하는 데 훨씬 더 도움이 된다. 우리가 여전히 후기 산업 사회, 포스트포디즘, 포스트마르크스주의, 포스트휴머니즘 등과 같은 "수많은 포스트의 시대"[6]에 살고 있다면, 이 포스트들을 하나로 엮을 수 있는 시대정신을 포착해야 한다.

포스트모더니즘은 넓게 보면 제2차 세계 대전이 끝난 1945년부터 9·11 테러가 일어난 2001년까지, 좁게 보면 1968년 학생 운동 이후 1990년대까지 형성된 모더니즘에 대한 저항 운동이다. 포스트모더니즘이 무엇을 의미하는지에 관해서는 쉽게 합의할 수 없다고 하더라도, 포스트모더니즘이 모더니즘에 대한 일종의 반응이라는 점에는 동의한다. 포스트모더니즘은 일반적으로 지난 수 세기 동안 서구

포스트모던 조건의 재성찰

현대 사회의 토대가 되었던 문화적 확실성에 대한 거부로 이해된다. 물론 포스트모더니즘의 출발점인 '모더니즘'의 의미 자체가 모호하고 혼란스럽기 때문에 이에 대한 반응으로서 나타난 포스트모더니즘은 곱절로 더 애매모호한 것이 사실이다.

여기서 우리는 포스트모더니티를 현대적 시기의 단절로 인해 나타난 역사적 사건으로 이해한다. 포스트모더니티는 "진리, 이성, 정체성과 객관성에 관한 고전적 개념에 의혹을 품고, 보편적 진보 또는 해방이라는 이념과 단 하나의 설명 체계, 거대 서사 또는 궁극적 토대를 의심하는 일종의 사유 방식(a style of thought)이다."[7] 포스트모더니스트들은 국민 경제가 지속적으로 성장하고 삶의 질이 무한히 향상될 것이라는 진보 이데올로기, 그리고 경제적 궁핍과 정치적 억압으로부터 인류를 해방하겠다는 계몽의 기획은 포스트모던 조건에서 더 이상 타당하지 않다고 주장한다. 포스트모더니즘의 대표적인 이론가 리오타르가 주장하는 것처럼 전체주의를 경험한 포스트모던 조건에서 사회 및 역사 전체를 설명하고자 하는 보편적 이론, 즉 "거대 서사(grand narratives)"[8]는 더 이상 타당하지 않다는 것이다. 이처럼 모더니티로부터 포스트모더니티로의 이행은 서구 현대 사회가 18세기 이래 추구하고 지지하였던 것에 대한 회의적인 태도를 동반한다.

이처럼 포스트모더니즘은 1960년대 이후 변화한 "세계를 바라보는 독특한 방식"이다.[9] 20세기 말 지성계와 문화계를 풍미하였던 온갖 포스트-이즘들이 사라진 지금 우리는 포스트모더니즘을 하나의 이론으로서보다는 일종의 "정신적 태도 또는 분위기"[10]로 파악하고자 한다. 모더니즘과는 달리 포스트모더니즘은 우리가 사는 세계를 우연적이고, 근거가 없으며, 다양하고, 불안정하고, 불명확한 것으로 파악한다. 다시 말해 포스트모더니즘은 후기 자본주의의 문화를 논리적이기보다는 심미적인, 통일적이기보다는 다원적인, 구성적이기보다는 해체적인 언어로 서술한다. 이런 과정에서 포스트모더니즘은 종종 역사 발전의 논리를 포착하였다고 주장하는 마르크스의 정신을 계승한다. 마르크스가 자본주의의 발전과 함께 새롭게 등장하는 "새로운 억압 조건들, 새로운 투쟁 형태들"[11]에 주목한 것처럼, 포스트모더니즘은 모더니즘의 약속을 배신하는 포스트모던 조건들을 규명하려고 시도한다.

그렇다면 모더니즘과 포스트모더니즘의 가장 커다란 차이는 무엇인가? 후기 자본주의 세계를 바라보는 새로운 양식으로서의 포스트모더니즘은 ─ 특히 그 이론이 발생한 철학, 윤리, 정치의 영역에서 ─ 세 가지 관점에서 모더니즘과 차별화된다. 첫째는 거대 서사에 대한 의심이며, 둘째는 현대적 주체에 대한 부정이며, 셋째는 차이에 대한 관심이다. 이 세 가지 관점은 애매모호하고 불투명하기 짝이 없는 포스트모더니즘 이론과 사상들을 관통하는 실마리와 같다. 그것은 또한 포스트모더니즘이 새로운 시대를 이끌 수 있는 이념적 지표로 작용하기보다는 하나의 지적 유행으로서 사라지게 만든 근본 원인이기도 하다. 포스트모더니즘에 대한 모든 비판이 이 세 가지 관점의 검토로 시작할 수밖에 없는 까닭이 여기에 있다.

여기서 우리는 포스트모더니즘에 대한 우리의 평가를 미리 앞세우고자 한다. 포스트모더니즘은 후기 자본주의 사회의 역사적 조건, 즉 포스트모더니티를 비판적으로 규명하고 분석하는 데는 성공하였지만 새로운 시대의 이념적 대안으로서는 실패하였다. 우리는 포스트모더니즘의 세 가지 관점을 비판적으로 고찰하면서 포스트모더니즘의 종말과 함께 포스트모더니티 역시 사라졌는가를 집중적으로 살펴보고자 한다.

2 '거대 서사'에 대한 의심과 회의론의 절대화

포스트모더니즘의 가장 커다란 특징은 거대 서사에 대한 부정이다. 이 점에서 프랑스 철학자 장프랑수아 리오타르의 입장은 핵심적이다. '거대 서사'는 칸트주의, 헤겔주의, 마르크스주의처럼 세계 전체를 하나의 통일적 관점에서 설명하려는 보편적 이론을 가리킨다. 인류의 역사를 자유 의식의 진보로 파악한 진보적 역사관이나 과학과 기술은 우리를 해방시킨다고 주장하는 계몽주의 세계관 역시 거대 서사에 속한다. 이런 관점에서 보면 포스트모더니즘이 결별하고자 하는 모더니티와 모더니즘은 인간 해방의 역사적 진보와 과학과 기술의 승리라는 두 축에 건립된 거대 서사라고 할 수 있다. 포스트모더니즘은 역사가 발전하면 인류는 점점 더 해방될 것이라는 믿음에 의문 부호를 붙이고, 과학과 기술이 인류가 오랫동안 꿈꿔 온 유토피아를 실현할 것이라는 희망을 불신한다.

그렇다면 편집증적 성향마저 보이는 포스트모더니즘의 이런 의심과 불신은 어디에서 기인하는 것인가? 포스트모더니티는 한편으로는 파시즘, 나치즘, 스탈리니즘의 끔찍한 결과를 경험하고, 다른 한편으로는 제2차 세계 대전을 종식시킨 히로시마 핵폭탄 투하를 목도한 종전 후의 역사적 조건이다. 우리는 어떻게 나치 정권에 의해 자행된 유대인 대학살을 이해할 수 있는가? 인류의 번영을 위해 개발된 과학과 기술이 인류의 생존을 위협할 수 있다는 '계몽의 변증법'을 어떻게 받아들여야 하는가? 전체적 이론을 의심하고 거부하는 포스트모더니즘은 바로 이러한 역사적 경험에서 탄생하였다. 그렇기 때문에 리오타르는 "전체성은 오직 전체주의적으로만 해결될 수 있다."라는 인식으로부터 출발하여 "전체에 대항하여 싸워 보자."라고 제안한다.[12]

포스트모더니즘은 간단히 표현하면 보편적 거대 서사에 대한 의심이다. 포스트모더니즘은 스스로를 보편적으로 정당화하는 어떤 이론도 거부한다. 여기서 우리는 보편성을 추구하는 거대 서사가 억압적 권위주의와 동일시되고 있음을 쉽게 간파할 수 있다. 권위주의적인 모든 규범과 관습, 전통과 질서를 거부했던 1968년 학생 운동은 이미 실행에 옮긴 포스트모더니즘이라고 할 수 있다. 20세기 초 전체주의를 경험하지 않은 사회는 결코 종전 후의 저항 문화를 이해하지 못하며, 1960년대 서구를 휩쓸었던 반(反)권위주의 운동을 체험하지 못한 사람은 포스트모더니즘의 회의론을 이해하지 못한다. 애매모호하고 추상적인 포스트모더니즘의 언어가 전체주의라는 매우 구체적이고 분명한 역사적 사건을 서술하기 위해 생겨났다는 사실은 역설적이다.

그렇다면 21세기 포스트 포스트모던 사회에서 거대 서사는 자취를 완전히 감춘 것인가? 포스트모더니즘의 진단과 예견과는 달리 2001년 9·11 사건 이래 거대 서사는 다시 부활하고 있다. 몇몇의 포스트모더니스트들은 제도적 권위가 더 이상 자동적으로 작동하지 않

포스트모던 조건의 재성찰

는 탈권위주의 사회로의 이행을 주장하였지만, 현실은 오히려 그 반대로 치닫고 있다고 해도 과언이 아니다. 서구의 문화적 제국주의를 비판하면서 등장한 이슬람 근본주의를 보면 문화적 변동은 현대성을 뒤로하기는커녕 오히려 전(前)근대적 전통 사회의 거대 서사를 부활시키고 있다. 철저하게 세속화된 서구 사회에서조차도 종교적 근본주의는 여전히 상당한 영향력을 발휘하고 있다.

설령 현대의 자유 민주주의 사회를 발전시킨 모더니즘이 우리가 거부하고 극복해야 할 문제점을 안고 있다고 하더라도 오늘날 대부분의 억압, 폭력과 전쟁은 여전히 종교적, 민족주의적 거대 서사에서 기인한다. 그뿐만 아니라 1989년 베를린 장벽의 붕괴로 시작한 현존 사회주의 체제의 몰락은 서구의 자유 민주주의를 유일하게 타당한 거대 서사로 부상시켰다. 프랜시스 후쿠야마가 주장하는 것처럼 서구 자유 민주주의는 유일하게 수용 가능한 정치 체제로서 다른 어떤 체제보다 우월한 거대 서사가 된 것은 아닌가? 우리는 이제 역사의 끝에 도달했으며 다른 사람들도 서구의 모델에 순응하게 되는 것은 시간문제라는 주장보다 더 강력한 거대 서사가 어디 있겠는가?[13]

그러나 거대 서사가 여전히 존재하고 막강한 영향력을 떨치고 있다고 해서 포스트모더니즘의 비판이 약화되는 것은 아니다. 포스트모더니즘의 의심은 거대 서사가 갖고 있는 전체화의 경향과 그 폭력적 결과이기 때문이다. 21세기에도 여전히 폭력성을 과시하고 있는 거대 서사에는 종교 근본주의와 민족주의와 같은 전근대적 유형만 있는 것은 아니다. 오늘날 경제 영역에서 지배적인 모델로 군림하고 있는 신자유주의는 해당 국가의 역량과 조건에 관계없이 보편적인 자본주의 체제를 강요한다는 점에서 근본주의의 성격을 띠고 있다. 소로스가 정확하게 표현한 것처럼 "시장 근본주의"[14]는 자유 시장이라는 거대 서사에 토대를 두고 있다. 만약 후기 자본주의가 신자유주의라는 이름으로 개인의 자유와 열린사회를 위협한다면, 다시 말해 모던 시대와는 전혀 다른 억압적 기제를 갖고 있다면, 우리는 시장 근본주의를 '부드러운 전체주의'라고 해도 무방할 것이다. 이런 점에서 폭력적 요소를 함축하고 있는 거대 서사의 문제점을 지적한 포스트모더니즘은 여전히 타당하다고 할 수 있다.

포스트모더니즘의 문제점은 오히려 거대 서사를 분석하고 비판하는 언어에서 드러난다. 우리는 거대 서사의 전체주의적 경향을 자유 민주주의로 대변되는 모더니즘의 언어로도 비판할 수 있다. 포스트모더니즘에 의하면 거대 서사는 근본적으로 본질적 이념을 둘러싼 논리적 개념의 체계이다. 그렇기 때문에 거대 서사에 대한 포스트모더니즘의 비판은 논리적이기보다는 비유적이고, 철학적이기보다는 문학적이다. 왜냐하면 포스트모더니즘은 서구의 이성 중심적 언어로는 결코 실재를 포착할 수 없다고 주장하기 때문이다. 그러므로 포스트모더니즘은 상대주의이고 동시에 반(反)토대주의(또는 반(反)본질주의)이다.

이렇게 포스트모더니즘은 거대 서사의 현대적 유형을 비판한다는 명목으로 — 이성, 진리, 실재, 본질과 같은 — 서양 문명의 토대를 이루었던 핵심적 개념 자체를 공격한다. 이 점에서 포스트모더니즘은 허무주의를 야기하였다는 이유에서 서양 형이상학 자체를 해체한 니체의 전통을 따른다. 포스트모더니즘은 언어와 세계 사이의 관계가 근거가 있으며 신뢰할 만하다는 이성적 전제 자체를 의심한다. 언어는 자연의 거울이라고 이성 중심적으로 믿는 것은 환상에 불과하기 때문에 우리가 사용하는 언어는 결코 세계를 있는 그대로 재현하지 못한다는 것이다. 모든 낱말은 그것에 상응하는 실재가 있다는 '현존(현재)의 형이상학(metaphysics of presence)'은 데리다에게는 해체되어야 할 철학적 거대 서사이다.

여기서 데리다의 명료하지 않은 철학적 은어를 통해 포스트모더니즘의 실체를 더욱 불투명하게 만들 필요는 없다. 중요한 것은 포스트모더니즘이 우리의 언어를 진리의 담지자로 보지 않는다는 것이다. 모든 낱말은 그것이 사용되는 다양한 체계와의 관계를 통해서만 설명될 수 있다는 것이다. 우리가 무엇을 말하든 간에 그것은 바깥의 실재와 사실을 지시하지 않고 단어와 단어를 연결하는 연쇄적 체계에 묶여 있다. 그렇기 때문에 우리가 찾는 의미는 항상 언어적 연쇄 속에서 한 단어에서 다른 단어로 끊임없이 미끄러져 간다.

어떤 사람은 '우리 사회가 아직 민주화되지 않았다'고 주장하고 또 어떤 사람은 '우리 사회의 문제점은 민주화의 과잉이다'라고 말한다면, 민주주의의 진정한 의미는 과연 무엇인가? 만약 민주라는 낱말이 지시하는 바람직한 정치적 질서의 실재를 전제하지 않는다면, 우리는 어떻게 소통과 합의에 이를 수 있는가? 모든 언어와 개념 체계는 왜곡하고 곡해하는 경향이 있다는 포스트모더니즘의 비판은 일견 타당해 보인다. 우리는 '실재' 안에 살고 있는 것이 아니라 항상 '실재에 관한 표상' 속에 살고 있다는 포스트모더니즘의 주장도 커다란 논란거리가 아니다. 문제는 포스트모더니즘이 기존의 언어 체계가 갖고 있는 문제점을 비판하기 위해 사용하는 수단에 있다. 언어가 실재를 지시하는 것이 아니고 어떤 낱말의 의미는 다른 낱말들과의 상호 의존 관계 속에서 드러난다고 한다면, 이해한다는 것은 항상 오해한다는 것을 의미한다. 왜냐하면 모든 사람이 합의할 수 있는 영원한 실재는 존재하지 않기 때문이다.

포스트모더니즘은 이렇게 보편주의보다는 상대주의를 지지한다. 리오타르와 데리다의 추종자들은 한결같이 검증할 수 있는 이론보다는 다양한 "작은 이야기들"을 신뢰하는 경향이 있다. 포스트모더니즘이 전통적 진리, 이념, 역사를 비판하기 위해 사용한 해체라는 수단은 그 자체 이제는 목적으로 변형된 것처럼 보인다. 포스트모더니즘은 그 어떤 포괄적인 철학적 진리, 정치적 이데올로기에 대해서도 적대적인 태도를 취하기 때문에 거대 서사는 수많은 작은 이야기들로 흩어진다. 이런 관점에서 보면 문화는 지속적으로 경쟁하는 수많은 이야기들로 구성되어 있다. 이 이야기들의 '진리'는 — 이 낱말을 여전히 사용해도 된다면 — 독립적인 판단 기준에 의해 결정되는 것이 아니라 그 이야기들이 유통되는 공동체에 대한 호소력에 의해 결정된다. 어떤 이야기가 참말인가는 더 이상 중요하지 않다. 중요한 것은 어떤 이야기가 더 호소력이 있는가이다.

포스트모더니즘은 비판의 수단인 해체를 절대화함으로써 현실을 비판적으로 재구성할 수 있는 힘을 상실하였다. 이런 인식은 거꾸로 포스트모더니즘에 대한 회의를 불러일으켰다. 포스트모더니즘에 대한 의문은 이렇게 표현될 수 있다. 거대 서사가 전체주의적 경향을 함축하고 있다고 해서 다양한 이야기들을 종합할 수 있는 핵심

마저 포기할 수 있는 것인가? 만약 거대 서사의 폭력성이 본질 또는 토대의 절대화에서 기인한다면, 본질과 토대를 절대화하지 않으면서도 약한 의미의 본질과 토대를 전제할 수는 없는 것인가? 여기서 우리는 포스트모더니즘이 전체성(totality)과 전체주의(totalitarianism), 본질(essence)과 본질주의(essentailism), 토대(fundament)와 토대주의(fundamentalism)를 혼동함으로써 포스트모던 조건을 정확하게 인식했음에도 불구하고 새로운 지평을 여는 데는 실패했다고 판단한다.

예컨대 무해한 형태의 본질주의는 무엇인가를 무엇으로 규명하기 위해서는 이것을 구성하는 몇몇 특성이 있다고 전제하는 입장을 말한다. 어떤 특성은 우연적인 것이어서 제거해도 그 사물의 성격이 변하지 않지만, 어떤 특성은 구성적이어서 그것을 제거하면 전혀 다른 사물로 변한다. 우리가 어떤 사회를 민주적이라고 규정하려면, 이 사회는 민주 사회의 본질을 갖추고 있어야 한다. 민주 사회에 관한 다양한 이야기만 난무할 뿐 그 어떤 본질도 전제하지 않는다면, 우리는 결코 민주 사회를 논할 수 없다. 이처럼 본질주의를 믿는다고 해서 반드시 모든 특성이 본질적이라고 믿을 필요도 없으며, 더더군다나 이 특성들이 영원히 변하지 않는다고 전제할 필요도 없다.[15] 민주주의에도 미국식, 영국식, 독일식 민주주의가 있지 않은가. 중요한 것은 우리에게 중요하다고 판단되는 무엇인가를 이야기하려면 그것을 구성하는 본질적인 무엇인가가 있어야 한다는 점이다. 그러나 포스트모더니즘은 전체주의, 본질주의 및 토대주의의 폭력적 경향을 비판하면서 우리 사회를 생산적으로 논할 수 있는 전체성, 본질, 토대마저 파괴하는 오류를 범한 것이다.

3 '주체의 죽음'과 권력의 절대화

모더니즘이 스스로 판단하고 자율적으로 행위하는 주체의 탄생과 함께 시작하였다면, 포스트모더니즘은 주체의 죽음을 선언한다. 우리는 자율적 주체로 살아가는 것처럼 보이지만 이러한 주체 역시 실제로는 사회적 구조에 의해 만들어진 허구에 불과하다는 것이다. 현대의 소비 사회가 우리가 원하는 상품을 스스로 선택하고 소비한다고 착각하도록 만듦으로써 유지되고 지속된다면, 우리가 주체적으로 살아간다고 믿게 만드는 시뮬라시옹은 후기 자본주의 사회가 유지되는 강력한 권력 기제임에 틀림없다.

포스트모더니즘은 모더니즘이 약속했던 주체성의 실현이 어긋나고 왜곡되는 역사적 비연속성에 주목한다. 그것은 주체가 주체로서 재생산될수록 결국은 사회의 구조적 권력에 예속될 수밖에 없다는 사실이 드러나는 순간이다. 현대 사회가 발전할수록 주체는 더욱 더 지식의 대상이 되고, 지식의 대상이 될수록 예전과는 전혀 다른 방식으로 권력에 예속된다. 이처럼 주체를 구성하는 사회 구조와 지식의 담론 사이의 관계는 포스트모더니즘의 주요 관심사이다.

포스트모더니즘은 담론과 지식의 관계를 철저하게 규명한 철학자 미셸 푸코의 영향을 많이 받았다. 푸코가 스스로 밝히고 있는 것처럼 포스트모더니즘의 목적은 "우리 문화에 있어 인간 존재를 주체로 만드는 상이한 양식들의 역사를 창조하는 것"[16]이다. 푸코에 의하면 현대 사회는 우리를 주체로 변형하는 객관화의 양식들을 발전시켰다는 것이다. 주체를 객관화한다는 것은 주체를 지식의 대상으로 만든

포스트모던 조건의 재성찰

다는 것을 의미한다. 이러한 지식은 사회적으로 생산되고 유통되고 기능하기 때문에 사회적 권력과 밀접한 관계가 있다. 간단히 말하면, 사회적 권력은 주체에 관한 담론을 생산하고 유통시킴으로써 유지된다. 푸코는 권력에 대한 지식의 관계를 "지식의 지배 체제(regime du savoir)"라는 말로 표현함으로써 우리가 주체에 관해 알면 알수록 사회적 지배 관계에 예속된다는 역설적 현상을 예리하게 분석하였다.

푸코는 권력을 생산하는 지식체계를 '담론'이라고 부른다. 여기서 담론은 언어를 통해 합의에 이르는 하버마스적 논의 과정을 의미하지 않는다. 푸코의 담론은 주체를 규정하고 서술하는 데 사용되는 진술들의 체계로서 역사적으로 형성되고 변화한다. 예를 들면 법률가, 의사 또는 예술 비평가들이 사용하는 담론들은 겉보기에는 객관적 이론을 구체적 사례에 적용하는 것처럼 보이지만, 실제로는 담론의 대상을 끊임없이 규정하고 정의하는 사회적 실천들에 다름 아니다. 이러한 담론들은 누가 정상이고 누가 비정상인지, 누가 건강하고 누가 미쳤는지, 어떤 작품이 고급이고 어떤 것이 대중적인 것인지를 구별한다. 푸코는 이렇게 현대의 자유 민주주의 사회 역시 끊임없이 '타자'를 규정하고 생산함으로써 권력을 지속적으로 유지한다는 점을 적나라하게 폭로한다.

푸코는 타자와 희생자의 관점을 채택하여, 권력을 아래로부터 분석한다. 푸코에 의하면 권력은 단순히 위에 있는 상위 계급의 이익을 강제로 부과하는 것이 아니다. 국가, 자본가, 지배 계급과 같은 구체적 실체의 권력만을 해석해서는 후기 자본주의 사회의 권력 메커니즘을 올바로 파악할 수 없다는 것이다. 국민의 생명을 보호하려는 국가 권력, 정신병자를 치유하려는 의료 권력, 사회적 일탈자를 교도하려는 교정 권력의 수단은 결코 '억압'이 아니기 때문이다. 후기 자본주의 사회의 권력은 오히려 생산적이기 때문에 억압적이다. 이처럼 푸코는 자유와 평등의 토대 위에 세워진 자유 민주주의 사회에서도 권력 행사는 항상 인도적 평등주의를 훼손한다는 점을 폭로한다. 이성과 보편적 원칙에 의지하는 현대적 계몽주의조차도 항상 전체주의적 성향을 함축하고 있다는 것이다. 왜냐하면 이성에 대한 호소는 항상 비이성적인 것, 비합리적인 것을 규정함으로써 타자를 배척하는 통제 시스템 그 자체이기 때문이다.

후기 자본주의 사회의 권력에 대한 푸코의 입장은 반(反)진보적이다. 후기 자본주의 사회는 온갖 부작용에도 불구하고 궁극적으로는 개인의 자유를 증진한다는 자유 민주주의적 입장을 정면으로 부정하기 때문이다. 그는 후기 자본주의 사회가 누구와 무엇을 어떻게 배척하는지 분석하고, 이 과정에서 권력과 지식의 상호 작용을 규명한다. 간단히 말하면, 푸코는 우리 사회가 배척해야 하는 '타자(the other)'가 어떻게 생산되는지를 분석함으로써 현대 사회의 권력 기제를 해명한다. 푸코는 잘 알려진 것처럼 동성애자, 여성, 정신병자, 죄수, 그리고 백인 이외의 사람들을 이러한 타자의 표본으로 삼는다.

포스트모더니즘의 관심은 현대인의 일상생활에 만연해 있는, 그래서 자연스럽게 받아들이는 권력의 기제이다. 푸코는 "사회적 메커니즘이 현재까지 어떻게 작동할 수 있었으며, 어떻게 억압과 구속의 형식들이 작동해 왔는가를 보여 주는 것이 문제"라고 말하면서 "이 모든 사실을 알면서도 사람들에게 자기 결정의 가능성과 자신의 고유한 실존의 선택을 남겨 놓는 것처럼 보인다."라고 토로한다.[17] 푸코에 의하면 — 우리의 몸, 가정, 학교, 병원, 감옥과 같은 사회적 제도들, 그리고 건강과 병, 정상과 비정상에 관한 과학적 규범들과 같은 — 우리에게 친숙하고 분명하게 주어진 경험 대상들은 사실 특정한 권력관계 속에서 생산된 대상들이다. 푸코에 의하면 우리는 우리의 삶을 스스로 선택하고 모든 것을 자율적으로 결정하는 것처럼 보이지만 실제로는 미세한 권력망에 의해 이미 철저하게 구속되어 있다는 것이다.

그렇다면 후기 자본주의 사회의 권력관계에서 우리의 자리는 어디인가? 우리는 결코 주체적으로 살 수 없는 것인가? 푸코가 보여 주고 있는 현대의 권력은 사람들이 모르는 사이에 진행되는 잠행성의 성격을 갖고 있기 때문에 결코 왕, 군주, 주권자와 같은 권력 실체로부터 나오는 것이 아니다. 이처럼 권력은 중심을 갖고 있지 않기 때문에 쉽게 파악할 수 없다. "권력은 어느 곳에나 있다. 그것은 권력이 모든 것을 포괄하기 때문이 아니라 모든 곳에서 나오기 때문이다."[18] 권력은 전능하고, 편재적이고, 항상 이미 거기에 있다. 게다가 권력은 결코 억압적이기만 한 것이 아니라 생산적이기까지 하다. "권력은 쾌락을 일으키고, 지식의 형식들을 유발하고, 담론을 생산한다. 권력은 전체 사회를 관통하는 생산적 네트워크로 간주될 필요가 있다."[19]

포스트모더니즘은 전체적으로 푸코의 권력이론을 따른다. 후기 자본주의 사회의 권력은 전능하고, 편재적이고, 생산적이다. 모던 사회에서 구성적 역할을 담당하였던 것이 '주체'였다면, 이제는 그 역할이 권력으로 옮겨 간 것이다. 우리는 여기서 포스트모더니즘의 권력 및 주체 이론을 상세하게 다룰 필요는 없지만, 한 가지는 짚고 넘어갈 필요가 있다. 포스트모더니즘은 권력을 절대화함으로써 주체를 해체한다. 포스트모던 권력이론은 현대의 자아관에도 상당한 영향을 미친다. 포스트모더니즘은 주체로서의 자아에 주목하기보다는 주체가 예속된 조건에 집중함으로써 주체가 사회적 권력 기제에 의해 구성된다는 사실을 밝힌다. 주체는 — 영어 단어 subject의 이중적 의미가 암시하는 것처럼 — 오직 종속됨으로써만 주체적일 수 있다는 포스트모던 관점은 개인의 인격과 자율성을 추구하는 현대의 개인주의적 합리주의를 정면으로 부정한다.

주체에 관한 포스트모더니즘의 입장은 한 가지 대표적인 은어로 압축된다. 권력이 주체를 구성한다. 근대 이래 우리는 스스로를 행위의 주체로 이해한다. 우리는 우리 자신의 경험을 토대로 자신만의 생각을 발전시키고, 사물과 사태를 우리 자신의 관점에서 바라본다. 이처럼 모더니즘은 주체를 생각하고, 느끼고, 자기를 의식하는 자아의 관점에서 파악하였다. 이에 반해 포스트모더니즘은 자아를 우리가 살고 있는 사회적 관계에 의해 구성된 것으로 파악한다. 이러한 자아는 정치적이며, 이 자아에 대한 지식은 권력과 연결되어 있다. 이런 맥락에서 포스트모더니즘이 '주체의 죽음' 또는 '인간의 죽음'을 선언하는 것은 그리 놀라운 일이 아니다.

만약 우리의 정체성이 하나의 허구처럼 본질적으로 구성되는 것이라면, 주체의 죽음은 우리가 끊임없이 만들어 내는 일상적 서사, 즉 의미 부여의 담론의 그물망에 묶여 있다는 것을 뜻한다. 이처럼 주체는 수많은 작은 이야기들을 만들어 내는 사회적 구조와 권력관계에 의해 대체된다. 현대가 시작하면서 자기를 표현하는 자서전들이 폭발적으로 증대하였던 것처럼, 후기 자본주의 사회에서도 우리는 소셜 네트워크를 통해 끊임없이 자신을 노출함으로써 자기 자신을 구성하려고 한다. 이처럼 주체가 다양한 언어의 작용 속으로 분산되고 해체되면, 모던 자아를 구성하였던 "지향성, 책임성, 자기 성찰과 자율의 개념도 사라진다."[20]

포스트모더니즘이 실패하는 곳은 바로 이 지점이다. 우리는 과연 행위의 주체, 즉 행위자를 전제하지 않고서 우리를 억압하는 조건들로부터 벗어날 수 있는가? 개인들로 하여금 보이지 않지만 억압적인 권력관계로부터 벗어나도록 돕는 것과 도덕적 행위의 주체를 해체하는 것은 전혀 별개의 문제다. 푸코 경향의 포스트모더니즘은 후기 자본주의 사회의 권력이 생산의 형식으로 억압적이라는 사실을 예리하게 분석하였다는 점에서는 상당히 의미 있지만, 새로운 사회관계를 만들 수 있는 행위자로서의 주체를 해체했다는 면에서 많은 한계를 보이고 있다.

억압적인 사회관계로부터 탈피하고자 하는 열망은 ─ 그것이 설령 환상적이라고 할지라도 ─ 이미 자유와 자율을 실현할 수 있는 주체를 전제하지 않는가? 포스트모더니즘은 개인 행위자와 도덕적 책임의 중요성을 과소평가함으로써 우리가 지향해야 할 사회가 어떻게 실현될 수 있는지에 관해서 침묵한다. 이처럼 권력을 통제하고 또 권력에 저항할 수 있는 윤리적 관점이 결여되어 있다는 것은 포스트모더니즘의 가장 커다란 결함이다. 포스트모더니즘은 정권에 예속되기보다는 저항한다. 그러나 포스트모더니즘은 도덕적 근거에서 특정한 권력을 반대하는 것이 아니라 단순히 그것이 권력 정권이라는 사실 때문에 저항한다. 우리가 권력에 저항하고자 한다면 왜 이 권력에 저항해야 하고, 어떤 사회를 원하는지, 그리고 어떻게 바람직한 사회를 실현할 수 있는지에 관한 윤리적 관점을 제시해야 한다. 그렇다면 포스트모더니즘에 의해 죽임을 당한 주체를 다시 살려야 되는 것은 아닌가?

4 '차이의 정치'와 사회의 탈정치화

포스트모더니즘은 통일성보다는 다원성, 중심보다는 주변부, 자아보다는 타자에 관심을 기울인다. 기존의 권력관계에 의해 주변부로 내몰린 타자들은 이제 정치적 행위의 중심으로 부상한다. 실제로 주변부가 중심이 될 수 있다는 인식으로부터 출발하여 사회적으로 배제된 타자를 정치적으로 세력화하였다는 것은 포스트모더니즘의 커다란 기여라고 할 수 있다. 가부장적 위계질서에 대한 여성의 저항, 이성애 중심주의에 대한 동성애자들의 반기, 그리고 서구와 다른 것을 끊임없이 만들어 냄으로써 자신의 제국주의를 정당화하는 서구의 오리엔탈리즘에 대한 비서구권의 반발은 모두 포스트모더니즘의 영향을 많이 받았다.

포스트모더니즘은 지배적인 이데올로기 또는 그 어떤 중심적 개념도 공격함으로써 소위 말하는 '차이의 정치' 공간을 만들었다. 이러한 차이의 정치는 주변부 집단이 지배적 담론에 대항하여 자신의 정체성을 확보하기 위해 만들어 내는 분산적이고 다원적인 이야기들을 포함한다. 이러한 사실은 포스트모더니즘과 페미니즘의 관계에서 잘 드러난다. 1960년대 이후의 페미니즘은 여성이 가부장적 상징질서로부터 배제되고 또 지배적인 남성 담론에 의해 열등한 '타자'로 규정되었다는 포스트모더니즘의 인식을 받아들인다. 간단히 말해 여성은 잘못된 위계질서에 예속되었다는 것이다.

이런 상황에서 페미니즘이 남성적 지배 질서를 정당화하는 메타담론을 공격하는 것은 당연한 일이다. 우리는 자유주의적 관점 또는 사회주의적 관점에서도 남성 중심주의를 비판할 수 있다. 그렇지만 포스트모던 페미니즘은 어떤 철학적 입장에도 묶이지 않으려 한다. 단지 지배적인 담론에 의해 배제된 집단에 '차이'의 목소리를 부여하고자 한다. 그렇지만 여성 차별주의를 비판한다고 해서 반드시 다른 언어를 사용하는 것은 아니다. 우리의 자아가 철저하게 사회적으로 구성된 것이라는 포스트모더니즘의 입장은 — 포스트모던 은어를 사용하자면 — '자신의 고유한 이야기'를 유지하고자 하는 개인의 노력에 의해 자아가 형성된다는 사실을 간과한다.

물론 포스트모더니즘은 사회적으로 배척되는 주변부 집단의 차별의 원인을 분석하고 규명하는 데 효과적이다. 우리는 사회적 역할을 비판적으로 재검토하고 동시에 이 사회적 역할을 규정하는 기존의 담론 체계를 재검토해야 한다는 포스트모더니즘에 동의할 수 있다. 포스트모더니즘은 성, 인종, 성적 취향 등에 대한 우리 생각의 경계를 넓히거나 느슨하게 만들었다는 점에서 많은 기여를 했다. 공동체 내에서 '타자'를 수용하고 또 차이를 인정하는 것은 후기 자본주의 사회의 일반적 포스트모던 조건으로 인식되고 있다. 오늘날 다원주의 사회에서는 어떤 개념적 틀도 전체적 동의를 받을 수 없다. 이데올로기적 독점이 불가능한 것으로 여겨지기 때문에 다양한 개념, 이야기, 이데올로기 사이의 경쟁은 이제 정치적인 문제가 되었다.

그러나 모던적 자기-결정으로부터 포스트모던적 타자-결정으로의 이행은 공동체와 관련하여 심각한 결과를 초래한다. 어떤 권위도 부정하는 '차이의 정치'는 문화적 분리주의를 요구한다. 다수의 지배적 프레임으로부터 벗어난 다양한 소수 집단들은 사회가 자신들을 '진정한(authentic)' 공동체로 인정해 줄 것을 요구한다. 그렇다면 이렇게 다양하게 규정된 집단들은 어떻게 현실적으로 존립하는 정치적 중심 집단과 소통할 수 있는가? 다원성에 기반을 둔 공동체를 구성하려면, 차이를 인정하고 수용하면서도 유대성을 강화할 수 있는 개념 틀이 필요한 것은 아닌가?

포스트모더니즘은 한편으로 사회적 담론에 참여할 수 없는 주변부 집단에 독자적인 목소리를 부여함으로써 우리 사회를 다원화하는데 기여하였지만, 차이를 절대화함으로써 동시에 공동체의 유대성을 평가 절하하는 오류를 범하였다. 포스트모더니즘이 주장하는 것처럼 우리는 사회의 권력관계와 담론에 의해 구성된 주체로서 역사적이고 문화적인 존재이다. 이런 관점에서 보면 역사와 문화를 뛰어넘는 합리적 존재로 구성된 보편적 공동체는 결코 존재하지 않는다. 우리는 모두 다양한 공동체의 구성원이며, 우리가 소속된 공동체는 변화하지 않는 통일적 실체가 아니다. 우리가 변화시키고자 하는 사회는 동시에 우리를 구성한다. 포스트모더니즘의 관점에 따르면 주체는 결코 개별적이고 자율적이지 않으며, 항상 특정한 공동체의 일원으로 존재한다. 간단히 말하면 우리는 "공동체 속의 주체"[21]이다.

우리가 실현하고자 하는 공동체에 관한 이념 없는 정치는 있을 수 없다. 우리가 사회적 관계와 역할에 의해 구성되는 수많은 이야기와 자아로 이루어진 것처럼, 우리가 살고 있는 공동체 역시 상호 경쟁하고 갈등하는 이해관계로 구성되어 있다. 이런 관점에서 보면 지배적인 권력은 항상 타자를 만들어 낸다는 포스트모더니즘의 입장은 정치의 기본적 전제 조건이다. 왜냐하면 사회에는 언제나 특정한 유형의 공동체에 의해 배제되고, 억압되는 목소리들이 있기 마련이기 때문이다. 어느 사회에서나 그리고 어느 시대에나 타자가 있을 수 있다는 사실은 이 타자와의 관계에서 우리 자신을 이해하고 바람직한 공동체를 만들어 갈 가능성을 제공한다. 이런 의미에서 진정으로 생명력 있는 정치는 타자와 차이를 수용하고 조정할 수 있는 정치이다.

그렇다면 포스트모더니즘이 추구하는 차이의 정치는 가능하고 바람직한 것인가? 포스트모더니즘은 공동체와 유대성에 관한 어떤 이념도 제공하지 않기 때문에 차이를 절대화하는 경향이 있다. 차이의 보편화를 고집하는 포스트모더니즘은 공동체의 가능성을 처음부터 배제한다. 그러나 공동체적 유대성을 강조한다고 해서 반드시 차이를 인정하지 않는 것은 아니다. 우리가 공동체 속에서 살아가는 주체라면, 우리는 자신의 고유한 정체성을 실현하면서 동시에 다른 사람과 유대 관계를 맺는다. 자유 민주주의 사회는 개인의 차이를 인정하면서도 다른 사람과의 유대를 통해 오히려 자신의 자유를 실현할 수 있다고 전제한다. 그렇기 때문에 우리는 차이에 대한 존중과 인정을 차이의 보편화 요구와 혼동해서는 안 된다. "전체성을 보편화해서는 안 되는 것처럼 우리는 차이의 보편화도 마찬가지로 피해야 한다."[22] 그러나 포스트모더니즘은 차이를 보편화하기 때문에 우리에게 유용한 정치 이론을 제공할 수 없는 것이다.

포스트모더니즘은 이처럼 차이를 절대화하고 보편화함으로써 개인들이 하나의 공동체를 구성할 수 있는 기회와 역량을 박탈한다.[23] 그 결과는 포스트모더니즘이 추구하는 것과는 정반대이다. 우리 사회는 점점 더 탈정치화된다. 정치의 대립적 구조는 다양한 개인들의 이야기들의 경쟁과 갈등으로 인해 해체되고, 정치의 기본적 전제 조건이라 할 수 있는 사적 영역과 공적 영역의 구별은 붕괴된다. 차이의 절대화는 궁극적으로 어떤 이야기도 보편화될 수 있다고 보기 때문에 합리적 의사소통조차 부정한다. 우리가 합의와 합리적 의사소통의 가능성을 부정한다면, 우리가 맞서 싸워야 하는 대상은 어떻게 규정될 수 있는가? 차이만 인정하고 자신의 중심을 스스로 만들어 가는 주체의 가능성을 부정한다면, 누가 권력에 대항하여 싸운단 말인가? 이처럼 포스트모던 다원주의는 결국 현대인들에게 사적인 자유만을 보장하고 공적으로는 저항의 주체를 해체함으로써 기존 질서를 지속시키는 역설적 결과를 초래한다. 개념적으로는 매우 진보적인 포스트모더니즘이 실제로는 보수적인 효과를 가져온다는 사실이 포스트모더니즘의 한계를 잘 말해 준다.

5 포스트모더니즘의 오류와 유산

포스트모더니즘은 지난 세기 1960년대 이래 극명하게 드러나기 시작한 문화적 변동을 바라보는 정신적 태도이다. 시대는 그 경계선을 지나고 난 다음에야 비로소 분명해지는 법이지만, 모더니즘과 포스트모더니즘의 시대적 경계는 여전히 뚜렷하지 않다. 포스트모더니즘의 실체가 불투명하다고 해서 포스트모더니즘이 20세기 말의 강력한 정신적, 문화적 운동으로서 인정받고 있다는 사실마저 훼손하지는 않는다.

그렇다면 포스트모더니즘을 하나의 유령으로 만든 것은 도대체 무엇일까? 2011년 9월부터 2012년 1월까지 런던 빅토리아와 앨버트 박물관에서는 포스트모더니즘에 관한 특별 전시회가 열렸다. 전시회 제목은 "포스트모더니즘: 스타일과 전복 1970~1990"이었다.[24] 포스트모더니즘을 역사적 운동으로 기록한 이 전시회는 많은 것을 시사한다. 포스트모더니즘은 바로 "전복적 스타일(Subversive Style)"이다. 공산주의가 혁명적 역량을 상실하였을 때 유령이 된 것처럼, 포스트모더니즘은 그 전복적 힘을 잃으면 유령이 된다.

포스트모더니즘은 후기 자본주의 사회의 문화적 거울이다. 후기 자본주의 사회가 어떻게 작동하는지, 후기 자본주의는 어떤 지배적 담론을 통해 지속되는지, 후기 자본주의 사회에서 주체는 어떻게 구성되는지가 포스트모더니즘이 집중적으로 서술하는 문화적 현상을 통해 나타나고 있기 때문이다. 제2차 세계 대전의 종말로부터 시작하여 1968년 학생 운동을 거쳐 1989년 베를린 장벽의 붕괴로 이어지는 시대에 사람들은 어떻게 자신의 현재를 이해하였는가? 역사의 종말은 아닐지라도 역사의 깊은 단절은 포스트모더니즘의 전제 조건이었다.

포스트모더니즘은 모더니즘과의 연관 관계에서 역사적 개념이다. 제임슨이 얘기하는 것처럼 포스트모더니즘은 "역사적으로 사유하는 방법을 망각한 시대에 현재를 역사적으로 사유하려는 시도"[25]라고 할 수 있다. 모더니즘이 자신의 시대를 새로운 시대로 이해한 것과는 달리 포스트모더니즘은 시대적 단절과 역사적 분열에 초점을 맞춘다. 우리가 살고 있는 시대는 더 이상 예전의 그 시대가 아니다. 모든 것은 변하였다. 이런 역사적 감정이 만연한 시대에 등장한 것이 바로 포스트모더니즘이다.

포스트모더니즘은 우리가 살고 있는 현재의 사회적 변동을 서술할 수 있는 개념적 틀을 제공하였다는 점에서 역사적 이해에 상당한 기여를 하였다. 포스트모던 문화의 역사적 독창성을 인정한다는 것은 후기 자본주의 시대의 소비 사회와 그 이전의 자본주의 시대 사이에는 본질적인 차이가 있다는 것을 긍정하는 것이다. 이렇게 우리가 살고 있는 역사적 시대를 평가한다는 것은 동시에 정치적 긍정과 부정의 대상이 되기도 한다. 우리는 후기 자본주의 시대의 조건을 정치적으로 긍정할 것인가 아니면 부정적으로 비판할 것인가? 그렇기 때문에 포스트모더니즘의 문제는 우리 시대를 문화적으로 표현한다는 점에서 '심미적(aesthetic)'이며, 사회변화의 동력을 찾는다는 점에서 '정치적(political)'이다.

포스트모더니즘은 후기 자본주의 사회의 변화된 조건, 즉 포스트모더니티를 예리하게 분석하고 서술하였다는 점에서 심미적으로 성

포스트모던 조건의 재성찰

공하였지만, 새로운 시대의 지표와 이념을 제공하지 못하였을 뿐만 아니라 사회변화를 주도할 어떤 주체도 해체하였기 때문에 정치적으로는 실패하였다. 이렇게 포스트모더니즘은 모더니즘에 대한 저항을 심미화함으로써 개념적으로 갖고 있던 전복의 힘을 상실하였기 때문에 하나의 지적인 유령으로 전락한 것이다. 다시 말해 포스트모더니즘은 "앞으로 만들어지게 될 것의 규칙을 준비하기 위한 작업"[26]이라는 리오타르의 말을 상기한다면, 포스트모더니즘은 우리가 살고 있는 현재 속에서 전(前)-미래(post-modo)의 잠재력을 발견하는 데는 실패한 것이다.

포스트모더니즘은 더 이상 위험한 사상이 아니다. 21세기에 들어서면서 포스트모더니즘은 그저 평범한 문화 상품이 되어 버렸다. 이것은 포스트모더니즘의 내적인 모순이 빚어낸 당연한 결과다. 모더니즘에는 전체주의적 경향이 숨어 있다는 인식에서 알 수 있는 것처럼 포스트모더니즘의 동기는 다분히 정치적이었지만, 그 수단은 미적이었다. 포스트모던 조건에서 과학적 판단과 도덕적 판단 사이의 결합은 깨어지고, 사람들의 지적, 사회적 관심은 윤리적 문제에서 미적 문제로 옮겨 가고, 이미지는 서사를 압도하고, 일상의 덧없음은 영원한 진리를 부정한다. 포스트모더니즘이 이러한 포스트모더니티를 이해하고 서술하기 위하여 논리적 개념보다는 미적인 비유를 선호한 것은 충분히 이해된다.

포스트모더니즘의 특징은 바로 윤리적, 논리적 언어에 대한 미적 언어의 선호이다. 우리는 이런 관점에서 포스트모더니티의 세 가지 특성을 비판적으로 고찰하였다. 거대 서사의 종말, 주체의 죽음, 그리고 차이의 정치. 이러한 조건들은 21세기 후기 자본주의 사회에도 여전히 타당하다. 그러나 포스트모더니즘은 그 어떤 통일적 개념도 부정하기 때문에 이러한 포스트모더니즘의 문화적 현상에서 미래 사회의 잠재력을 발견하지 못한다. 현재 속에는 미래의 특별한 형태로 귀결된 잠재력이 있다고 보는 것이 바로 역사적 관점이라면, 이러한 관점을 결여한 포스트모더니즘은 현재에 대한 미적 서술에 그칠 수밖에 없는 것이다.

그렇기 때문에 포스트모더니즘은 전체성을 인정하면 전체주의로 빠진다고 착각하고, 자아는 전적으로 사회에 의해 구성된다고 오해하고, 차이의 보편화가 오히려 정치를 왜곡한다는 것을 인식하지 못한다. 포스트모더니즘이 시대를 올바로 진단했음에도 이러한 오류를 범하는 것은 지나치게 심미적 현상에 집착하였기 때문이다. 예컨대 포스트모더니즘은 타자의 다양한 목소리를 표현하는 순간 그것을 애매모호한 '타자'로 심미화하고, 그렇게 함으로써 오히려 보편적인 권력을 획득할 수 있는 기회를 차단한다. 포스트모더니즘의 타자는 심미적 타자일 뿐 정치적 타자가 아닌 것이다. 이러한 "포스트모더니즘의 수사학은 정치 경제의 현실과 글로벌 권력의 환경을 직면하지 못하게 하기 때문에 위험하다."[27]

포스트모더니즘은 이제 평범해졌다. 포스트모더니즘으로부터 우리 시대를 파악할 수 있는 어떤 자극도 나오지 않는다. 그렇다고 해서 포스트모더니즘이 서술하였던 역사적 조건, 즉 포스트모더니티가 사라진 것도 아니다. 이러한 사실이 우리 상황을 더욱 위태롭게 만든다. 후기 자본주의는 포스트모더니즘이 추구하였던 것을 마치 시뮬라시

옹처럼 현실화한다. 후기 자본주의의 정보 사회는 수많은 작은 이야기들을 만들어 내고, 소비 사회는 우리가 상품 선택의 주체인 것처럼 기만하며 우리를 끊임없이 해체하고, 다원주의 사회는 개인들의 차이를 절대화함으로써 하나의 저항 계급으로 결합하지 못하도록 만든다.

시간이 갈수록 후기 자본주의 체제가 더욱 넓어지고 깊어진다는 것은 우리가 부인할 수 없는 포스트모던 조건이다. 자본주의가 심화될수록 우리 사회의 환상적 장치, 우리 사회를 비춰 주는 페티시즘은 뒤따라 나타난다. 포스트모더니즘이 차이와 타자를 찾아낼수록 후기 자본주의 사회의 사회적, 상징적 질서는 재생산된다. 이것이 바로 우리가 부인할 수 없는 포스트모던 조건이다. 그렇다면 사회의 실질적 변동은 어디에서 오는가? 우리의 현재를 어떻게 이해해야 하는가? 만약 후기 자본주의 자체가 이 물음에 대한 미적 대답만을 허용한다면, "포스트모더니즘은 궁극적으로 해결이라기보다는 문제의 일부"[28]임에 틀림없다. 포스트모더니즘이 우리에게 남겨 준 유산은 바로 이 문제를 해결하는 것이다.

유교, 자본주의, 민주주의[1]

근대화와 아시아적 가치

강정인

서강대학교 정치외교학과 교수

1 들어가는 말

1990년대 중반 이래, 세계적으로는 물론 국내에서도 이른바 '아시아적 가치(Asian values)'에 대한 논의가 활발하게 전개된 바 있다. 나아가 아시아적 가치 ─ 특히 유교를 중심으로 한 ─ 를 서구의 자유 민주주의 및 개인주의의 한계와 더불어, 근대성의 폐해를 극복할 수 있는 대안적인 탈근대 사상으로 제시하는 입장이 제기되기도 했다.[2] 제2차 세계 대전 이후 아시아적(전통적) 가치에 대한 논의는 아시아 국가들의 경제적 상황과 더불어 부침을 거듭해 왔다. 예를 들어 한국에서 아시아적 가치(전통문화)는 1970년대까지만 해도 박정희 정권 아래서 근대화 및 경제 발전에 장애가 되는 부정적 요소로서 청산과 척결의 대상이었다.[3] 그러나 1960~1980년대에 걸쳐 일본을 필두로 한국, 타이완 등의 동아시아 국가들이 눈부신 경제 발전을 이룩하면서, 아시아적 가치는 독일의 사회학자 막스 베버(Max Weber)가 서구의 근대적 발전을 가능하게 한 정신적 토대로 지목한 '프로테스탄트 윤리'에 준하는 가치로서 찬사를 받기도 했다. 그러다 1997년 태국에서 점화된 외환 위기를 시발로 말레이시아, 필리핀, 인도네시아, 한국, 홍콩 등으로 금융 위기가 파급·확산되자, 동아시아 자본주

의는 어느새 연고와 부패로 얼룩진 '정실 자본주의(crony capitalism)'
로 비난받고, 아시아적 가치는 그 '주범'으로 지목되었다.[4] 그 후 아시
아 국가들이 과거 라틴아메리카 국가들과는 달리 신속하게 경제 위
기를 타개하는 모습을 보이자, 이 역시 아시아적 가치 덕분이라는 목
소리가 제기되기도 했다.[5]

이처럼 '아시아적 가치'라는 말은 학계나 정계 및 언론에서 자주
사용되고 있지만, 시대와 상황 및 국가에 따라 또 논자에 따라 다양한
논의가 전개되고 있기 때문에 그 구체적 내용은 상당히 모호한 개념
으로 남아 있다. 그런데 바로 이와 같은 모호성 때문에 아시아적 가치
는 마치 전가의 보도처럼 역동적 변화를 거듭해 온 아시아 국가의 현
실을 지극히 단순화하여 설명하는 도구로 활용되기도 했다. 그 결과,
아시아적 가치는 20세기 초·중반에 아시아적 후진성의 원인으로 격
하되었다가 20세기 후반 들어서는 근대의 모순을 극복할 수 있는 대
안적 탈근대 사상으로 격상되기도 했다. 또한 아시아 경제 발전의 주
역으로 칭찬받다가 경제 위기의 주범으로 비난받기도 했다. 정치·행
정적 차원에서는 독재정권의 합리화 기제였다가 효율적 국가 관리론
으로 그 평가가 전위되기도 했다.[6]

문자 그대로 해석한다면, 아시아적 가치는 "아시아 문화권이 간
직하고 있는 독특한 가치의 체계"[7] 또는 "아시아 지역에 독특한 문화
와 가치 체계"[8]라고 정의 내릴 수 있다. 장인성은 일본의 법학자 이노
우에 다츠오의 말을 인용하면서 문화적 심성으로서의 아시아적 가치
를 "'구미의 제국주의 침략에 대한 분개심과 구미의 선진 산업 문명
에 대한 열등감이 혼효된 감정을 안고 살아온 아시아인들의 심성'에

기초한 역사적·정치적 형성물"이라고 규정한다.[9] 아시아는 세계에서 가장 인구가 많은 대륙으로 이미 2010년에 전 세계 70억 인구 중에 41억 명이 아시아에 사는 것으로 집계되었다. 한편 아시아적 가치의 기초를 이룬다고 할 수 있는 종교 역시 매우 다양하다. 아시아 지역은 유교, 불교, 이슬람, 힌두교 등 주요 종교와 도교, 라마교 등 수많은 군소 종교로 구성되어 있다. 그리고 서구 문명이 전파되면서 이제는 기독교(천주교, 개신교 포함) 신도 역시 상당한 수를 차지한다. 이에 따르면 유교는 아시아적 가치의 중요한 한 부분에 불과할 뿐이지만 아시아적 가치에 대한 국내 학계 및 세계 학계의 최근 논의가 주로 '동아시아'와 '유교'를 중심으로 진행되어 왔기 때문에 필자 역시 이 글에서 동아시아와 유교에 초점을 맞추어 아시아적 가치를 논하고자 한다.

1990년대 아시아적 가치에 대한 논의는 예의, 공손함, 근면·검약·성실, 가족·기업·국가 등 공동체나 집단에 대한 충성과 헌신, 정치적 안정과 사회적 번영을 위한 개인적 자유의 자발적 유보, 권위에 대한 존중과 사회 질서와 기강의 중시, 경쟁이나 대결보다 합의와 조화를 존중하는 문화적 풍토 등을 아시아의 고유한 가치로 평가하여 이러한 철학과 가치가 아시아의 경제 발전에 근간이 되었다는 논변을 중심으로 전개되었다. 다시 말해 아시아적 가치는 베버의 프로테스탄트 윤리에 대응되는 개념으로 20세기 중반 이후 관찰된 아시아의 급속한 경제 발전을 설명하는 데 적극적으로 활용되었다. 베버가 서구에서 자본주의가 대두한 원인으로 프로테스탄트 윤리에 따른 청렴성, 근면함 및 검소함을 지목한 것처럼, 아시아의 경제 발전은 아시아적 가치에서 기인한다는 것이다.

그런데 아시아적 가치를 논할 때 우리가 암묵적으로 가정하는 것은 서구중심주의에 따라 근대 서구 문명이 내포·지향하는 가치가 범세계적인 '보편적 가치'인 데 반해 유교를 포함한 아시아적 가치는 특정한 지역을 근거로 한 '특수한 가치'라는 것이다. 따라서 2장에서는 먼저 역사적으로 서구 문명에서 인식된 아시아적 가치와 현대에 들어와 동아시아인들이 근대 서구 문명에 대항해 내세운 아시아적 가치를 간략히 개관하고자 한다. 이어서 3장부터 이 논문의 핵심적인 논변을 제기하고자 한다. 그것은, 서구가 원초적으로 수행한 근대화와 동아시아가 그 뒤를 이어 수행한 근대화의 역사적 맥락이 근본적으로 다르기 때문에, 근대의 서구적 가치와 아시아적 가치를 대등한 조건과 위상에서 비교하는 이론적 작업이 일종의 범주 착오에 해당한다는 논변이다. 16세기 이래 근대 서구 문명은 자생적으로, 인과적 변화에 따라 (결과적으로) 근대화를 수행한 반면에, 20세기 후반은 물론 19세기 후반에도 동아시아는 서구 문명의 충격을 흡수하면서 외생적으로 그리고 주로 목적론적(목적 지향적) 변화에 따라 근대화를 수행해 왔다. 이러한 차이에 주목한다면, 근대의 서구적 가치 — 예를 들어 베버의 주장에 따른다면 프로테스탄트 윤리 — 를 근대화(여기서는 자본주의)를 추동한 독립 변수로 이론화하는 것이 가능할 수 있겠지만, 동아시아에서 아시아적 가치는 근대화를 합리화하여 근대화에 적응하도록 동원되는 매개 변수로 이론화하는 것이 합당하다. 아시아적 가치는 근대 서구 문명의 우월성으로부터 유출된 '빌려온 정당성'에 지역적(아시아적) 정당성을 추가해 근대화에 대한 정당성을 보강해 준 중첩적 정당화(overlapping justification)의 역할을 수행한 것으로 해석되어야 마땅하기 때문이다.[10] 이러한 논변을 전개하기 위해 3장에서는 먼저 서구와 아시아가 수행한 근대화를 '원초적' 근대화와 '2차적' 근대화로 구분하여 양자의 차이를 규명할 것이다. 4장에서는 원초적 근대화 과정에서 '서구적' 가치의 역할을 검토하기 위해 베버가 자본주의의 문화적 심성의 원인으로 이론화한 프로테스탄트 윤리를 검토할 것이다. 5장에서는 2차적 근대화를 수행했던 동아시아에서 아시아적 가치의 역할을 유교를 중심으로 분석할 것이다.

2 서구 문명과 아시아적 가치

현대에 들어와 "아시아적 가치"라는 말은 영어의 국어화 등 서구화 정책의 급속한 성공에 의해 오히려 정체성의 위협을 느끼게 된 싱가포르 정부에 의해 1970년대 말부터 명시적으로 사용되기 시작했다.[11] 그렇지만 그전에도 서구 문명에 대비된 아시아적 가치의 고유성은 19세기 말 서구 문명의 침투에 위협을 느낀 중국·한국·일본의 정치인과 지식인 등에 의해 '중체(中體)', '동도(東道)', '화혼(和魂)' 등의 명칭으로 제창된 바 있다. 이처럼 아시아적 가치는 서구 문명의 침투에 위협을 느낀 아시아인들이 방어적 입장에서 자기 정체성을 주장하기 위해 내세운 담론이라 할 수 있다. 하지만 서양의 관점에서 볼 때, 역사적으로 아시아적 가치는 '아시아의 타자화'라는 관점에서 산발적이지만 지속적으로 논의되어 온 주제였다. 잠재적으로 '아시아적 가치'에 해당하는 요소를 포함해 아시아에 대한 서구의 담론은 서구 문명이 세계를 장악하는 수준에 이르지 못했던 고대나 중세에는 주로 자문화중심주의(ethnocentrism)적 성격을 띠고 있었다. 그렇지만 근대에 들어와 서구 문명이 세계를 지배하고 장악함에 따라 서구 문명은 이를 정당화하기 위해 아시아에 대한 서구중심적 담론을 체계적으로 발전시키고 이를 아시아인들에게 주입하고 내면화시켰다. 종국적으로 이러한 담론은 서구중심주의를 구성하는 하위 담론의 한 형식인 '오리엔탈리즘'으로 정착했다. 그러나 그것이 자문화중심주의의 산물이든 서구중심주의의 산물이든, 그들이 구성한 '아시아적 가치'가 '서구적(또는 그리스적)인 것'의 '부재'나 '일탈'로 개념화된 점에서는 큰 변화가 없었다.

먼저 근대 서구 문명의 담론적 기원을 구성하는 고대 그리스 문명의 그리스 중심적 사고에서 오늘날 우리가 이해하는 서구발(發) 아시아적 가치의 기원을 발견할 수 있다. 그리스인의 아시아에 대한 담론은 그리스-페르시아 전쟁(BCE 492~448)에서 최초로 표출되었다. 그리스 연합군이 페르시아 군대를 상대로 살라미스 해전(BCE 480)에서 승리한 후에 아테네의 비극 작가 아이스킬로스는 자신의 비극『페르시아인들』(BCE 472)에서 전쟁의 승패를 그리스의 '개인적 자유'와 페르시아의 '폭정(노예 상태)'의 대비를 통해 설명했다. 여기에서 페르시아가 '그리스적 자유'의 부재로 묘사되었다는 점은 오리엔탈리즘의 일반적 속성으로서 기억할 만하다. 이런 식으로 그리스인 사이에서 통념화된 그리스와 페르시아(아시아)의 대비는 그 후 아리스토텔레스의『정치학』에서 그리스인과 페르시아인을 '자유'와 '굴종'을 중심으로 대비함으로써 학문적으로 체계화되었다고 할 수 있다. 구체적으로 아리스토텔레스는 자유로운 도시 국가적 삶은 오직 그리스인에게만 적합하고, 페르시아인을 포함한 야만인들에게는 폭군정(참주정)이 적합하다는 명제를 정립했다. 기실 '인간은 정치적 동물이다.'라는 아리스토텔레스의 유명한 명제는 페르시아인 등 주변의 야만인을 제외한 오직 그리스인에게만 해당하는 언명이었다. 이런 사고에 기초해서 아리스토텔레스는 알렉산드로스가 동방 원정을 떠날 때에도, 그리스인들에게는 지도자(leader)로서, 페르시아를 포함한 동방의 여타 족속에게는 참주(tyrant)로서 통치할 것을 조언했다.[12]

유럽이 아시아에 대해 수세적 위치에 있던 중세에 유럽과 아시아의 대비는 기독교와 이슬람이라는 종교적 이분법에 기초한 유럽인의 선민의식으로 표출되었다. 그러나 르네상스와 더불어 유럽이 세속화되고 '신대륙'의 발견과 함께 힘을 비축하는 한편 17세기 후반 이후 오스만 튀르크 제국이 세력을 상실하게 되자, 유럽의 여행가와 사상가들은 아시아 제국들의 특징을 정치적으로는 폭군적인 전제정치, 경제적으로는 (신민들에 대한) 사유 재산의 부정으로 규정하고, 이것을 유럽의 자유 및 번영과 대비된 아시아의 결함으로 규정했다. 그리하여 18세기 초반 프랑스의 계몽주의 사상가인 몽테스키외는 유럽과 아시아를 '유럽의 자유' 대 '아시아의 예속'으로 공식화했다. 나아가 아시아 제국에서는 군주가 토지를 독차지하고 신민들의 소유권을 부정한다고 주장했다. 그리하여 아시아 제국의 특징을 '동양적 전제정치(Oriental Despotism)'로 규정하고 이에 대한 유럽 정치 체제의 우월성을 주장했다.[13] 여기서 유럽과 아시아의 대비가 정치 제도와 경제 조직의 차이에 주목해서 이루어졌다는 점은 현대에 들어와 아시아적

유교, 자본주의, 민주주의

가치를 둘러싼 논쟁의 사상사적 연원을 구성한다고 할 수 있다.[14]

이후 19세기에 들어와 헤겔, 마르크스, 밀(J. S. Mill) 및 베버를 포함한 유럽의 근대 사상가들이 몽테스키외의 이러한 주장을 받아들여 체계적으로 확대·심화한 이론을 전개한 사실은 이미 충분히 검토된 바 있다.[15] 종국적으로 이러한 사고는 아시아·아프리카를 비롯한 비서구 세계에 대한 서구의 제국주의와 식민주의를 정당화하는 명분을 제공했는데, '문명 대 야만'이라는 이분법에 기초한 '문명화의 사명'이나 '백인의 책무'가 그 대표적인 사례라 할 수 있다.

서구인의 이러한 사고는 19세기에만 국한되지 않았다. 제1차 세계 대전 이후 '민족 자결주의'를 제창하여 식민지 인민들의 적극적인 호응을 받은 미국의 윌슨 대통령의 민족 자결주의가 아시아·아프리카 인민들의 즉각적인 독립을 의도한 것이 아니라는 점은 잘 알려진 사실이다. 그는 식민지 인민들이 자치 능력을 함양할 때까지 서구 제국의 후견과 훈육을 받아야 한다는 위임 통치론을 내세웠고, 이러한 주장은 제2차 세계 대전 이후 미국의 루스벨트 대통령이 전후 식민지 문제의 해결을 위해 제안한 신탁 통치론으로 계승되었다. 1960년대 미국에서 생산되어 전 세계를 풍미한 근대화론 역시 그것이 정치 발전이든 경제 발전이든 (비서구 세계의) '전통'과 (서구 문명의) '근대'라는 경직된 이분법에 기초해 근대화를 위해서는 그에 방해가 되는 전통문화를 폐기하라는 강력한 메시지를 아시아를 비롯한 비서구 세계에 촉구하고 있었다. 한국에서는 '근대화의 기수'인 박정희 대통령이 대표적으로 '새마을운동'을 통해 이러한 메시지를 실천에 옮기고자 필사적 노력을 기울였다. 그러나 1970~1980년대에 걸쳐 라틴아메리카에서 비서구 세계 저발전의 원인과 책임을 서구 제국주의에 돌리는 종속이론이 강력하게 대두한 이후, 근대화 이론은 그 위력을 급속히 상실했다.

그와 동시에 일본, 한국, 타이완, 홍콩, 싱가포르 등 동아시아 국가들이 1960년대 이래 괄목할 만한 경제 발전을 이룩함에 따라 아시아적 전통문화, 곧 아시아적 가치의 긍정적인 측면을 인정하는 이론들이 대두하기 시작했다. 1960년대에 들어와 전후 눈부신 경제성장을 거듭한 일본이 서구 선진국과 어깨를 나란히 하는 위상에 이르게 되자, 그러한 경제성장을 뒷받침하는 일본의 문화적 특성을 찾아내고자 하는 연구가 진행되었다. 베버 연구의 권위자인 미국의 정치사회학자 벤딕스(Reinhard Bendix)는 본래 1966년에 발표한 글에서 일본 경제성장의 문화적 원인을 도쿠가와 시대 말기 사무라이 계급의 문화적 심성 — "교리와 행동 사이의 간극, 곧 종교적 관념에 함축된 자극과 일련의 사람들로 하여금 베버가 '내세 지향적 금욕주의'라고 규정한 방식에 따라 행동하게끔 몰고 간 내면화된 충동 사이의 간극" — 에서 발견하고, 그것을 일본에서 발견되는 "청교도주의(Puritanism)의 '기능적 등가물'"이라고 명명했다.[16] 당시 자본주의적 발전과 관련하여 일본의 문화에서 사후적으로 발견된/구성된 아시아적(일본적) 가치는 한동안 서구 학자들은 물론 일본 학자들에 의해서도 아시아의 다른 국가들과는 구별되는 일본에 독특한 속성(Japanese uniqueness)인 것으로 치부되었다.[17] 그러나 그 후 한국, 타이완, 홍콩, 싱가포르 등이 일본의 뒤를 이어 급속한 경제성장을 거두자, 자본주의적 경제 발전에 대한 아시아적 가치의 기여도가 부정적인 평가에

91

서 긍정적인 평가로 급선회하게 되었다.

　이에 자신감을 얻은 동남아시아의 정치 지도자들, 대표적으로 싱가포르의 리콴유와 말레이시아의 마하티르는 미국 등 서구 국가들이 동남아시아의 권위주의와 인권 실태를 비판하자, 범죄와 마약 및 도덕적 타락이 지배하는 미국식 자유 민주주의 체제를 사회적 조화와 정치적 안정을 특징으로 하는 아시아의 권위주의 체제와 대비하면서 후자를 '아시아적 가치'라는 이름으로 옹호했다.[18] 그러나 1997년 아시아의 금융 위기가 태국 등 동남아시아 국가와 한국을 강타하자, 앞에서도 언급한 것처럼, 서구의 비판론자들은 아시아의 자본주의를 '정실 자본주의'로 규정하면서 아시아적 가치를 경제 위기의 주범으로 비난했다. 2000년대 초반 이후 아시아의 국가들이 경제 위기를 비교적 신속하게 극복함에 따라 경제 발전과 아시아적 가치를 둘러싼 논쟁은 일단 잠복 상태에 들어간 것으로 보였다. 그런데 2008년 미국발 금융 위기에서 비롯된 서구의 경제 위기는 전지구적 경제 위기로 확산되었고, 1930년대 대공황 이후 처음으로 전 세계는 최악의 경기 침체로 고통을 겪어 왔다. 그러한 와중에서도 중국은 경제성장을 지속했다. 최근에는 일본의 국민 총생산을 추월하여 미국에 이어 제2위의 경제 대국으로 발돋움했으며, 불황을 겪고 있는 세계 경제의 구원 투수로 등장했다. 이와 더불어 'G2'라는 말이 친숙해지면서, 이제 적지 않은 서구의 논자들도 다가오는 '중국의 시대'를 예언하는 데 가담하고 있다. 이런 사태의 전개로 인해, 아시아적 가치가 자본주의적 경제 발전에 장애가 된다는 주장은 이제 더 이상 학문적인 논의의 가치나 의미를 상실한 것처럼 보인다.

지금까지 살펴본 것처럼 자본주의적 산업화에 아시아적 가치가 장애가 된다는 주장은 이제 설득력을 상실하게 되었지만, 아시아적 가치와 개인의 자유, 인권 및 민주주의의 상호 관계는 여전히 논쟁적인 의제로 남아 있다. 다시 말해 '서구의 자유' 대 '아시아적 전제정치'라는 틀은 여전히 상당한 설득력을 유지하고 있는 듯하다. 1991년에 발간된 『제3의 물결』이라는 저서에서 미국의 정치학자 헌팅턴(Samuel P. Huntington)은 "유교 민주주의는 명백히 형용 모순이지만 이슬람 민주주의가 그런지는 명백하지 않다."라고 언명함으로써[19] 유교가 이슬람교보다 민주주의에 더 적대적이라는 입장을 개진한 바 있다. 헌팅턴은 유교를 비롯한 아시아적 가치를 비판하는 서구 학자의 입장에서 이런 주장을 제기했다. 하지만 이에 맞서 리콴유, 마하티르 등 동남아시아의 정치 지도자들은 자유 민주주의의 폐해를 비판하는 한편, 나아가 '서구 문명의 산물인 자유 민주주의는 아시아의 문화 전통에 맞지 않기 때문에 아시아의 역사적 현실과 미래 방향에 잘 맞는 아시아적 민주주의를 발전시켜 나가야 한다.'라는 아시아적 민주주의론을 제기했다.[20] 그들은 아시아적 민주주의에 관해 "경쟁적 정당 정치 대신 '합의에 의한 정치' 그리고 민주 정부보다는 '좋은 정부'를 실현하여 우선 '질서 정연한 사회'부터 창출하고 그다음에 질서와 안정을 유지하는 범위 내에서 개인이 자유를 향유하도록 해야 한다."라고 주장했다.[21] 그러나 일본은 물론 한국, 타이완의 정치 지도자들 — 대표적으로 김대중, 리덩후이 — 이 아시아적 가치가 민주주의와 양립 가능하다고 주장하고, 나아가 선거를 통한 평화적 정권 교체에 의해 한국과 타이완의 민주주의가 어느 정도 정착됨에 따라 헌팅턴의 비판이나 동남아시아 정치 지도자들의 반론 역시 설득력을 상실하게 되었다.

그러나 헌팅턴은 (한국과 타이완에서 선거를 통한 평화적 정권 교체가 일어나기 전인) 1996년에 펴낸『문명의 충돌』이라는 저서에서 아시아의 민주주의에 대해 동아시아에는 "개인주의에 대한 공통된 거부감"이 존재하고 "'부드러운' 권위주의 또는 아주 제한된 형태의 민주주의가 폭넓게 퍼져 있다."라고 지적했다.[22] 나아가 근대화와 서구화를 구분함으로써 종래 서구중심주의의 한 축인 서구 보편주의를 부정했다.[23] 헌팅턴에 따르면, 근대화는 서구 문명의 (보편화가 가능한) 물질생활의 측면 — 산업화와 도시화 — 을, 서구화는 (보편화가 어려운) 정신생활(문화) 측면을 중심으로 파악되는 개념이다.[24] 이어서 그는 근대 이전부터 존재했던 서구 문명의 고유한 특징으로, "그리스-로마 유산", "카톨릭과 프로테스탄트", "종교적 권능과 세속적 권능의 분리", "법치", "사회적 다원주의", "대의제", "개인주의" 등을 지적하면서 이 요소들이 "서구 사회의 전유물"이라 할 수 없지만, "이 요소들의 결합은 서구에서만 나타났으며 그것이 서구의 남다른 특징이었다."라고 주장한다.[25] 헌팅턴의 이러한 주장은 개인주의, 대의제, 사회적 다원주의, 법치주의가 결합한 서구의 자유 민주주의 체제가 아시아 등 비서구 세계에서 쉽게 정착할 수 없다는 함의를 담고 있다.

헌팅턴이 유교적 민주주의가 형용 모순이라고 주장한 이래, 지난 20여 년 동안 동아시아의 학자들은 유교적 민주주의(Confucian democracy)에 대한 다양한 이론화를 시도했다. 흥미로운 사실은 그들이 모두 유교적 민주주의를 서구의 자유 민주주의에 대한 대안으로 제시한다는 점이다. 유교적 민주주의가 형용 모순이라는 헌팅턴의 주장에 대한 그들의 논변은 한편으로는 수긍하고 또 다른 한편으로는 반박하는 이중적 측면을 띠고 있다. 그들은 유교적 민주주의가 자유 민주주의와 동일할 수 없다고 주장함으로써 부분적으로 헌팅턴의 논점을 수긍했다. 그럼에도 불구하고 자신들이 주장한 유교적 민주주의가 자유 민주주의보다 아시아의 문화적 풍토에 더 적합하거나, 한 발 더 나아가 그보다 우월하다고 주장함으로써 헌팅턴의 주장을 반박하고 있다.[26] 결과적으로 유교적 민주주의에 대한 최근의 다양한 이론적 시도들은 근대화와 서구화를 구분한 헌팅턴의 다음 입장과 적절히 호응하고 있다. "비서구 사회는 자기의 고유문화를 포기하지 않고 또 서구의 가치·제도·관습을 전폭적으로 수용하지 않고서도 근대화할 수 있고 또 그렇게 발전해 왔다."[27]

3 두 가지 근대화
── '원초적' 근대화와 '2차적' 근대화[28]

근대화와 아시아적 가치를 논함에 있어서 중요한 오류 가운데 하나는 서구와 비서구의 근대화를 대체로 그 과정과 결과에 있어서 동일한(또는 유사한) 역사적 변화로 상정하고 동일한 결과(목표)를 달성하기 위한 동일한 전제 조건 또는 기능적 등가물이 무엇인지를 논해온 우리의 무의식적 습성이다.[29] 앞에서도 논한 것처럼, 동아시아에서 먼저 일본, 나중에 다른 국가들의 성공적인 급속한 경제 발전을 설명하기 위해서 종래 비난의 대상이 되어 왔던 아시아적 가치를 베버

유교, 자본주의, 민주주의

가 서구에서 자본주의를 추동한 문화적 변수로 제시한 프로테스탄트 윤리의 기능적 등가물로 상정·규정했던 연구들이 그러한 오류의 대표적 사례라 할 수 있다.

이러한 논변을 전개하기 위해 필자는 고대 국가의 형성에 관한 정치인류학자 프리드(Morton Fried)의 이론에 의존해서 서구의 근대화와 (아시아를 포함한) 비서구의 근대화가 일어난 역사적 맥락이 근본적으로 다르며, 그에 따라 근대화는 (적어도) 두 가지 유형으로 구분될 수 있다는 점을 주장하고자 한다. 일찍이 프리드는 인류 역사상 최초의 국가가 어떻게 출현했는가를 논구하면서 '원초적 국가(pristine state)'와 '2차적 국가(secondary state)'를 구분하고 양자의 형성 조건이 다르다는 점을 강조한 바 있다.[30] 전자의 경우에는 (우발적이지만) 일정한 필요조건을 갖추어야 비로소 국가로 발돋움할 수 있었지만, 후자의 경우에는 원초적 국가에 존재하던 필요조건을 결여하더라도 (정복과 식민화를 포함한) 모방과 학습을 통한 확산에 의해 국가로 진화할 수 있었다는 것이 그의 핵심 주장이다. 이에 따라 문명의 발상지인 세계의 여러 곳에서 예외적 조건들의 우발적 결합에 의해 형성된 최초의 고대 국가들이 모방과 확산에 의해 보편적인 정치체의 형태로 역사의 무대에 등장하게 되었다는 것이다.

이러한 구분에 착안하여 우리는 서구에서 진행된 '원초적 근대화'와 그 영향을 받아 사후적으로 전개된 '2차적 근대화'를 구분할 수 있다. 이러한 구분은 서구와 비서구의 근대화가 지향하는 바는 동일했는지 모르지만 그 역사적 조건과 경험은 근본적으로 달랐다는 점을 가정한다. 다시 말해 자율적·내생적·선발적으로 진척된 서유럽에서의 근대화와 타율적(강압적)·외생적·후발적으로 추진된 한국을 포함한 비서구에서의 근대화가 서로 다를 수밖에 없다는 점을 가정한다. 아울러 여기서 원초적 근대화와 2차적 근대화를 구분하는 결정적 기준은 전자의 경우에는 (변화의 과정이 결과를 규정하는) '인과론적 변화'가 지배적인 데 반해, 후자의 경우에는 인과론적 변화와 함께 (목적이 변화의 과정을 규정하는) '목적론적 변화'가 공존한다는 점이다. 또한 전자의 경우에는 사회변화에 대한 원초적 정당화가 요구되는 데 반해, 후자의 경우에는 '빌려온 정당성'이 원초적 정당화를 대체할 수 있게 된다. 따라서 2차적 근대화는 서구 문명의 근대화가 일정 정도 진척되어 전 세계적으로 헤게모니적 위상을 확보하고 나아가 서구 문명이 다른 후발 문명에게 자신을 모방 대상, 즉 보편적 모델로 제시하게 된 상태에서, 후발 문명이 '따라잡기식'인 목표 지향적 변화의 일환으로 근대화에 참여하게 되는 현상을 지칭한다.[31]

거친 단순화이지만, 필자는 근대화가 추구하는 근대성을 그 사회·정치적 측면에서 국민국가의 건설, 자본주의의 수립 및 민주주의의 실현으로 규정하고자 한다. 서구에서 그러한 근대성이 모습을 드러내기 위해서는 사회·정치·경제·문화적 변수들의 일정한 (우발적인) 합류(conjuncture)가 필요했으며, 이러한 변수들은 르네상스, 기독교 개혁(이른바 '종교 개혁'), 계몽주의(합리주의), 과학 혁명, 산업 혁명, 청교도 혁명, 미국 혁명, 프랑스 혁명 등은 물론 유럽 국가 간의 수많은 전쟁, 제국(식민)주의적 정복과 약탈 등과 같은 역사적으로 우발적인 사건을 통해 결합되고 형성되어 온 것이라 할 수 있다. 그런데 국민국가, 자본주의, 민주주의를 선진적으로 발전시킨 유럽의 일부 선발 국가들이 경제적·군사적 위용뿐만 아니라 그 지적·도덕적 호소력 등으로 인해 강력한 정치 체제로 대두하게 되었을 때, 인접 유럽 국가들은 물론 비서구 국가들 역시 국제적 경쟁에서 생존하기 위해 또는 대내외적 정당성을 확보하기 위해 그 체제를 모방·수용하지 않을 수 없었다. 이처럼 선발 국가의 성공적인 근대화 자체가 세계사적 조건을 변형시키고, 그처럼 변형된 조건에 후발 국가가 적응해야 하는 현상을 '선두 주자에 의한 세계사적 조건의 변화'라고 할 수 있다. 이때 후발 국가 일반에 적용되는 변화의 목적론적 성격상 후발 국가에는 서구 선발국이 겪은 변화가 세계사의 보편적인 흐름으로 제시되고, 나아가 그 국가에 부과·강요되는 성격을 띠게 되었다.

그렇지만 이러한 구분과 상관없이 우리는 2차적 근대화 과정에서 서구의 선발 국가와 유사한 점을 많이 공유한 국가가 그렇지 않은 국가보다 선발 국가를 따라잡는 데 어려움을 덜 겪을 것이라고 예상할 수 있다. 그렇기 때문에 선발 국가에서 근대성 — 국민국가, 자본주의, 민주주의 — 의 성립 조건을 탐색하는 것은 의미 있는 작업이다. 그러나 이러한 지적을, 다양한 목적으로 자국의 토양에 근대성을 이식·수용하고자 하는 후발 국가들이 선발국이 거쳐 온 것과 동일한 역사적 과정을 반복하거나 동일한 선결 조건을 충족해야 한다는 것으로 받아들여서는 안 된다. 일단 근대성의 모델이 지배적 체제로서 정착·확립된 후에, 후발 국가들은 선발 국가들이 겪어 온 비슷한 역사적 과정을 기계적으로 반복하거나 일정한 선결 조건을 충족하지 않고서도, 후발국의 이점(利點)을 활용하여 모방과 확산을 통한 근대성을 창출할 수 있기 때문이다.

이러한 구분과 관련하여 마지막으로 지적하고 싶은 논점은 2차적 근대화가 근대성을 선취한 서구 선발국을 모델로 지향하면서 추진되지만, 근대화의 역사적 조건과 과정이 다르기 때문에 행위자들의 의도와 상관없이 종국적으로 후발국에 출현한 근대성의 모습이 서구 선발국과 공유하는 요소 못지않게 상이한 요소를 종합한 형태로 나타날 수밖에 없다는 것이다. 이와 관련하여 근대화의 역사적 선후에 따라 초래되는 '확산 효과', '후발국의 이점' 또는 후발국의 '종속성' 또는 '식민성'의 문제도 상이한 근대성을 빚어내는 요인이지만, 그에 못지않게 중요한 요소로 개별 국가가 물려받은 전통과 역사적 유산을 고려하지 않을 수 없다. 근대화는 개별 국가에게 '전통의 쇄신'이라는 과제를 부과해 왔는데, 각 국가마다 물려받은 전통이 다양하고 고유하기 때문에 근대성이 다르게 나타날 수밖에 없다는 통찰은 매우 중요하다. 우리는 그 전형적인 예를 일본과 서구 국가들이 국민국가, 자본주의, 민주주의와 같은 특징을 공통적으로 갖추고 있는 다 같은 근대 사회이지만 그럼에도 이러한 특징들이 발현되는 과정에서는 양자 사이에 적지 않은 차이점이 여전히 발견되고 있다는 점에서도 찾을 수 있다.

4 원초적 근대화와 서구적 가치
── 프로테스탄트 윤리를 중심으로

앞에서 필자는 원초적 근대화와 2차적 근대화를 구분하고, 양자

유교, 자본주의, 민주주의

는 근대화의 역사적 맥락과 과정이 다르고 근대화의 결과인 근대성 역시 상이한 양상으로 드러낼 수밖에 없다고 논했다. 이 장에서는 막스 베버가 자본주의를 추동한 문화적 심성의 핵심으로 프로테스탄트 윤리를 지목하고 이를 분석한 논변을 비판적으로 검토하고자 한다. 이어서 5장에서는 동아시아 국가들이 이룩한 급속한 자본주의적 경제 발전을 아시아에 독특한 아시아적 가치에 귀착시키고, 나아가 아시아적 가치를 프로테스탄트 윤리에 비유하는 것은 범주 착오이자 맥락 착오에 해당한다는 논변을 전개할 것이다.

이를 위해서는 먼저 베버가 자본주의의 원초적 발전 — '원초적 근대화'의 한 양상 — 을 염두에 두고 프로테스탄트 윤리에 관심을 갖게 된 이론적·역사적 배경을 이해할 필요가 있다. 『프로테스탄티즘의 윤리와 자본주의 정신』에서 베버의 문제의식은 상호 연관된 두 가지 질문으로 압축된다. 첫째, 베버는 인간의 '무제한적 이익의 추구'를 탐욕으로 보고 이를 금지해 온 전통 종교의 교리로부터 이익 추구의 동기가 어떻게 해서 해방되었는가에 관심을 가졌다. 둘째, 그는 서구 사회에서 자본주의 초기에 이러한 에토스를 강력하게 보유한 인간들이 다른 무엇보다도 왜 특정한 종파에 집중해서 출현하게 되었는가를 궁금하게 생각했다. 다시 말해 그는 (세속적인 이익 추구 자체보다는 종교적인 관심을 우선적 동기로 해서 자신의 직업에 매진하는) 근면하고 검소한 금욕적인 자본가와 노동자를 배출한 사회 경제적 배경보다는 그들이 믿는 종교적 교리의 특성에 주목했던 것이다.

이러한 문제의식에 답하는 과정에서 베버는 세속적인 이익 추구의 동기가 독자적으로 이를 금지한 전통적인 종교적 교리를 압도했다고 설명하는 대신, 프로테스탄트 사이에서 발견된 구원의 불확실성을 둘러싼 종교적 근심과 열정에 의해 추동된 영리 활동에 주목했다. 베버가 보기에, 루터파와 칼뱅주의자 등 프로테스탄트들은 자신들이 속한 종파의 교리로 인해 품게 된 구원의 불확실성과 그 불확실성을 보상하기 위한 대상적(代償的) 행위로서 금욕적인 종교적 경건성과 의무감을 가지고 자신의 직업에 몰입하게 되었다는 것이다. 이러한 역설을 베버는 "한편으로 내세 지향성(other-worldliness), 금욕주의, 종교적 경건성과, 다른 한편으로 자본주의적 영리 활동에의 참여 사이의 갈등이, 실제로는 친근한 관계"로 전도된 것은 아닌가라는 의문으로 표현하고 있다.[32] 다시 말해 종교의 전통적인 금기를 깨는 것으로 여겨진 '자본주의적 영리 활동'에 대해 그는 실로 그 행위의 세속성과 탐욕성을 말소하고 경건한 종교적 의무감에서 행한 것으로 전환해 버리는 프로테스탄트의 교리(와 그 해석)에 주목했던 것이다.

마키아벨리가 『군주론』에서 통치 영역에 도입한 도덕 혁명의 공식, 곧 정치 지도자의 경우 사적인 악덕이 공적인 미덕으로 전환될 수 있다는 논리를 베버의 이러한 해석에 적용해 본다면, 프로테스탄트 자본가나 노동자의 경우, 이제 탐욕의 추구라는 '사적인 악덕'이 바야흐로 경건하고 금욕적인 종교적 의무의 수행이라는 '종교적인 미덕'의 발현으로 전환된 셈이었다. 필자는 베버의 이러한 해석이 17~19세기 유럽에서는 어느 정도 설득력을 지닌다고 생각한다. 그러나 베버의 이러한 분석은 개인의 이익 추구를 전통 종교의 금기에서 해방시키는 도덕 혁명에 앞서서 개인의 자유로운 이익과 부의 추구가 제도적으로 허용될 수 있는 신분 사회의 해체와 계약 사회(개인주의)의 대두라는 사회·정치적 변화를 이미 전제하고 있었다. 앞에서 논한 것처럼 다양한 변수들의 결합에 의해 중상주의로 무장한 절대주의 국가의 대두와 함께 봉건적 신분 사회가 급속히 해체되고 있던 서유럽은 분명 이러한 역사적 배경을 제공했다. 다시 말해 이러한 역사적 배경이 "기술적 생산 수단"은 물론 "법률과 행정의 합리적 조직"을 포함해 "자유로운 노동의 합리적 조직화를 갖춘 착실한 부르주아 자본주의"의 물질적·제도적 토대를 제공했던 것이다.[33] 이러한 배경에서 베버는 종교적 금기에 구애받지 않고 무제한적 이익 추구를 합리적으로 수행하는 종교적으로 경건하고 금욕주의적인 자본가와 자본주의적 노동 기율을 충직하게 받아들일 수 있는 마찬가지로 종교적인 노동자가 왜 특정 종교 집단에서 집중적으로 발견되는가에 주목했던 것이다.

필자가 다른 글에서 논한 것처럼, 17세기 말 영국의 로크는 『통치론』에서 절대 왕권을 정당화한 필머(Robert Filmer)의 왕권신수설을 반박하면서 최초로 자유주의 사상 — 자유롭고 평등한 개인들로 구성된 인민의 동의에 의한 정부와 소유권을 포함한 자연권의 불가침성 — 을 발전시켰다. 이때 단순히 세속적인 관점과 논리가 아니라 기독교와 성경의 재해석을 통한 종교적 관점과 논리에 따라서 로크가 자신의 사상을 정당화한 것은 매우 어려운 사상 투쟁이었다. 하지만 그러한 사상적 혁신은 성공적으로 수행되었을 때 왕권신수설을 성경과 기독교라는 동일한 이념적 지형 내에서 쉽게 무력화할 수 있었기 때문에 그 효과가 배가되는 것이었다.[34] 마찬가지로 서양 역사에서 탐욕, 곧 무제한적인 이익 추구에 대한 종교적 금기를 해체하기 위한 자본주의적 심성을 새로운 세속적인 철학과 윤리의 창조를 통해서가 아니라 프로테스탄트의 종교적 교리와 그것에 대한 해석을 통해 정당화한 것 역시 매우 효과적인 사상적 작업이었음이 분명하다. 다만 로크는 의도적으로 자신의 사상을 치밀하게 전개했고, (적어도 베버의 해석에 따르면) 프로테스탄트들은 구원의 불확실성에 대한 종교적 근심(anxiety)을 해소하기 위해 무엇보다도 경건하고 금욕적인 동기에서 이익 추구 행위에 몰입했다. 다시 말해 베버는 행위자가 아니라 사회학자라는 관찰자의 입장에서 프로테스탄트의 경건하고 금욕적인 종교적 열정과 이익 추구 행위 사이의 역설적인 친근성을 정교한 이론 구성을 통해 독창적으로 발견·구성했던 것이다. 이 점에서 로크나 (베버의) 프로테스탄트들은 반자유주의적이고 반자본주의적인 기독교의 전통적인 교리를 기독교 이외의 다른 외부적인 이념적 자원에 의존한 것이 아니라 기독교 자체에 대한 혁신적 해석을 통해 ─ 전자는 의도적으로, 후자는 비의도적으로 ─ 전복적으로 내파(內破)했다. 나아가 기독교에 대한 이러한 해석이 근대 서구 문명의 주류적 입장으로 받아들여짐에 따라 본래 반자유주의적이고 반자본주의적인 기독교가 후일 '전통의 발명'을 통해 자유주의와 자본주의를 탄생시킨 유일한 종교로 부상하게 되었다. 이와 같은 이론적 현상은 실로 당혹스러운 역설이다. 하지만 그 결과 두 이론가는 기독교, 자본주의, 자유주의라는 근대 서구 문명의 삼위일체적 공식이 완성되는 데 혁혁한 기여를 한 셈이 되었다.

그러나 유럽에서 자본주의 발흥 당시 오직 프로테스탄트 윤리만이 탐욕의 추구에 대한 기독교의 전통적 금기에 도전한 것은 아니었

유교, 자본주의, 민주주의

다. 전통 종교의 금기는 다방면에서의 공격에 의해 종국적으로 해체되었기에 우리는 이를 "중첩적 공격(overlapping assaults)"에 의한 해체라 명명할 수 있을 것이다. 영국의 작가인 맨더빌(Bernard Mandeville)은 1714년에 이미 '사적인 악덕, 공적인 이득(Private Vices, Publick Benefits)'이라는 부제가 붙은 『꿀벌의 우화 (The Fable of the Bees)』를 출간하여 금욕과 절제를 강조하는 중세의 기독교적 도덕을 위선이라 비판하고 인간의 이기심과 사치에 대한 욕구가 경제적 발전과 사회적 번영을 가져온다고 주장했다.[35] 그러나 기독교의 거센 반발에 직면해 맨더빌은 재판에 회부되고 그의 사상은 법정에서 금지령을 받았다. 후일 영국의 신학자인 존 웨슬리(John Wesley)는 맨더빌의 사상을 마키아벨리의 사상에 비유하기도 했다. 이처럼 사적인 악덕이라 할 수 있는 이기심과 사치심이 경제 발전과 사회 번영을 가져오기 때문에 공적인 이익이 된다는 맨더빌의 주장은 그것이 세속적인 관점에서 구성되었던 탓에 당연히 탐욕의 추구를 금하는 기독교의 집중적인 공격과 함께 탄압을 받았던 것이다. 이러한 사실은 18세기 초 유럽에서 무제한적 이익 추구를 단순히 세속적으로 정당화하는 논리가 이를 금압한 종교적 금기를 아직 극복할 수 없었다는 점을 시사한다. 후일 베버가 관찰한 것처럼 프로테스탄트 윤리에 수반된 금욕적이고 경건한 종교적 의무 수행이라는 관점에서 비롯된 이익 추구 정신만이 그러한 종교적 금기를 타개할 수 있었다는 점을 보여 준다. 아직 세속적 이익의 독립적인 자기주장은 종교적 금기를 넘어설 수 없었고, 다른 방식으로 정향된 종교적 열정만이 종교적 금기를 압도할 수 있었던 것이다.

맨더빌의 저술이 출간된 때부터 60여 년이 지난 후 맨더빌의 사고를 발전시켜 근대 경제학을 창시하고 나아가 경제적 자유주의를 정립한 애덤 스미스는 계량화된 경제학적 사유와 논리를 통해 맨더빌의 주장을 체계적으로 부활시키고 완성시켰다. 그는 자유 경쟁 시장에서 수요와 공급의 법칙 — 시장에서 자기 이익을 추구하는 공급자(생산자)와 소비자의 활동의 총화 — 에 의해 형성되는 시장 가격 이론을 정립했다. 나아가 그 가격을 또한 자연법에 합치하는 '자연적 가격(natural price)'이자 '정의로운 가격(just price)'이라고 규정함으로써 시장 가격을 도덕 법칙의 반열에 올려놓았다. 다시 말해 시장에서 무제한적인 자기 이익을 추구하는 개인들의 활동의 총화로 형성되는 시장 가격을 자연법에 부합하는 자연적 가격이자 정의로운 가격이라 규정함으로써 그 역시 개인의 사적인 악덕이 공적인 미덕으로 전화한다는 점을 '경제학적 공식'을 통해 보여 준 셈이었다. 이러한 이론을 내면화하게 되었을 때, 이제 시장에 참여한 개인들은 무제한적인 자기 이익 추구 행위가 공적인 미덕에 기여하기 때문에 그러한 행위에 대한 도덕적인 부담감을 떨쳐 버릴 수 있게 되었다. 인간의 욕망 추구가 정의에 기여한다는 스미스의 논리는 인간 욕망의 해방을 선언하는 것이었다. 이제 세속적인 자기 이익 추구는 굳이 금욕적이고 경건한 종교적 열정(신앙)에 의탁하지 않고 독자적으로 스스로를 정당화할 수 있게 되었다. 자유로운 시장에서 자기 이익의 추구는 예전처럼 상공업자 계급에 국한된 활동이 아니라 소비자인 일반 시민 역시 몰입하는 행위로 여겨지면서 이익 추구 행위는 합리적인 일반 시민의 경제적 덕목이 되었다. 이처럼 경제 영역에서 인간 욕망의 해방

(계산 가능한 이익의 관점에서)이야말로 자본주의의 시대정신을 선포한 것이었다. 마키아벨리가 정치 행위의 종교 영역으로부터의 독자성을 주장했다면, 스미스는 경제 행위의 종교 영역으로부터의 독자성을 확립했던 것이다.[36]

    그러나 경제 영역에서 사적인 악덕인 이익의 추구가 정의로 귀결된다는 스미스의 논리는 그것이 정부의 간섭이 없는 자유로운 시장의 존재는 물론 화폐 경제의 융성과 산업 혁명의 출현을 전제로 하고 있었다는 점을 상기할 필요가 있다. 자유로운 시장에서 수요 공급의 법칙에 의해 결정된 시장 가격이 공적인 덕으로 전환하기 위해서는 재화의 희소성에 의해 규정되는 농업 사회가 그러한 희소성에서 해방된 산업 사회로 전환되는 것을 필요로 했다. 정의로운 시장 가격의 형성을 위해 수요 곡선과 공급 곡선이 충분한 가격 탄력성을 확보해야 하기 때문이다. 다시 말해 공급자는 가격에 올라감에 따라 공급량(생산량)을 늘릴 수 있는 능력을 구비해야 한다. 그렇지 않고 가격이 오르더라도 공급량을 이에 맞추어 탄력적으로 증가시킬 수 없다면 스미스가 상정한 공급 곡선이 완성되지 못한다. 또한 공급자는 인간의 욕망을 다양한 방면에서 충족할 수 있는 상품을 공급해야 한다. 소비자 역시 구매력에 의해 뒷받침되는 유효 수요를 가지고 시장에 참가하려면 나름대로 풍부한 화폐를 보유해야 한다. 나아가 가격 탄력적인 다양한 욕망을 발전시켜야 한다. 그렇지만 전통적인 농업 사회는 이러한 조건을 충족시킬 수 없다. 주로 농업과 가내 수공업의 생산에 의존하는 농업 사회는 생산 능력의 제한으로 인해 공급을 가격에 따라 탄력적으로 증대시킬 수 없다. 또한 대다수의 인간 역시 자신들의 기본적 수요를 충족하는 생필품의 구매 이외에는 다양한 욕망을 발전시키지 못하며, 또 이를 충족할 수 있는 화폐를 보유하고 있지도 못하다. 따라서 산업 사회에 비해 상대적으로 희소성의 원칙이 강하게 지배하는 농업 사회에서는 농업을 통해서든 상업을 통해서든 무제한적인 이익 추구 행위와 그로 인한 부의 집중이 공적인 미덕으로 전환될 수 없다. 다시 말해, 유교가 주장하는 것처럼 이(利)의 추구가 의(義)로 전환될 수 없다. 제한된 재화와 자원을 전제로 한 사회에서 인간의 이익 추구 행위는 그렇지 않은 산업 사회에서보다 영합(零合, zero-sum) 게임이 될 개연성이 훨씬 높기 때문이다.

그렇기 때문에 농업 문명에 기반을 둔 세계의 주요 종교는 부의 집중이나 이익의 추구를 격렬하게 비판하고, 그러한 행위를 종교적 교리나 도덕적 원리를 통해 엄격하게 통제하고자 했다. 이 점을 우리에게 친숙한 기독교와 유교를 통해 쉽게 예시할 수 있다. 먼저 『성경』에서는 "낙타가 바늘귀로 들어가는 것이 부자가 하나님의 나라에 들어가는 것보다 쉬우니라."(마태복음 19장 24절)라는 자주 인용되는 구절을 통해 부의 형성 과정의 당부당을 묻지 않고 부의 축적 자체를 탐욕시하고 이를 비판한다. 중세 유럽에서 유태인이 경멸과 배척의 대상이 된 중요한 이유 가운데 하나는 유태인이 돈을 빌려주고 이자를 받았기 때문이다. 교회법에 따르면 타인의 궁박한 처지를 이용하여 이익을 취하는 행위는 허용되지 않았다. 따라서 기독교 신자는 타인에게 돈을 빌려주더라도 이자를 받을 수 없었다. 그러나 유태인은 교회법의 적용을 받지 않았기 때문에 자유롭게 고리대금업에 종사했다. 이로 인해 일반 기독교인들로부터 경멸과 증오를 받았던 것이

유교, 자본주의, 민주주의

다.[37] 『논어』에서 공자 역시 '가난함'을 '고르지 못함'이라는 관점에서 파악하면서 고르면 가난함이 없다고 주장했다.[38] 약간은 다른 맥락에서 언급된 "재물이 모이면 백성이 흩어지고, 재물이 흩어지면 백성들이 모인다."라는 『대학장구』의 구절 역시 마찬가지로 해석할 수 있다.[39] 공자가 군자와 대비하여 흔히 비판하는 소인의 전형적인 특징은 이익을 탐하는 것이었으며, 공자는 "이익에 따라 행동하면 원망이 많다."라고 경계했다.[40] 공자는 또한 "이(利)를 보면 의(義)를 생각하라(見利思義)"는 유명한 문구를 남겼다.[41] 맹자 역시 『맹자』의 모두를 장식하는 유명한 「양혜왕장구 상」에서 나라의 이로움을 구하는 양혜왕의 물음을 정면으로 반박하면서 오직 인의를 추구해야 함을 강조했다.[42] 이익을 추구하는 것은 의에 반했고, 이익은 의에 의해서 통제되어야 했다. 주자학 역시 천리(天理)의 공(公)과 인욕(人慾)의 사(私)를 대비시키면서 이익을 추구하는 것을 철저히 경계하고 금압했다. 이처럼 유학은 이익 추구 정신을 예와 덕(인의) 및 천리를 통해 통제하고자 했다.

농업 문명에 기반한 주요 전통 종교들이 이익 추구 행위를 금압한 것이 오히려 당연했다는 필자의 해석이 합당하다면, 베버가 프로테스탄트 윤리에서 비롯된 합리적인 자본주의 정신의 맹아를 다른 종교에서 찾기 위해 인도의 불교와 힌두교, 중국의 유교와 도교를 검토한 이후에 동양의 종교에서는 그러한 정신을 찾을 수 없다고 해석한 것은 사실 지극히 자명한 결론이지만 동시에 무익한 발견이라 할 수 있다.[43] 그의 연구는 서구인의 입장에서 동양에서 '서구적인 것의 부재'를 논했다는 점에서 오리엔탈리즘의 강화에 기여했는지 모르지만, 학문적으로 이미 맥락적 객관성을 결여하고 있었기 때문이다. 다시 말해, 근대 초에 유럽 문명이 겪은 거대한 변환과 이에 수반한 사회 정치적 변화로서 신분 사회의 해체, 신앙의 개체화(개인주의의 발생)가 진행되지 않았고, 따라서 종교적 교리(와 그 해석)에 그러한 변화가 반영될 수 없었던 동양의 종교에서 베버가 프로테스탄트 윤리에서 발견한 것과 같은 합리적인 자본주의 정신을 발견하지 못한 것은 어찌 보면 너무나 당연한 일이었기 때문이다. 이렇게 본다면 유럽에서 카톨릭보다 프로테스탄트 사이에서 자본주의의 합리적 정신이 더 많이 발견되었다는 사실은, 그에 앞서서 이미 자본주의의 합리적 정신이 시대정신으로서 무르익어 가고 있었다는 역사적 배경을 전제로 한다. 다만 자본주의가 발흥하던 시대에 유럽의 카톨릭은 당시 진행되던 거대한 사회적 변화의 수용을 전면적으로 거부했기 때문에 합리적인 자본주의 정신을 아직 발전시키지 않았을(또는 못했을) 뿐이다. 이 점에서 종교적 교리의 역사 초월성을 가정하고 이미 신분 제도의 해체와 함께 신앙의 개체화가 진행되던 프로테스탄티즘 그리고 신분제와 신앙의 집단주의화에 아직 얽매여 있던 동양의 종교를 역사적 맥락상의 차이를 무시하고 평면적으로 대등한 차원에서 비교하고 일방적인 결론을 도출한 종교사회학 창시자의 입장은 오늘날 우리가 이해하는 종교사회학의 본지에 반하는 것이다.

우리는 베버가 이처럼 간과한 사회적·정치적 맥락의 차이가 (동일한 서구 문명 내에서) 초래한 대조적인 결과를 토크빌이 『미국 민주주의』에서 예리하게 주목했다는 점을 상기할 필요가 있다. 물론 자본주의적 합리성을 어떤 종파가 더 많이 보유하고 있느냐라는 베버의 관심과 달리 토크빌의 우선적 관심은 미국 민주주의의 사회적·정치적 조건이었다. 그런데 카톨릭교도인 토크빌이 1830년 초에 미국을 방문했을 때, 정교분리 및 민주주의를 가장 열렬하게 지지하는 집단은 놀랍게도 프로테스탄트보다는 카톨릭 신도들이었다. 이와 같은 역설적 현상은 종교적 교리상의 차이가 아니라 사회적·정치적 이유에서 비롯된 것이었다. 카톨릭은 미국에서 소수 종파에 불과했으며, 따라서 정교분리 원칙과 민주주의의 혜택을 가장 크게 받을 수 있기 때문이다. 토크빌의 관찰에 따르면, 유럽에서의 상황이 미국에서는 반전되었다. 유럽에서는 절대 군주와 결탁한 카톨릭이 민주주의의 주된 반대자였는 데 반해, 미국에서는 카톨릭이 민주주의의 가장 열렬한 지지자였기 때문이다.[44] 이러한 해석에 따르면, 일단 민주주의가 중요한 제도나 가치로 등장했을 때 민주주의에 대한 지지는 특정 종교의 교리나 그 제도적 원칙과 큰 상관관계가 없으며, 오히려 경합적인 종교적 집단 간의 사회 정치적 힘의 상대적 배치나 경제적 이득의 분배와 더 연관되어 있다는 결론이 나온다.[45]

5 2차적 근대화와 아시아적 가치

마르크스가 제시한 사적 유물론의 기본 공식에 따른다면, 자본주의의 발흥은 '토대', 곧 생산력과 생산관계가 빚어내는 변증법적 상호 관계의 역동성에서 설명되는 것이고, 상부 구조에 속하는 문화적 변수는 기껏해야 종속 변수에 불과하다. 그러나 사회 현상을 설명함에 있어서 사회적·문화적 변수를 중시한 베버는 프로테스탄트 윤리를 독립 변수로 상정해서 서유럽에서 자본주의 발흥을 설명하고자 했다. 베버의 이러한 설명이나 (앞에서 간략히 논했던) 자유주의와 기독교의 긴밀한 상관관계를 '일단' 받아들인다면 — 곧 서구 근대성의 삼위일체적 공식을 긍정한다면 — 서구인은 물론 아시아인들에게 여전히 반자본주의적이고 반자유주의적으로 남아 있던 아시아의 사상적 자원이 근대화의 걸림돌로 인식된 것은 너무나도 당연한 일이다.

그러나 앞에서 필자가 구분한 것처럼 원초적 근대화와 2차적 근대화를 구분하는 입장에 선다면, 애당초 아시아가 원초적 근대화를 수행하는 것이라 가정하고 아시아적 가치를 독립 변수로 상정하여 근대화의 걸림돌이나 디딤돌로 논하는 것은 잘못된 발상이다. 다시 말해 적어도 20세기 후반 아시아적 가치가 논의되는 역사적 상황에서 아시아를 비롯한 비서구 세계가 추구한 것은 원초적 근대화가 아니라 2차적 근대화였고, 이 점에서 아시아적 가치는 그것이 걸림돌로 인식되든 디딤돌로 인식되든, 그 역할이 독립 변수가 아니라 기껏해야 매개 변수(또는 적응 변수)로 자리매김되어야 하기 때문이다.

우리는 역사적으로 아시아적 가치가 근대화를 원초적으로 가져오지 못한 점 — 서구 문명이 근대화를 먼저 수행한 후 비서구 세계를 침투하고 정복하여 근대화의 길이 중도에 차단되거나 봉쇄되었을 가능성(서구 문명의 선점과 침투에 의한 차단이나 봉쇄)까지 포함해서 — 을 인정할 수 있다. 그렇다고 해서 아시아적 가치가 2차적 근대화를 가져오는 데 기여할 수 없다고 단정할 수는 없다. 더욱이 근대 서구 문명의 압도적인 힘에 의해 바야흐로 전 세계가 자본주의와

유교, 자본주의, 민주주의

자유주의로 재편되는 과정에서 서구 문명의 모방과 확산을 통한 수용 및 혁신을 통해 아시아에서 자본주의와 자유주의에 적응할 수 있는 문화적 에토스를 만들어 내는 작업은, 그것을 아시아적 가치로 부르든 서구적 가치로 부르든, 문명의 존망과 국가의 사활이 걸린 중차대한 문제였다.[46] 이와 관련하여 베버 역시 자본주의 정신의 태동적 조건으로 프로테스탄티즘에 내재해 있던 내세 지향적 금욕주의에 주목했지만, 프로테스탄티즘의 종교적 열정이 식은 뒤에는 궁극적으로 "공리주의적 현세주의"가 자본주의적 정신으로 자리 잡게 된 점을 지적했다는 사실을 기억하는 것이 중요하다.[47] 다시 말해 초기에는 전통 종교가 금기시하는 인간 이익의 무제한적 추구(자본주의 정신)를 정당화하기 위해 금욕적인 종교적 논리와 열정이 동원되었지만, 자본주의 정신이 사회적 대세로 확산되고 이익 추구에 대한 기독교의 전통적인 금기가 무력화된 상태에서는 공리주의 철학으로도 충분히 자본주의를 정당화할 수 있었던 것이다.[48]

이러한 통찰은 2차적 근대화에 직면했던 아시아적 가치에 대한 중요한 시사점을 제공한다. 이를 동아시아에 적용해 볼 경우, 우리는 동일한 2차적 근대화라 할지라도 19세기 후반에 근대 서구 문명이 본격적으로 침투해 왔지만 아직 그 헤게모니가 확립되지 않았을 때와 20세기 중반 이후 헤게모니가 전 세계적으로 확립되었을 때의 역사적 상황이 또한 다르다는 점을 상기할 필요가 있다.[49]

이러한 구분을 염두에 두고 먼저 19세기 후반 동아시아의 상황을 조선의 사례를 통해 살펴보자. 조선은 계몽주의에 바탕을 둔 자본주의-자유주의적 서구 문명의 적극 수용을 주장하던 개화파와 유교에 입각한 반자유주의적 신분 제도와 반자본주의적 농업 문명(이익 추구에 대한 전통 유교의 금기)의 고수를 주장하던 위정척사파로 분열되어 있었다. 개화파의 주요 인물인 유길준은 서구 문명의 적극적인 수용과 모방인 개화를 적극적으로 옹호했다. 『서유견문』에서 그는 "개화란 인간 세상의 천만 가지 사물이 지극히 선하고도 아름다운 경지에 이르는 것"이며, "사람의 지식은 세대를 거듭할수록 신기한 것과 심묘한 것들이 쌓여져" 나오기 때문에, "개화한 자는 천만 가지 사물을 연구하고 경영하여 날마다 새롭고 또 날마다 새로워지기를 기약한다."라고 주장했다.[50]

개화파는 근대 서구 문명이 세계를 장악한 상황에서 서구 문명을 본으로 하여 자유주의-자본주의에 기초한 부강한 국가와 문명을 건설하는 것이 조선을 보전하는 유일한 길이라고 믿었으며 이에 따라 조선 왕조의 기존 질서를 전면적이고 급진적으로 개조·변혁하고자 했다.[51] 그들은 또한 서구 문명이 제시한 세계관을 받아들여 세계의 형세를 우승열패와 약육강식의 시대로 규정하고 오직 부국강병만이 조선을 보전하는 방책이라고 주장했다.[52] 유길준은 '개화-반개(半開)-미개'의 등급을 설정하고[53] 서양을 '개화'된 문명으로, 조선을 포함한 동아시아 문명을 '반개'로 규정한 후 서양 문명을 전면적으로 수용하는 방안만이 동아시아 문명을 쇄신하고 부흥시키는 길이라 굳게 믿었다. 따라서 박영효나 유길준 등 개화파에게는 서구의 정치와 경제, 과학과 기술을 먼저 받아들여 급속한 발전을 이룩한 일본이 이상적인 모델이었다. 따라서 박영효는 이미 1888년에 고종에게 올린 상소문인 「건백서」에서 "이웃의 한 나라는 이미 개명의 도를 취하여

유교, 자본주의, 민주주의

문화와 기예를 닦고 무장을 갖추어 다른 부강한 국가들과 거의 어깨를 나란히 하게 되었"는데 "우리나라는 아직도 세계의 사정을 헤아리지 못하여 온 천하로부터 모욕을 자초하고 있다."라고 개탄하면서 일본을 치켜세우고 조선을 비판했다.[54]

여기서 상세히 논할 수 없기 때문에 19세기 말 조선의 상황에서 근대화(개화)와 아시아적 가치의 상호 관계에 대한 논의를 '간략히' 검토하겠다. 먼저 개화파는 자본주의와 자유주의의 정당성에 대한 주장을 한편으로는 서구 문명의 논리와 이상을 옹호하면서 전개하고, 다른 한편으로는 유교적 원리와 가치를 선별적으로 취사선택하고 또 재해석하면서 전개했다고 할 수 있다.[55] 이들의 이러한 입장은 안외순이 19세기 말 개화파가 제시한 민주주의 수용론을 검토하면서 활용한 논리에 기대어 요약될 수 있다. 곧 개화파는 서구 문명이 내세운 자본주의와 자유주의가 유교와 필연적으로 배치하는 것이 아니라 양자가 상호 보완적이라는 점을 밝히기 위한 사상적 작업에 매진했다. 그 과정에서 그들은 한편으로 서구 문명의 적극적 수용과 다른 한편으로 유가에 의한 서구 문명의 순치(馴致)를 동시에 주장했던 것이다.[56] 곧 그들은 유교의 고전을 선별적으로 취사선택하여 서구 문명(근대화)을 뒷받침할 수 있는 "유가의 잠재적 원리를 현재화"하는 한편,[57] 서구 문명(근대화)에 반하는 유가의 원리는 새롭게 재해석하거나 최소화하고자 했다. 예를 들어 박영효는 「건백서」에서 인민 주권론과 사회 계약론을 염두에 두고 "백성이 오직 나라의 근본"이라는 『서경』의 구절이나 강태공의 말을 인용하면서 "나라는 제왕의 것이 아니라 인민의 나라"이며 "제왕은 나라를 다스리는 직분일 뿐"이라고 주장하고 또 정부의 목적을 "백성을 보호하고 국가를 지키는 것"이라고 주장했다.[58] 또한 "나라에 도가 있으면 거기에서는 가난하고 천한 것이 부끄러운 것이고, 나라에 도가 없으면 부유하고 존귀한 것이 부끄러운 것"[59]이라는 공자의 말을 인용하면서 이익과 부의 추구를 정당화했다.[60] 다른 한편 그들은 서구 문명을 수용하더라도, 유가의 보편적인 가치를 보존하고 관철하기 위해 서구 문명을 유가에 의해 순치하고자 했다. 민주주의의 수용에 관해 안외순이 지적한 것처럼, 그들은 법치를 덕치, 자유와 권리를 통의(通義)에 의해 보완하거나 통제함으로써 "쌍무 호혜론과 도덕 정치론의 우월성"을 보존하기 위해 고심했다.[61] 이 점에서 그들은 안외순이 말한 대로, "전통과 근대의 융합적 대안" 또는 "동서 사상(의) 융합"을 추구했다고 할 수 있다.[62]

그러나 위에서 논한 것처럼 개화파가 근대화(문명개화)와 아시아적 가치의 상용성(相容性) 또는 양립 가능성을 주장하고 나아가 동서 문명의 융합을 주장했다 해도, 원초적 근대화와 2차적 근대화를 구분하는 입장에서 보면 그들이 내세운 아시아적 가치는 근대성을 원초적으로 개척하기 위한 인과적인 독립 변수로, 곧 근대화에 대한 원초적인 동기 부여의 차원에서 제기된 것이 아니었다. 그것은 이미 근대 서구 문명을 목표로 삼은 목표 지향적 변화를 설정한 후 일종의 매개적 변수로, 곧 근대화에 대한 (사후적인) 합리화의 차원에서 제시된 해석이라고 보는 것이 합당하다. 이미 약육강식과 우승열패가 지배하는 세계 질서에서 막강한 위용을 자랑하는 서구 근대 문명에 압도된 나머지 유가 문명과 조선의 생존을 위해 부국강병을 추구하기로 이미 목표를 설정하고 이를 사후적으로 합리화하기 위해 근대 서구 문명과 상용 가능한, 곧 기본적으로 서구 문명에 적응 가능한 아시아적 가치를 선별적으로 동원했다고 할 수 있다.[63]

이 점에서 왕권신수설에 입각한 절대 왕정을 타파하기 위해 기독교와 성경을 혁신적으로 재해석함으로써 자유주의를 정당화하고 창조한 로크의 투쟁이 사상적으로 원초적 근대화를 개척한 것이었다면, 19세기 말 조선의 개화파가 근대 서구 문명을 목표로 설정하고 그것과 양립 가능한 유가적 가치를 선별적으로 동원한 것은 2차적 근대화를 수행하기 위한 것이었다. 마찬가지로 프로테스탄트의 내세 지향적 금욕주의가 이익 추구에 대한 기독교의 전통적 금기를 깨고 자본주의 정신을 개척한 것이 사상적으로 (의도하지 않은) 원초적 근대화에 해당한다면, 근대 서구 문명이 자본주의적 발전을 통해 부강해진 것을 목격하고 이에 따라 부국강병이라는 목표를 효과적으로 추구하기 위해, 곧 상공업을 적극적으로 권장하여 이익 추구를 진작시키기 위해, 그러한 목표를 뒷받침하는 유교의 경전을 선별적으로 재해석하거나 인용한 것 역시 사상적으로는 2차적 근대화에 해당하는 작업이었다. 두 경우 모두 개화파는 자신들이 이미 세운 목표에 부합하는 문화적 자원을 유교로부터 그리 어렵지 않게 추출하거나 동원할 수 있었다.

그러한 작업은 근대 문명을 추구하는 데 필요한 문화적 심성이나 가치를 서구 문명에서 그러한 결과를 가져왔던 문화적 심성이나 가치에 해당하는 기능적 등가물을 발견해서 확충하는 노력을 통해 이루어졌다. 예를 들어 석탄에 불을 붙이기 위해서는 먼저 종이를 태워 석탄을 가열하는 것이 필요하지만, 그 원리 ─ 석탄에 불을 붙이기 위해서는 그보다 인화가 쉬운 물질에 불을 붙여 가열해야 한다는 원리 — 를 이미 배워서 안다면 마른 나뭇가지에 불을 태우는 것으로 시작할 수 있는 것처럼 말이다. 나뭇가지가 젖어 있다면 그것을 말리거나 또는 솔방울이나 낙엽을 구해서 불을 지필 수도 있을 것이다. 이렇게 본다면 19세기 말 조선의 개화파들이 근대 서구 문명을 모방하여 부국강병을 추진하기 위해 그것을 합리화할 수 있는 유가적 가치나 원리를 동원하는 것은 한편으로 그들 자신의 내적 확신을 키우기 위해 필요한 작업이기도 했지만, 동시에 신분 질서를 옹호하고 이익 추구를 금하는 전통적인 유교적 가치에 입각해 개화를 반대하던 위정척사파 등 다수의 양반 계급의 반론과 반발에 대응하기 위해 필요한 작업이었다.[64] 그들은 프로테스탄트 윤리라는 종이 대신에 나뭇가지를 태워야 했는데, 젖은 나뭇가지가 많다면 부득이 솔방울이나 낙엽을 찾거나 아니면 그것을 말려야 했던 것이다. 여기서 우리는 프로테스탄트 윤리라는 종이의 기능적 등가물로 나뭇가지나 낙엽 또는 솔방울을 찾아서 대용하는 작업도 중요하지만, 더 중요한 것은 근대 서구 문명이 먼저 발견하고 아시아가 학습을 통해 배운 원리 — 석탄을 태우면 종래 사용하던 연료보다 더 많은 열량을 얻을 수 있고 또 석탄에 불을 붙이기 위해서는 다른 인화성 있는 물질을 태워 석탄을 가열해야 한다는 원리 — 였다는 점을 인식할 필요가 있다.

이러한 논점을 아시아적 가치를 긍정적으로 논하기 시작한 20세기 후반의 상황에 적용해 보면, 우리는 19세기 말과 또 다른 역사적 상황을 발견하게 된다. 먼저 19세기 말을 상기해 보면, 그 당시는 비록 불리한 입장에서 수세에 처하긴 했지만 동아시아의 유교 문명이 근대 서구 문명과 맞서고 있는 형국이었고 전통 유교 문명에 대한 자긍심이 강하게 존속하고 있었다고 할 수 있다. 그러나 조선이 서구와 일본의 자본주의 문명에 직면하여 스스로의 전통을 쇄신하면서 근대화에 적응하지 못하고 일제의 식민지로 전락하게 되었을 때, 유교 문명은 그 문명적 정당성을 상실하고, 전통문화의 공식적인 영향력 역시 무장 해제를 당했다. 조선의 경우 식민지 노예 또는 망국노의 상태로 전락한 것이 전통 시대 위정자들의 잘못된 정책에서도 기인하지만, 이와 동시에 그들이 자신들의 권력과 권위를 정당화하기 위해 사용했던 종교를 포함한 전통문화의 자기 쇄신의 실패에서 비롯되었다는 인식이 광범위하게 확산되어 있었기 때문이다. 게다가 제2차 세계 대전의 종식과 함께, 남북한은 각각 미국과 소련에 의해 점령·해방되었고, 남한은 미국을 추종하거나 모방하는 자유주의적 근대화 과정을 겪게 되었다. 이러한 상황에서 유교적 가치나 원리에 입각해서 자본주의-자유주의를 기축으로 하는 근대화에 공개적으로 반발하거나 저항하는 담론은 이제 19세기 말과 달리 그 설득력의 태반을 상실하고, 기껏해야 '씁쓸한 자기 위안' 또는 '패자의 푸념'으로 치부되었던 것이다.

19세기 말과 달리 20세기 후반에 2차적 근대화를 추진함에 있어서 이제 남한의 지배 세력은 19세기 말의 개화파와는 달리 유교의 도덕적 원리나 가치를 무시해도 좋은 상황을 맞이했다. 해방 이후 한국에서 유교의 문화적 영향력이 '마음의 습관'으로 일상생활의 영역에서 여전히 존속했다는 점을 부정할 수는 없지만 말이다. 이러한 상황에서 이익 추구에 대한 유교의 금기 역시 과거처럼 공적인 효력을 발휘할 수 없었다. 다시 말해 이익 추구 정신을 과거의 개화파가 그랬던 것처럼 유교 경전이나 성인의 말씀을 인용해 가면서 정당화할 필요가 없었다. 일제 강점기와 6·25 전쟁을 거치면서 반자유주의적이고 반민주적인 신분 제도 역시 철저히 해체됨과 동시에 서구의 자유 민주주의 사상이 전폭적으로 군림함에 따라 신분 제도를 옹호했던 유교의 논리 역시 소멸되었다. 나아가 해방과 분단 이후 남한이 산업화를 추구하는 과정에서 금과옥조처럼 받아들인 서구의 근대화 이론이 유교의 윤리와 논리가 사라진 빈 공간을 채웠다. 1960년대 전 세계를 풍미한 근대화 이론은 전통과 근대를 적대적으로 대립시키고 근대화를 위해서는 뼈를 깎아 내는 고통을 감수하고라도 전통문화를 청산할 것을 촉구했다. 박정희는 1969년 제정한 「국민교육헌장」에서 "우리는 민족중흥의 역사적 사명을 띠고 이 땅에 태어났다."라고 선언했는데 5·16 쿠데타 직후 발간한 『우리 민족의 나갈 길』이라는 책자에서 이미 "우리 민족은 근대화의 역사적 과제를 앞에 놓고 있다."라고 언명한 적이 있었다.[65] 한국인을 사로잡았던 박정희의 민족주의 이념에 의해 정당화된 근대화의 핵심적 과제는 물론 '경제 발전'이었다. 근대화, 곧 경제 발전이 바로 민족중흥의 역사적 사명을 위한 지상 과제였다. 따라서 박정희 대통령이 조국 근대화의 모토로서 "증산, 수출, 건설"을 강조했을 때, 이러한 근대화가 단순히 이익을 추구하는 것을 넘어서 과연 의(義)와 부합하는 것인지를 물을 수 있는 전통 유교의 자정 능력은 이미 해체된 상태였다.

그런 상황에서 한국인의 정신세계를 지배하는 것은 '잘 살아 보세!'라는 구호에 장단을 맞춘 공리주의 정신이었다. 그리고 공리주의적 열정은 물질주의와 결합하여 한국의 근대화를 이끌었다. 이러한 상황에서 환치(換置)된 유교의 미덕이 효율적으로 동원·활용된 것은

유교, 자본주의, 민주주의

물론이다. 유교의 전통적인 덕목인 효와 충은 가족·민족·국가를 위한 희생과 헌신이라는 미덕으로 환치되어 한국인이 직면한 정신세계의 황폐화를 보상하거나 위장해 주는 적절한 가림막의 구실을 했다. 여공들은 가족을 위한 희생과 헌신으로 가혹한 노동 조건에 순응했다. 또한 대부분의 노동자들에게는 '수출 전사', '산업 역군'이라는 이름으로 국가와 민족에 충성을 바칠 기회가 제공되었다. 기업가들 역시 민족중흥과 조국 근대화를 위해 헌신한다는 열정으로 정부의 특혜적 지원하에 국내는 물론 전 세계를 누비면서 "증산, 수출, 건설"을 통해 자신들의 무제한적인 이윤 추구 동기를 정당화할 수 있었다. 이처럼 환치된 유교의 충효 정신이 이익과 이윤을 추구해야 하는 세속적 공리주의 정신으로 피폐해진 한국인의 정신세계에 위안을 제공한 긍정적인 기능을 무시할 수는 없을 것이다. 그런 의미에서 과거에 충과 효로 무장한 기업가와 노동자들이 헌신적으로 경제 발전에 진력했기 때문에 한국에 경제 발전이 있었고, 거기서 발견되는 문화적 에토스를 '아시아적 가치'로 명명한다면, 아시아적 가치와 근대화의 긍정적 상관관계를 논할 수 있을 것이다. 그렇지만 필자의 기본적 입장은 이익 추구에 대한 유교의 금기가 해체된 이후에 한국인의 정신세계를 사로잡은 물질주의와 공리주의가 경제 발전을 이끈 문화적 원동력이고, 거기에 환치되어 동원된 유교는 단지 그것을 합리화한 매개 변수로 해석해야 한다는 것이다.

그렇지만 우리는 한국 등 동아시아의 근대화의 맥락과 조건이 서구와 현저히 달랐다는 사실에 다시 한 번 주목할 필요가 있다. 원초적 근대화(자본주의화)를 수행하던 서구에서 프로테스탄트 윤리가 무제한적 이익 추구를 금하는 기독교의 전통적 금기에 맞서 이를 무너뜨렸다면, 한국의 경우에는 근대화(자본주의화)가 이미 시대적 사명으로 설정된 상태에서, 곧 목적론적 변화를 추진하는 과정에서 아시아적 가치가 변용되고 동원되었다. 다시 말해 이른바 우리가 말하는 아시아적 가치가 이익 추구를 금하던 유교의 종교적 금기를 내재적으로 무너뜨린 바는 없다. 이익 추구에 대한 유교의 금기는 일제 강점기를 거치며 유교가 문명적 정당성을 상실하면서 사실상 이미 오래전에 무장 해제되었다. 종교적 금기가 없는 상태에서 이익 추구의 정신은 공리주의적 열정에 의해 형성되고 확산될 수 있었다. 그리고 이러한 공리주의적 열정에 공적 정당성이나 사적인 위안을 제공해 준 것은 가족과 민족과 국가에 대한 유교의 충효 정신이었다. 그리고 유교 문화는 아마도 내세 지향적(other-worldly) 초월성이 강한 불교나 힌두교 등과는 달리 현세 지향적 합리주의가 강했기 때문에 비교적 손쉽게 공리주의와 결합할 수 있었다고 생각된다.

지금까지 경제 발전과 달리 아직 만족스러운 경지에 도달했다고 평가할 수 없는 자유주의나 민주주의와 아사아적 가치의 상관관계에 대해서는 체계적으로 논하지 못했다. 이에 대한 필자의 입장은 인간의 본성에 보편적으로(문화 초월적으로) 내재해 있는 이기심에 기초한 공리주의적 심성과 달리 자유주의는 보편성이 약하고 그만큼 문화 구속성이 강하다는 것이다. 나아가 서구의 자유주의가 가정하고 있는 무연고적이고 원자론적인 개인에 기초한 방법론적 개인주의는 인간의 본성에 대한 부적절한 이론적 가설인 것처럼 보인다. 그러나 그렇다 해도 유교적 민주주의가 형용 모순이라는 서구 학자의 주장이

독단적인 것과 마찬가지로 유교적 가치와 원리가 적극적으로 자유주의나 자유 민주주의에 기여할 수 있다는 주장 역시 만용이 될 수 있다. 다만 아시아의 민주화가 원초적 민주화가 아니라 2차적 민주화라는 점을 받아들인다면, 유교를 통해 자유주의나 민주주의를 정당화하거나 합리화하는 이론적 작업이 그렇게 어려운 과제는 아니다. 나아가 그것들을 유교의 보편적 가치에 맞게 순치함으로써 동서 문명의 융합을 꾀할 수도 있을 것이다.[66]

6 글을 마치며

마지막으로 지금까지 제시된 필자의 주장을 간략히 요약하고 '근대화와 아시아적 가치'라는 이 글의 주제가 지닌 학문적 적실성에 관해 필자가 느끼는 의문점을 제기하면서 이 글을 마치고자 한다.

먼저 근대화와 관련하여 베버의 프로테스탄트 윤리와 아시아적 가치에 대한 필자의 주장은 다소 반복적이지만, 다음과 같은 세 가지 논점으로 요약될 수 있다. 첫째, 베버의 프로테스탄트 윤리가 이익 추구에 대한 기독교의 전통적 금기를 내파하여 무력화하고 자본주의 정신을 (비의도적이지만 결과적으로) 정당화하는 데 성공했다면, 20세기 후반 동아시아의 자본주의 발전에 기여했다고 주장되는 아시아적 가치는 이익 추구에 대한 전통 유교의 금기를 스스로 변용하거나 무너뜨린 적이 없다. 거친 표현이 허용된다면, 유교의 금기는 한편으로는 계몽주의에 기초한 자본주의-자유주의를 내장한 근대 서구 문명의 압도적 우월성(및 그에 대한 믿음), 다른 한편으로 그에 성공적으로 대응하지 못한 유교의 문명적 정당성의 붕괴에 의해 해체되었다. 둘째, 베버의 주장에 따라 프로테스탄트 윤리가 서구에서 자본주의 정신을 추동한 독립 변수였다고 해도, 20세기 후반 아시아에서는 서구 문명의 우월성을 전제로 한 2차적 근대화에 대한 열망 — 서구 문명에 대한 열렬한 학습 — 그리고 유교가 붕괴된 후 남은 빈 공간을 채운 "공리주의적 현세주의"가 급속한 경제 발전을 추동했다. 셋째, 위의 두 논점을 충족하면서 서구에서 프로테스탄트 윤리가 개인적으로 내면화된 종교적 금욕주의와 기율을 통해 합리적인 자본가와 노동자를 탄생시키는 데 기여했다면, 아시아적 가치는 위의 두 가지 사태의 전개와 함께 이제 '마음의 습관'으로 남은 충과 효를 매개로 한 공동체 — 가족, 기업, 국가 등 — 에 대한 헌신 및 유교적 기율을 통해 (개인주의적이 아니라 공동체주의적인) 자본가와 노동자를 양성하는 데 이바지했다.[67] 따라서 아시아적 가치를 프로테스탄트 윤리의 기능적 등가물로 논한다면 오직 이 마지막 논점에 관해서만 가능하다. 그러나 우리는 베버가 앞에서 먼저 논한 두 가지 논점과 관련해서도 프로테스탄트 윤리의 의의를 높이 평가하고 있음을 기억해야 할 것이다.

또한 필자는 이 글을 집필하면서, 이 글의 주제가 과연 '지속 가능한 학문적 적실성'을 갖는가에 대한 회의에 시달려 왔다. 앞에서도 잠시 언급한 것처럼, 먼저 베버와 달리 상부 구조에 속하는 인간의 사상이나 관념을 일종의 이데올로기(허위의식)로 보는 마르크스주의의 기본적 입장에 따르면, 베버의 프로테스탄트 윤리나 1960년대 한국에서 경제 발전을 위해 동원된 환치된 유교적 충효 관념 역시 이익 추구를 정당화하는 허위의식에 불과하다는 해석이 가능할 것이고 이러한 해석을 따른다면, 역설적으로 '허위의식'으로서의 양자에 대등한 위상을 부여할 수도 있다. 마르크스는 19세기 정치경제학에 서술된 자본의 원시적 축적을 정당화한 논리를 다음과 같이 질타한 바 있다.

> 널리 알려져 있듯이 현실의 역사에서는 정복과 압제와 살인 및 강도, 한마디로 말해 폭력이 큰 역할을 하고 있다. 그러나 이 온건한 경제학에서는 처음부터 목가적인 곡조가 넘치고 있다. 즉 처음부터 정의와 '노동'만이 유일한 치부 수단이었다. …… 그런데 실제로는 본원적인 축적의 여러 방법들은 최소한 절대로 목가적이지는 않았다.[68]

이러한 마르크스의 주장을 따른다면 19세기 정치경제학과 마찬가지로 20세기 초 베버 역시 프로테스탄트 윤리로 무장한 경건하고 금욕적인 자본가와 노동자의 모습을 그려 냄으로써 미화된 자본주의의 탄생 설화를 낳는 데 일조했다고 말할 수 있다. 그러나 마르크스에 따르면 목가적으로 서술된 '정의'와 '노동'이 자본축적의 유일한 수단이 아니라 "정복과 압제와 살인 및 강도, 한마디로 말해 폭력"이 그 압도적인 수단이었다. 그러나 베버의 프로테스탄트 윤리는 자본주의의 참혹한 현실을 은폐하는 데 기여했다. 한편, 문화적 심성에 대한 이처럼 상반된 해석과 대조적으로 마르크스와 베버는 유럽 예외주의를 강화하는 데는 상호 협력했다는 점을 기억하는 것은 중요하다. 마르크스는 유럽에만 존재하던 봉건제를 자본주의로 이행하기 위한 필수적인 생산 양식으로 규정함으로써, 베버는 합리적인 자본주의 정신의 유일한 구현체로 프로테스탄트 윤리를 각인시킴으로써 자본주의의 탄생에 대한 유럽 예외주의를 토대는 물론 상부 구조에서 완성했던 것이다.

그러나 20세기 후반에 대두한 근대 세계체제에 관한 이론들은 자본주의의 기원과 전개 과정을 기존의 일국 단위 차원에서 분석하는 것이 잘못된 것이고 전지구적 차원에서 거시적으로 분석해야 한다는 통찰을 제시한 바 있다. 세계체제이론의 대표적 학자인 월러스틴(I. Wallerstein)은 자본주의 세계 경제의 기원을 16세기로 보는 데 반해, 브로델(F. Braudel)은 13세기로 보고 있다. 그러나 월러스틴이 말하는 16세기가 사실상 1450년에 시작하여 1640년에 종결되는 '장기 16세기'라는 점에 주목한다면, 두 이론가 모두 '신대륙의 발견'을 포함한 지리상의 대발견을 전후해서 급속히 팽창하는 유럽 경제에서 자본주의의 기원을 찾았다. 그리고 지리상의 대발견은 단순히 평화적인 교역 규모의 확대뿐만 아니라 점령과 정복 및 약탈을 통해 자본의 원시적 축적에 기여했다. 따라서 세계체제이론이 제시한 자본주의 기원에 대한 설명을 받아들인다면, 그 설명에서 '베버'류의 프로테스탄트 윤리가 들어설 자리는 애당초 존재하지 않는다.[69] 이 점에서 봉건 사회 내에서 계급 투쟁에 초점을 맞춘 마르크스의 분석이나 프로테스탄트 윤리에서 자본주의의 문화적 심성을 발견한 베버의 분석은 일국 단위 아니면 유럽 내에서의 자본주의의 발생 원인을 규명하려는 근시안적 시도로서 모든 거시적인 변수를 전제로 한 상황에서 기껏해야 미시적 차원에서의 분석적 효용을 가질 뿐이다.

이 점에서 일본에서의 아시아적 가치 담론을 분석하면서 "군사

대국 제국 일본이 그랬듯이 경제 대국 일본도 발전을 설명해 줄 일본적 가치의 복권을 꾀하며" 그런 의미에서 "'발전'을 달성하면 그것을 정당화할 '가치' 창출의 욕구가 생겨난다."라고 지적한 장인성의 언급은 매우 의미심장하다.[70] 장인성의 논리에 따라 일본이 1960년대 경제적 성공에 힘입어 아시아적 가치로 포장된 일본적 가치 담론을 사후적으로 창출한 것이라면[71] 그리고 이러한 통찰을 그 후에 출현한 아시아적 가치 담론 일반에 확대 적용한다면, 시간적 선후에 있어서 아시아적 가치 담론(의 출현)은 발전의 '소산'이지 발전의 '원인'은 아니다. 그러나 그것은 발전을 정당화하는 과정에서 발전의 원인을 아시아적 가치에 귀착시킴으로써 아시아적 가치의 존재를 발전에 선행시킨다. 이 과정에서 발전의 정당화 담론이 발전의 인과적 담론으로 전환하는 연금술이 개입하며 아시아인의 자기 정체성을 구성하는 아시아적 가치는 그 실체적 내용이 무엇이든 신비화된다. 동시에 아시아적 가치로 귀착된 아시아에서의 자본주의 발전 역시 미화되는 과정을 거친다.[72] 아마도 우리는 아시아적 가치 담론의 창출과 확산에서 발견된 이러한 전환 과정을 베버의 '프로테스탄트 윤리' 테제에 적용할 수 있을 것이다. 곧 베버 역시 그 테제를 통해서 자본주의 출현에 관해 사후적으로 구성한 정당화 담론을 인과적 담론으로 전환시켰을 법하다. 이러한 추론을 받아들인다면 베버의 '프로테스탄트 윤리' 테제의 형성 과정, 나아가 그것이 서구 학계에서 자본주의 기원에 관한 정설로 확립되는 과정을 지식사회학이나 담론 분석의 관점에서 치밀하게 검토하는 작업이 필요할 것이다.[73]

근대의
패러독스

여성·젠더·제도

조은

동국대학교 명예교수

1 들어가며

'여성, 젠더, 제도'라는 청탁을 받고 이 제목을 내걸고 하고 싶은 내용이 얼핏 떠오르지 않아 "제목을 바꿀 수 있나요?"라고 질문했다. 제목은 기획 의도가 있으므로 그대로 가고 꼭 바꾸고 싶다면 부제로 해 달라는 주문이었다. 제목에 손을 댄 것은 '여성, 젠더, 제도'에서 콤마를 없애고 '여성·젠더·제도'라고 바꾼 일이 전부다. 제도는 성별을 괄호 친 (성별)제도일까 아니면 가부장제일까 이런 생각을 했고 포괄적이면서도 밋밋한 제목을 봐서는 입장이 너무나 분명한 (또는 치우친) '페미니스트'는 배제하고 싶었나 하는 생각을 했다. 부제는 고심 끝에 '근대의 패러독스'라는 제목으로 뽑았다.

제목에 대해 이토록 불필요하게 장황한 서두로 시작하는 것이 구차하고 시시해 보이지만 감내하기로 했다. 이러한 구구한 생각을 풀어서 말하는 것이 문화의 안과 밖 '열린' 연단에서 이 주제에 접근하는 방법이라는 생각이 들었다. 우리 사회에서 페미니즘이나 페미니스트는 양가적 기대와 비판에 시달리고 있다. 한편으로는 왜 더 진보적이고 과격하지 않은가를 질문받고 다른 한편으로는 성 평등도 웬만큼 됐고 이제 누구에게도, 심지어 여성들에게조차 아무 도움 안

되는 짓 그만하라는 무언의 압력을 받고 있다. 어느 쪽이든 페미니즘과 여성학이 게토화되고 있다는 우려를 떨쳐 버릴 수 없다.[1] 여성이나 젠더는 차출되거나 배제되거나를 되풀이하면서 더 이상 진지한 의제가 되기도 힘든 듯하다. 아니 더 이상이 아니라 잠깐 차출되었다가 퇴출된 듯하다. 이는 물론 한국에 국한된 것도 아니다. 최근 'HeForShe'라는 유엔의 캠페인에서 에마 왓슨이 한 연설은 페미니즘이나 페미니스트가 어떤 위치에 처해 있는가를 세계적 수준에서 고민해야 하지 않나 하는 우려를 자아낸다.[2]

글을 쓸 때 또는 강의나 강연을 할 때마다 스스로를 어디에 위치시킬 것인가 하는 포지셔닝의 문제는 피해 갈 수 없는 질문이다. 문화의 안과 밖 강좌 기획안의 초빙서에는 "이 강좌에서 강조하고자 하는 것은 일정한 주제에 대한 '객관적'이고 엄밀한 검토입니다." 라고 쓰여 있었다. 여성과 젠더 주제에 대해서 엄밀한 사유와 검토는 노력할 수 있지만 통상적 의미의 '객관적' 검토를 약속하기는 힘들 듯하다. 그 '객관적'이라는 평가와 기준에 대해 질문하고 얼마나 문제적인가로 강의의 방향을 잡을 수밖에 없다. 젠더에 관한 한 "치우치는 것"이 바로 "치우치지 않음"이라는 것을 전제하고 글을 시작할 수밖에 없으며 이는 곧 페미니스트(여성 사회학자)라는 입장에서 서술한다는 의미다. 객관성과 중립성을 담보하는 '과학적' 지식인을 여망한 강단 사회학자였던 필자는 요즘 '베버의 가치 중립적 사회학'을 떠올릴 때 물리학자로 페미니스트 과학자가 된 켈러의 "해석되지 않은 '순수한' 데이터란 없다."라는 말도 함께 떠올린다.[3] 베버가 '가치 중립적 사회학'을 발언한 배경과 켈러가 "해석되지 않은

'순수한' 데이터란 없다."라고 발언한 배경은 시대적, 학문적 문제의식이 다를까 아니면 같을까 이런 질문을 해 보기도 한다. 인문학이나 사회과학이 아니라 자연과학에서도 해석되지 않은 순수한 데이터란 것이 없다면 우리는 모든 면에서 또는 모든 곳에서 누군가의 해석에 따라 건져진 데이터를 보는 것이다. 해석자란 어쩔 수 없이 입장을 드러낼 수밖에 없다. 우리 사회의 여성·젠더·(성별)제도에 대한 해석되지 않은 순수한 데이터가 있는 게 아니라 누군가의 시각을 통해 끊임없이 해석된 데이터가 있는 것이며 이때 '객관적'으로 해석된 데이터란 불가능하다. '누구의 객관성'이 객관적인가라는 비판과 질문에서 글을 시작할 수밖에 없는 이유다. 페미니즘의 객관성은 주체와 대상의 초월 및 분열에 관한 것이 아니라 제한된 위치 및 상황적 지식에 관한 것이다.

한국은 어떤 이론의 유통 기한이 10년 이내라고 할 만큼 담론 공간이 빠르게 새로운 이론들로 점유되고 대체된다. 많은 경우 서구 이론을 그렇게 소비한다. 필자의 경우도 어쩔 수 없이 서구 여성학 이론틀의 세례를 받았고 문제의식도 상당 부분 이러한 틀 내에서 얻은 것이다. 그러한 한계를 인정하면서 우리 사회에서 성 평등은 누구에게 불편한가를 묻고 여성과 젠더가 근대성의 맥락에서 또는 근대화라는 맥락에서 어떻게 차출되고 배제되는 역설적 장이 되고 있는가에 초점을 맞추고자 한다.

강의는 여성과 젠더가 고정된 범주와 개념이 아니라 유동적 범주와 개념이라는 전제에서 출발한다. 흔히 사회학이나 인류학의 개론 시간에 성(sex)은 생물학적 성, 즉 생물학적 여성과 남성으로, 젠더는

근대의 패러독스

사회 문화적 성별 또는 남녀의 사회적 관계 등으로 간략하게 정의하고는 하지만 이러한 정의 자체가 페미니즘의 가장 큰 쟁점의 하나다.[4] '여성'과 '남성' 범주의 경계와 기초에 관한 질문들은 후기 구조주의와 포스트모더니즘 분석 틀이 등장함에 따라 보다 문제시되었고 페미니스트 이론 논쟁의 핵심이기도 하다.[5] 이러한 논쟁에도 불구하고 성이나 젠더가 그 자체만으로는 의미 없는 범주라는 것, 즉 국가와 계급, 인종, 종교, 연령, 직위 등 사회적 관계가 없는 진공 상태에서 성을 구분하는 것은 무의미하다는 것, 그리고 무엇보다도 성별이 근대 사회에서 해체되지 않은, 해체되기 어려운 범주라는 점은 어느 정도 합의가 이루어진 부분이다. 'XX 염색체 사람'이 '여성', 'XY 염색체 사람'이 '남성'이라는 범주가 되었다고 해서 여성과 남성이 생물학적이거나 자연적인 범주일 수는 없다. 'XX 염색체 사람'이 '여성', 그리고 'XY 염색체 사람'이 '남성'이라고 명명될 때 '여성'과 '남성'이라는 기표는 그 사회의 기의를 품은 기호이고 당연히 사회 문화적이다. 그들의 관계 또한 사회 문화적이다. 성 이론가인 지그문트 프로이트조차 "사람들은 '남성적', '여성적'이라는 말을 별로 의심하지 않고 사용하지만 '남성적'이라는 개념과 '여성적'이라는 개념은 과학에서 생겨난 가장 혼란스러운 것 중 하나다."라고 말하고 있다.[6] 여성과 남성이 그들이 처한 사회 문화적 맥락에 따라 호명된다면 이는 고정된 범주일 수 없고 역사적 맥락에 따라 유동적일 수밖에 없다.[7] 이를 정의하고 호명하는 세력에 따라 다르게 범주화될 수밖에 없기 때문이다. 그런 점에서 한국 사회의 '여성·젠더·제도'라는 주제를 사회 세력이 각축하는 젠더 담론을 통해 접근하고자 한다. 여기서 특히 주목한 것은 한국의 근대에서 담론적 사건이라 불리는 '신여성'과, 한국 사회 '압축 근대화'와 시장화에서 여성과 젠더가 차출되고 호명되는 방식이다.

2 식민지 근대의 문제아 — 신여성 그리고 신여성 담론

1 식민지 근대와 불화하다 — 신여성

'신여성'은 여성, 젠더, (성별)제도가 초기 근대성과 만나는 지점으로 주목할 만하다. "한국의 근대는 여성에서 시작되었다."[8]라고 할 만큼 우리의 근대(성) 형성에서 신여성은 무시할 수 없는 위치를 점한다. 무엇보다도 신여성은 우리의 근대를 이해하는 중요한 담론적 사건이다. 신여성들이 실제로 식민지 근대에 던진 충격에서뿐 아니라 근대와 함께 등장한 가장 활발한 담론이 신여성을 둘러싸고 일어났다는 점에서 그러하다. 그러나 일제하 신여성 현상이 행위 주체의 집합 세력에 비해 상대적으로 과잉된 담론이라는 지적도 있다.[9] 그 담론에서 사실상 여성 운동의 논제는 두드러지지 않았으며 신여성은 현상에 비해 오히려 담론이 과잉 생산되었다는 것이다. 이는 담론 생산의 중심 담당자인 남성 지식인들의 의도와 시선에 압도된 성별화된 담론의 정치를 보여 준다. 실제로 급진적 자유주의자이자 여성주의자 지식인들은 신여성 담론 공간에서 철저하게 배척당했다.

그때까지 없었던 새로운 유형의 여성을 지칭하는 신여성(New Woman)은 1894년 영국에서 만들어져 전 세계로 유포되기 시작했으며 유럽에서 '새로운 유형'의 여성은 무엇보다도 성적으로 자유로운 여성으로 소설이나 희곡에 먼저 등장했다. 곧이어 현실에서도 '새로운 여성'이 등장하는데 여기서 '새롭다'는 차원은 역사적 시기와 사회에 따라 다르게 정의되었다.[10] 유럽에서 명명된 신여성은 1900년대 일본에 들어왔고 우리 신여성 1세대는 이러한 일본 신여성의 영향을 받았다.[11] 우리의 경우 일본 유학생이 생겨나면서 1920년대에 나혜석, 김일엽(원명 김원주), 김명순 등 신여성 1세대로 불리는 여성들이 등장했고 곧이어 신여성은 '모던 걸'의 이름을 얻으며 유행의 흐름을 탔다. 우리 신여성들이 접한 '근대성'은 '식민지'라는 층위가 또 하나 추가된 근대라는 점에서 그만큼 복잡했다. 일제는 식민 통치를 위해 선택적으로 조선을 근대화했고 일제의 일련의 법적, 경제적, 사회적 정책들은 지배 이해에 불편이 없는 한 조선의 관습을 그대로 유지하면서 이에 반하는 것은 인습으로 폄하되고 근대적인 제도로 바뀌었다. 한편 조선의 민족주의자들은 민족주의에 맞는 것은 조선 문화 전통의 본질로서 인정하고 그렇지 않은 것은 인습으로 타파해야 한다고 주장했다. 민족 해방이 최우선 과제인 민족주의자들에게 여성에 대한 관심은 계몽 운동을 통해 민족 정신을 고취하는 대상으로서였지, 가부장제 속의 여성 문제에 대한 의식을 고양하려는 것이 아니었다.[12] 이러한 모순되고 상충적인 근대성의 담론 속에서 여성은 '전통적 여성'으로 본질화되었다. 따라서 일제하 조선 사회에서 신여성에게 요구된 것은 여성 지식인으로서 여성 민중을 계몽하는 사회적 의무를 다하는 것이지 '자유로운 여성'이 되는 것이 아니었다. 이 식민지 근대와 조우한 '자유롭고자 한 여성'은 신여성이라는 '문제적' 범주로 등장할 수밖에 없었다.

식민지 조선의 신여성 담론 속에서 신여성이라고 불린 여성들은 현실과 무관하거나 과장된 모습이었고 신여성의 재현은 스테레오 타입화되었다.[13] 신여성 담론 생산의 중심은 주류 지식인 남성들이었고 여성을 본질화하는 이들의 담론이 힘을 받았다. 근대의 과학으로서 진화생물학이나 모성의 칭송은 식민지 지도자들과 조선의 지배층에 모두 어필했다. 일제는 특히 여성의 모성 역할을 강조함으로써 '전통'을 중시하는 외피를 입는다.

반면 이혼이나 성 해방을 들고 나온 신여성은 여러 이름으로 매도했고 심지어 성 정체성이 '문란'해진 '반(半)남자'로 규정하기도 했다. 이때 신여성은 국제 스파이로 재현되기도 했는데 이는 스파이를 성적으로 '문란'해진 여성과 동일시하는 방식과 일맥상통한다.[14] 이러한 담론 지형에서 성 해방을 들고 나온 나혜석, 김일엽, 김명순 등이 이혼, 자유 연애, 혼전 동거 등으로 매장된 것은 우연이 아니다. 그러나 다른 한편으로 신여성 중에 콜론타이(Aleksandra Kollontay)식의 연애와 결혼을 과감하게 실천하고 전통적인 혼인 제도와 정조관을 배격했지만 사회주의 운동을 하는 남성들과 함께 사회주의 운동에 매진한 경우는 매장되지 않고 살아남았다. 이는 민족 모순, 계급 모순이 당시 사회에서 강력한 저항 담론으로서 영향력을 발휘했기 때문이었다. '여성이 추종하는 전통'의 담론들이 가장 모더니즘적이면서도 반(反)모더니즘적인 투쟁의 중심이 되어 왔다는 지적은 주목할 만하다.[15]

2 신여성 '과소' 담론의 재조명

일제하에서 신여성이 과잉 담론화되었다면 해방 이후 최근까지

근대의 패러독스

신여성은 과소 담론화되었다고 해도 과언이 아니다. 신여성이 시대에 따라 어떻게 평가되고 담론화되었는가는 한국 사회 젠더 정치의 면모를 보여 주는 흥미로운 장이며 또한 담론의 정치성을 보여 주는 장이기도 하다. 강의자는 신여성 1세대인 나혜석이 왜 그렇게 오랫동안 매장된 채 방기되었을까를 다룬 논문을 쓰면서 신여성 연구의 흐름을 검토하게 되었고 사회적 담론들이 젠더 의제를 불러내는 방식에 주목한 적이 있다.[16]

짧게 요약해 본다면 1950~1960년대에 나온 신문·잡지나 신여성 평전 등은 신여성들을 성적으로 타락한 여성으로 이미지화함으로써 신여성을 계속 매장해 놓고 있다. 이때 남성 문필가들과 문학 평론가들은 반론 없이 신여성을 비난하는 논리를 폈다. 1970년대에 오면 신여성에 대한 관심은 가부장제에 저항한 '신여성'이 아니라 근대 교육을 받은 여성 지식인으로 옮겨 간다. 이 시기 신여성 연구들은 계몽주의적 입장에서 여성 교육과 교육받은 여성에 관심을 보였다. 계몽기적 여성 교육이라는 면에서 신여성을 여성 교육의 수혜자로 부각하고 여성 교육은 여성의 지위 향상의 지표로 이해되었다. 반면 나혜석을 위시한 신여성 1세대에 대한 연구나 언급은 찾아보기 힘들며 이들은 오히려 여성이 따라가서는 안 되는 반면교사가 된다.

1980년대 신여성에 대한 조명에는 계급론적인 입장이 강하게 나타난다. 이러한 입장은 사회과학의 패러다임 변화와 맥을 같이한다. 이는 전통주의적 시각을 부정함과 동시에 근대화론적이고 계몽적인 시각 또한 비판하고 나왔다는 점에서 주목할 만하다. 그러나 계급론의 패러다임 안에서 신여성의 활동과 업적을 해석함으로써 페미니스트로서 신여성을 부각하기보다는 그들의 계급성이나 민족 운동 참여 여부에 주목했기 때문에 나혜석, 김일엽, 김명순 등 신여성 1세대는 제대로 평가받지 못했다. 이러한 시각은 1990년대까지 이어진다. 신여성을 자유주의적 부르주아 신여성(나혜석, 김일엽, 김명순 등)과 사회주의 계열의 신여성(허정숙, 강경애, 박진홍 등)으로 분류하고 전자에 대해서는 개인적인 삶에서 자유로움을 추구하면서 사회적인 의무, 즉 민족 해방을 위한 계급 투쟁에는 관심이 없었던 것을 비판한 반면 후자에 대해서는 자유분방한 사생활에도 불구하고 농촌 여성이나 도시 노동자 여성들과 함께 민족 해방을 위해 일했다는 것을 높이 평가한다.

1990년대 중반에 들어와 여성학자들이 신여성에 관심을 갖기 시작하면서 신여성 1세대는 '새롭게' 조명되기 시작했다. 특히 한국의 근대성 문제를 제기하면서 나혜석을 위시한 신여성 1세대에 대해 보다 적극적인 평가를 내려야 한다는 지적이 나오고 근대적 여성성의 문제가 새로운 관심 영역으로 부각한다.[17] 1990년대 후반에 오면 신여성 담론은 전통 대 근대, 식민 대 민족, 계급 대 성의 다중 구조에 주목한다. 특히 근대라는 개념을 정점으로 하여 민족-계급-성이라는 위계적 구조를 만들어 내고 식민 세력과 영합하여 민족과 계급 또는 성을 식민화하거나 또는 민족주의와 영합하여 여성을 식민화했음을 비판한다. 전통주의, 근대화론, 계급론이라는 사회적 담론하에서 규정된 신여성에 대한 이해는 신여성을 둘러싼 다양한 해석을 가능케 하는 사회적 담론의 구조와 젠더 재생산 기제를 인식하는 계기가 된다. 즉 한국의 근대 담론의 위계적 성별성을 확인하고 담론을 통한 젠더 재생산 정치의 지점을 드러냈다고 할 수 있다. 2000년대에 오

근대의 패러독스

면서 신여성은 젠더화된 근대와 근대 민족주의 담론의 역설적 지점으로 새롭게 조명되기 시작한다.[18] 민족은 상황적으로 특정한 역사적 순간에 놓이고 민족을 구성하는 민족주의 담론은 유동적이며 헤게모니 경쟁 속에 있는 상이한 집단들을 통해 촉발되는데 젠더화된 특징은 이러한 맥락 안에서 이해될 수 있으며 젠더와 계급 관계도 마찬가지다.[19] 근대란 어차피 유럽사의 경험이 세계사적 맥락에서 일반화된 시대구분의 용어로서 중심부적 지식과 권력의 담합이 각인된 개념이라고 할 수 있는데 해방 이후 신여성 담론은 식민지하에서와는 다른 보다 다층적 이유로 '과소' 담론화된 셈이다.

3 여성과 젠더의 제조 또는 제도

1 압축적 '여성 발전'의 궤적

근대는 '남성의 직장'과 '여성의 가정'이라는 성별 분업과 성별 분리에서 시작했으며 서구의 경우 여성과 남성에 대한 정의는 초기 산업 자본주의가 요구한 직장과 가정의 구분에 딱 들어맞는 방법으로 이분화되었다. 근대의 과학은 이를 자연스러운 것으로 만들어 냈다.[20] 이러한 근대 프로젝트가 한국 사회에서 본격적으로 작동한 것은 이른바 1960년대 중반에 시작된 산업 자본주의화였다. 1966년 경제 개발 5개년 계획하에 추진된 급속한 산업 자본주의화 프로젝트는 여성을 국가 발전 패러다임에 끌어들였다. 국가 발전에 여성의 저임 노동과 가족에의 헌신은 필수 요인이었다. 이때 동원된 여성 권리

신장 담론은 '여성'이라는 개념이나 범주가 얼마나 유동적일 수 있는가를 보여 준다. '여성'은 끊임없이 차출되거나 배제되면서 새롭게 구성되었다. 이때 근대는 발전의 동의어였고 정치권력과 사회 질서는 완고한 성별 분업 기반에서 유지되고 재편되었다. 이 체제는 지난 반세기 동안 여성의 저임 노동을 정당화하고 여성의 집 밖 경제 활동 참가를 '여성 개발' 또는 '여성 발전'이라는 프레임으로 호명했다. IMF 경제 위기와 그 이후 뒤따른 세계 경제 위기 상황에서 '여성 발전' 프레임은 더 이상 작동하지 않음을 인정할 수밖에 없게 되었다.[21] 이러한 상황에서 여성들은 '위장된 여성성'을 통해 살아남기 전략을 구사하기도 한다.[22]

한국 사회에서 여성의 노동 참가나 경제 활동은 근대 프로젝트의 일부였지만 성 평등적 관점에서 보면 근대의 패러독스가 작동하는 공간이었다. 이러한 역설은 결혼 태업과 출산 파업이라는 예상치 않은 결과로 나타났다. 여성성을 본질화하는 데 모성만큼 당연시되고 자연스럽게 보이는 영역은 없는데 바로 이 자연스러운 여성성에 반란이 일어난 것이다. 한국 사회에서 여성은 권리와 혜택의 대상이기보다는 의무와 규제의 대상이었고 여성의 몸, 특히 출산하는 몸과 모성은 너무나 자연스러운 관리 대상이었다.[23] 가족계획 사업은 이미 1960년대 초반에 시작되었지만 경제 개발 5개년 계획에 주요 사업으로 포함되었고 이를 통한 인구 증가율 억제와 빈곤 탈피는 세계에 자랑할 만한 성공 사례였다. 이때 피임의 1차적 교육 대상은 여성이었고 피임 실패에 대한 1차적 책임 또한 여성에게 지워졌다. 인공 중절로 인해 유산율은 세계 1, 2위를 다퉜다. 이제 한국은 가족계획 성공

근대의 패러독스

국가라는 이름을 얻은 지 불과 25년 만에 급격한 출산율 저하로 국가의 미래를 걱정하게 되었다. 2014년 현재도 출산율 1.187로 OECD 국가 중 가장 낮은 출산율을 기록하고 있다. 가족계획에서 '저출산 위기'까지 50여 년 동안의 가족과 출산에 대한 담론의 변화는 흥미로운 관전 지점이다.[24]

인구 억제 정책 시기에 전 세계 2위를 기록하던 인공 유산은 출산 장려 정책과 함께 엄격한 범법 행위로 지목되고 결혼을 미루면서 자기 경력을 쌓고 있는 골드 미스들은 이기적이거나 소비 지향적인 집단으로 기호화된다.[25] 이와 함께 '이성적 모성'으로 간주될 만한 계획적 출산은 후회스러운 일로 미디어를 장식한다.[26] 저출산 위기의 핵심은 국가의 위기가 아니라 출산 통제를 자기 내면화한 '이성적 모성'의 위기다. 저출산 위기 담론은 국가 위기 담론의 외피를 입고 중산층 보수화의 기지로 자주 활용된다.[27] 또 다른 저출산 위기의 핵심은 여성의 돌봄 노동에 의존한 가족 복지의 위기이고 부계 가족 재생산 위기이기도 하다. 이러한 가족의 위기는 자주 '국가의 개혁' 담론으로 전환되면서 복지 국가의 외피를 입기도 한다.[28] 그러나 한국 사회의 경우 복지 레짐이나 젠더 레짐으로 이어지지 않는다.

여성과 젠더, 그리고 완고한 성별 분업 구조는 한국 사회 근간을 흔들 수 있는 역설적 공간이다. 근대적 성별 분업 구조에서 남성은 온전한 시민이자 자본가 혹은 노동자로서 존재하는 반면 여성은 남성의 이성애적 성적 대상으로서 남성에 의존하는 삶을 사는 존재라는, 온전하지 않은 주체의 굴레에서 벗어나는 것이 불가능하다. 간단하게 풀어 본다면 현존하는 성별 분업 구조하에서는 여성은 임금 노동

현장에서 취업, 임금, 승진 등에 있어 남성 임금 노동자와 동등한 처우를 받지 않아도 된다고 여겨지고 실제로 그런 처우를 받지 못한다. 당연히 여성이 주로 담당하는 여성화된 노동이 있게 되고 노동 자체가 성애화되거나 여성이 성애화된 노동을 전담하게 되는 경우가 발생한다. 여성이 남성에게 경제적으로 의존하는 구조가 재생산됨으로써 남성과의 (성적) 관계에서도 동등한 위치를 점하지 못하고, 불평등하거나 안전하지 않은 관계를 종식하거나 변화시킬 수 있는 힘을 갖기 힘들게 된다. 결국 악순환이 계속된다는 것이다.[29] 그러나 이에 대한 이론화와 담론은 현실성 없는 과격한 페미니스트들의 몽상으로 백안시된다. 근대는 성별 분업 체계에 의존했고 한국 근대 기획 또한 이에 의존했으며 이제 젠더 불평등/평등은 평등 지향 근대의 패러독스가 발화하는 장이 된 셈이다.

2 관계의 시장화 — 계급과 젠더의 교차

자본주의 사회에서는 물건만이 아니라 관계와 감정까지도 상품이 된다. 성과 젠더는 그러한 상품화의 중심에 있다. 모든 것이 시장화되는 한국 사회에서 여성 몸의 상품화는 놀랄 만큼 급속하게 진행되고 젠더 관계의 상품화도 두드러진다. 성별 분업의 문제가 여성 몸, 사랑의 문제로 전환되면서 여성 노동이 재정의되듯 여성 몸 또한 재정의되고 재창조된다. 재창조가 가능한 것은 자본의 개입 때문이기도 하지만 몸 자체가 자본이 되기도 하기 때문이다. 여성 몸의 상품화, 그리고 자본화는 후기 근대 사회의 징후적 특성이기도 하다.

성별 분업이 봉착한 자기모순은 한국 사회에서 새로운 딜레마적 상황을 연출한다. 이전과는 다른 방식의 남성성이 발현되기 시작했다. 특히 신자유주의적 경쟁 체제가 일상에 침윤되면서 새롭게 부상한 남성 마초 담론은 주목할 만하다. 남성 마초 담론은 두 갈래로 진행된다. 하나는 '쪼잔하고 찌질한 놈'으로 재현되는 남성성 무장 해제 담론이고, 다른 하나는 전자와는 정반대로 여성에 대한 적대와 혐오를 노골적으로 드러내는 사이버 마초들의 등장이다.[30] 코미디 프로그램에서 주로 '쪼잔하고 찌질한 놈'으로 재현되는 남자들은 "가장 개념 있는 여자 친구는 모텔비를 반반 내거나 돌아가면서 내고 생일에 명품을 바라지 않으며 남자가 계산할 때도 할인 카드나 적립 카드를 스스럼없이 내는 여자 친구"라고 말한다. 이들은 남자가 여자를 위해 마초적으로 뭐든 척척 해결하면서 여성들에게 다가가던 과거의 '남자들의 영광'을 그리워하는 존재가 아니다. 오히려 자신들이 얼마나 '더 한심한가'를 경쟁적으로 드러내면서 자기 자신을 조롱의 대상으로 만들어 웃음을 주고 있으며 새로운 문화 텍스트로 웹툰에서부터 공중파의 예능 프로그램까지 점령하고 있다. 남자란 여성의 욕망을 채워 주는 존재여야 하는데 현재의 경제 구조에서는 도저히 여성의 욕망을 채워 줄 수 없으며, 그것을 채워 줄 수 있는 남자들과 결코 경쟁할 수 없는 상황에서 차라리 패배자 남자로 커밍아웃한다는 것이다. 이는 문화적 트렌드로 성별 분업 구조에 어떤 균열을 낼지 주목된다. 더 위협적이고 정치적으로 더 주목할 남성성 발현은 무장 해제와는 정반대로 여성에 대한 적대심을 노골화하고 거의 폭력화하는 방식이다.[31] 이는 실제로 우익 보수화의 기지로 작동하기도 한다.

한편 페미니스트 대중문화 연구자들은 담론 공간에서 보이는 이러한 남성성 발현의 양극화를 대중문화 연예 상품에서 양극화된 또는 모호한 '여성성' 재현과 함께 주목한다.[32] 연예 상품이 발명해 낸 '소녀'라는 젠더 콘셉트에서 이러한 양면성과 모호성을 읽을 수 있다. 즉 소녀적 섹슈얼리티는 전적으로 천진무구하거나 과잉으로 성애화된 여성적 섹슈얼리티보다 그 모호성으로 인해 보다 안전하고 은밀하게 여성의 육체 이미지를 향유하고자 하는 남성의 자기모순적 응시를 정당화하는 데 적절하고 유용하다는 것이다.[33] 이러한 양가적 이미지는 때로 소녀 이미지에 강력함을 입히기도 하는데 적나라하게 성애화된 소녀보다는 다양한 형태의 소녀성이 효과적임을 보여 주는 것이다. 이는 특히 아시아 시장에서 '아시아(남성)의 시선을 사로잡기'에 유용하기 때문이라고 한다. 경쟁적이고 또 성애화된 사회에서 불평등한 젠더가 불평등한 계급 관계와 어떻게 교환되는지 그리고 여성은 어떻게 만들어지고 어떻게 세계 시장의 상품이 되는지 보여 주는 지점이기도 하다.

4 여성과 젠더 ── 유동적인 너무나 유동적인

최근 근본주의의 부상은 근대성의 위기와 연결되어 있다고 볼 수 있다. 여기서 근대성을 계몽, 합리주의, 진보의 원칙에 대한 믿음에 근거한 사회 질서라고 본다면, 한국 사회의 일각에서 '근대성의 위기'는 곳곳에서 보이며 이는 여러 다른 방식으로 번역되지만 무엇보다도 여성과 젠더 영역에서 적나라하게 드러난다. 우리 사회 여성은 근대의 기획에서 자주 동원과 해방의 기조에 섰고 이는 때로 자발적 동원과 자기실현으로 담론화되었다. 그리고 대중 독재의 지지대가 되기도 했다.[34] 여성과 젠더는 근대의 패러독스가 가장 핵심적으로 작동하는 장이다.

사실 근대 국가의 성립, 계급의 재생산, 개인의 사회적 지위 상승 전략, 복지 국가로의 전환 문제, 세계화 시대의 탈국가적 생존 전략 등의 주제는 모두 특정한 성 역할 규범이나 가족 구성, 가족과 젠더 관계의 운용 전략 등과 밀접하게 관련되어 있다. 근대 이후 여성은 공사 분리 제도와 이데올로기를 통해 남성과는 다르게 국가, 사회와 관계를 맺게 되었다. 후기 근대에 들어오면 국민도 계급도 명분상으로 경계 넘기가 허용되었지만 젠더는 경계 넘기가 허용되지 않는, 근대 사회 문화적 경계선 중 거의 마지막으로 남은 구분법이라는 것이다.[35]

한국 사회 젠더 담론에서 페미니스트나 여성 운동의 간여는 매우 제한적이며 오히려 국가와 시장이 주도권을 쥐고 있다. '문화'가 결코 본질주의적이고 단일한 전통과 관습의 본체가 아니라 내적인 모순으로 가득한 특정 권력관계와 정치 담론 안에서 선택적으로 사용되는 자원이듯 젠더 담론의 재생산은 이러한 권력관계 안에 있고 그 권력관계의 물적 기반에 묶여 있기도 하다. 이때 '여성'은 '여성'이라고 호명하고자 한 사회 세력에 따라 의미도 의도도 다르다. 이때 '여성'과 젠더는 담론적 구성물이고 고정된 범주가 아니라 유동적인 너무나 유동적인 의미 투쟁의 장이다.

이제 몇 가지를 다시 한 번 강조하면서 강의를 매듭짓고자 한다.

성 평등은 누가 원하고 있는가 또는 누구에게 불편한가라는 물음을 새롭게 제기할 수밖에 없으며 성 평등은 다른 평등과 어떻게 교차하고 평등의 욕망과 미망은 어떻게 제조되고 제도화되는가에 대해 새롭게 접근해야 한다. 여기서 문화들 사이의 경쟁과 번역, 문화의 경계 넘기가 진행되는 사회변화 속에서, 젠더는 여타의 문화 정체성 중 하나로 개인의 복수적 정체성의 일부를 구성한다는 점이 면밀히 분석되어야 한다. 중심 담론은 지속적으로 성별 노동 분업을 정당화하고 재생산하고자 하며 이에 반하는 성 평등주의적 젠더 담론은 반격과 역풍에 시달리며 주변화된다. 주변적인 담론이 사회적 권력을 증진할 수 있는 지점은 중심 담론에 대한 도전이 이루어지는 곳이며 그 정도는 사회 세력 및 권력에 달려 있다. 그 권력에 도전하는 행위자들은 마녀사냥의 대상이 되기도 하고 법적 제도적 제재를 받기도 한다. 성 평등적 젠더 담론은 사회 내의 지배 세력에 위협이 되지 않는 범위에서 '급진적'일 수 있지만 그러한 담론이 권력 균형에 위협이 되거나 이를 전복하려 할 경우는 위험시되거나 백안시된다.

여성의 차이와 연대의 문제는 젠더 담론의 뜨거운 감자다. 젠더를 정체성으로 정립한 이론적 성과가 페미니즘 이론과 운동에서 '일대 전환'을 의미한 것은 분명하지만, 그것은 페미니즘이 탄생 초기부터 안고 있던 '울스턴크래프트의 딜레마'에서 자유롭지 못하다. 이제 이를 재해석할 필요가 있다.[36] 젠더 정체성을 어떻게 담론화하고 젠더 담론의 정치성을 어떻게 확보할 것인지는 페미니스트에게 여전한 과제일 뿐 아니라 새로운 의제(agenda)를 지속적으로 발굴해야 하는 실천의 지점이기도 하다.

근대의 패러독스

한반도의
전쟁과 평화

평화와 전쟁

하영선

서울대학교 명예교수

21세기 한반도는 여전히 전쟁의 잠재적 위험성을 쉽사리 벗어나지 못하고 있다. 전쟁은 정치 집단들이 조직적 폭력 수단을 동원하여 적대 관계인 상대방의 삶을 부정함으로써 내 삶을 확보하는 행동이다. 한반도에서 벌어진 전쟁과 평화의 역사는 전통 천하 질서, 근대국제 질서, 현대 냉전 질서, 미래 복합 질서라는 커다란 틀 속에서 진행되어 왔다. 전통 천하 질서에서 중국은 오랫동안 천하 질서의 중심에서 서서 정복, 기미, 회유, 예치의 틀 속에서 주변국들과 전쟁과 평화 관계를 전개해 왔다. 한중 관계는 사대자소(事大字小)라는 예치의 틀 속에서 맺어질 때는 상대적으로 평화의 시대가 이어졌으며, 예치의 틀을 벗어나면 회유, 기미, 정복의 어려움을 겪어야 했다. 이런 우여곡절 속에서 한반도에 자리 잡았던 국가들은 오랜 시간을 거치며 이에 상응하는 대응책을 마련해서 끈질긴 생명력을 보여 왔다.[1]

전통 천하 질서 속의 전쟁과 평화는 19세기 중반 서양의 근대 국제 질서와 만나면서 전혀 새로운 모습으로 변했다. 유럽의 근대 국민 국가들은 산업 혁명 이후 동양의 예의 국가와는 전혀 다른 부강 국가의 모습으로 19세기 중반 중국과의 아편전쟁 이래 빠른 속도로 동아시아 질서에 뛰어들어서 폭력과 금력의 국제 정치를 본격적으로 무대 전면에 부상시켰다. 이러한 문명사적 변환을 맞이하여 한국은 전

한반도의 전쟁과 평화

통적 천하 질서를 따르는 위정척사론, 해안에서 방어적으로 서양 세력을 막아 보려는 해방론, 서양 질서의 작동 원리를 빌려 보려는 원용론, 천하 질서와 국제 질서를 함께 품어 보려는 양절론, 서양 국제 질서의 새로운 문명 표준을 따르는 자강균세론, 그리고 국권회복론을 차례로 추진하면서 한반도의 평화를 유지하고 국권을 지키려고 노력했으나 결국 일본 제국주의의 식민지가 되는 역사적 아픔을 맞이했다. 한국은 식민지 기간 동안 국제 협조주의, 일본 지역 제국주의, 아시아 태평양 전쟁의 국제적 변화를 겪으면서 준비론, 외교론, 무장투쟁론의 다양한 노력을 기울였으나 좀처럼 국권을 회복하지 못했다.[2]

1 한국 전쟁의 비극[3]

한반도는 1945년 8월 15일 악몽 같았던 일본 제국주의의 식민지 지배에서 깨어났다. 그러나 해방의 기쁨은 그리 오래가지 않았다. 미국과 소련을 중심으로 하는 냉전 질서가 형성되는 과정에서 분단의 아픔을 겪어야 했고 세계적 규모로 벌어진 한국 전쟁의 비극을 맞이했다. 일본처럼 패전국도 아니고 최대의 피해국인 한반도가 왜 다시 한 번 커다란 어려움을 겪게 되었는가를 알려면 우선 1945년으로 돌아가야 할 필요가 있다. 19세기 중반부터 개화기 그리고 식민기의 약 100년 가까운 기간 동안 우리는 근대 국가 형성의 설계와 건축에 실패한 채 1945년에 해방을 맞이하게 된다. 알다시피 8월 15일의 해방 공간은 우리 독립운동의 노력도 있었지만, 결정적으로는 8월 15일에 태평양 전쟁에서 일본이 미국에 패전했기 때문이다. 결국 우리 삶에 미친 국제 체제적 영향력은 오늘의 우리가 상상하는 것보다 훨씬 컸다.

따라서 첫 번째로 1945년부터 1950년 사이에 지구적 차원에서 냉전 질서가 자리 잡으면서 한반도라는 삶터에 어떠한 영향을 미쳤는가의 이야기를 먼저 시작하겠다. 그리고 그 속에서 북은 북대로 남은 남대로 어떤 삶을 모색했는지 살펴보겠다. 즉 북쪽에서 김일성과 스탈린이 한국 전쟁을 어떻게 결정했으며 남쪽에서 이승만과 미국은 어떻게 대응했는가를 조명해서 한반도에서 벌어진 세계적 규모의 한국 전쟁을 재구성해 보겠다.

1945년에서 1950년까지 한반도 현실은 전통론, 수정론, 탈수정론의 시야에 따라 제각기 달리 재구성되고 있다. 수정론을 대표하는 브루스 커밍스는 1945~1950년의 한반도 해방 공간에 가장 커다란 영향을 미친 미국이 1945년부터 '사실상의 봉쇄(de facto containment)' 정책을 추진한 것으로 주장하고 있다. 그리고 사실상의 봉쇄 정책이 실질적인 봉쇄 정책으로 전환된 것은 1946~1947년 사이이며, 1949년 말부터는 반격 정책의 형태로서 봉쇄 정책이 진행돼서 결국 한국 전쟁까지 이르렀다고 설명하고 있다.[4]

미소가 한반도에서 적대적으로 갈라섰던 시기가 해방의 해인 1945년, 미소 공동 위원회가 열렸던 1946년, 봉쇄 정책의 1947년, 남북 단정의 1948년, 아니면 한국 전쟁의 1950년이었는가는 한국 전쟁을 복원하는 데 대단히 중요한 문제다. 미국의 '사실상의 봉쇄'가 1945년에 한반도에서 시작됐다는 브루스 커밍스의 가설은 당시의 일차 자료들을 보면 설득력을 가지기 어렵다. 1945년 해방 이후 9월부터 12월까지 미 군정이나 국내 우파 정치 사회 세력들은 공산주의 또는 좌파 정치 세력들을 완전히 부정하지는 않았고, 다만 좌익의 주도권 장악을 인정하지 않고 있다. 따라서 1945년 해방 직후부터 미국이나 남쪽의 국내 보수 세력들이 일방적으로 한반도의 분위기를 경직시켰다고 평가하기는 어렵다.

제2차 세계 대전에서 함께 싸웠던 미국과 소련이 1945년 종전 직후 바로 적대 관계로 돌아선 것이 아니라면, 1946년에는 사실상의 봉쇄가 시작되었을까? 1946년 미국의 조지 케넌(George Kennan)이나 소련의 니콜라이 노비코프(Nikolai Novikov)가 작성한 전문을 보면, 미소가 결국 친구가 아니라 적이 될 것이라는 해석들이 보인다.[5] 그러나 당시 외교 문서들을 보면 1946년에 미소 간의 적대 관계가 본격적으로 자리 잡았다고 보기는 어렵다. 1946년 봄이 되면 미국과 소련은 한반도 신탁 통치를 위한 미소 공동 위원회를 추진한다. 이 과정에서 미국 국무부는 하지(John Rheed Hodge) 군정 장관에게 미소 공위를 통해 좌우 협상을 시도하려면 남쪽의 정치 사회 세력 중에 양극단을 배제해야 한다고 훈령을 보내고 있다. 극우인 이승만과 극좌인 박헌영을 제외하고 중도의 우나 좌에 있는 김규식이나 여운형 등을 중심으로 해서 국내 정치 세력을 구축해 보라는 것이다.[6] 이런 지시들을 보면 브루스 커밍스의 얘기대로 실질적인 봉쇄 정책이 이미 1946년에 본격화되었다고 보기는 어렵다. 남한의 좌익 세력들이 미 군정과 본격적으로 충돌하는 것은 1946년 5월 남로당이 위조 화폐를 찍다가 발각되어 남한에서 공산주의 활동이 공식적으로 불법화되는 조선 정판사 사건 이후였다.

1947년 봄 동유럽에서 소련의 세력이 확대되자 미국은 유럽에서 비군사적인 수단을 동원해서 소련의 세력 확장을 봉쇄하기 위한 '트루먼 독트린'을 선언하고, 같은 시기에 한반도에 대한 정책도 본격적으로 검토한다. 예상과 달리 미 합참 본부는 한국의 전략적 중요성을 부인하였으며 한국의 정치 경제적 상황을 부정적으로 평가하고 출군을 권고하였다. 반면에 국무부는 19세기와 식민지 시기 동안 오래 지속된 국가적 시련으로 새싹이 쉽사리 돋기는 어렵지만 미국이 그냥 빠져나오면 한반도만이 아니라 전 세계적 차원에서 미국의 신뢰도에 문제가 생기니 일정 한도 내에서 경제와 군사 지원을 하되 주한 미군은 하루빨리 철수하는 것이 바람직하다는 입장이었다. 이에 따라 트루먼 행정부는 유럽과는 달리 1948년 4월에 NSC(National Security Council) 8을 승인하고 주한 미군을 1949년 중순까지 철수하는 대신 최소한의 군사와 경제 지원만을 했다.[7]

이런 국제 정치적 상황 속에서 한국 전쟁이 왜 일어났는지를 복원하기 위해 먼저 북한부터 보기로 하겠다. 한국 전쟁의 발발에서 특히 중요한 것은 1949년 3월 김일성과 스탈린의 만남, 1950년 3월 30일에서 4월 25일까지의 김일성과 스탈린의 두 번째 만남, 그리고 5월 13일에서 15일까지의 김일성과 마오쩌둥의 만남이다. 냉전 기간 동안 한국 전쟁이 남침이냐, 북침이냐, 또는 유도론이냐 아니냐 등의 논쟁으로 많은 세월을 보냈지만, 세 만남에 대한 기본 문건들이 구체적으로 드러나면서 그런 논쟁은 별로 의미가 없게 됐다. 대신에 세 만남의 문서를 제대로 해석하는 것이 중요해졌다. 그들의 대화가 진행되는 가운

한반도의 전쟁과 평화

데 김일성, 마오쩌둥, 스탈린의 머리와 가슴속에 어떤 생각과 느낌이 있었을까?

1948년에 남북 단독 정부가 수립된 이후 1949년 3월에 김일성은 스탈린을 만나러 갔다. 수행원으로는 박헌영, 홍명희, 백남운 등이 있었다. 1949년 3월에 김일성이 스탈린을 만났을 때 전쟁 이야기는 하지 않았으리라는 것이 수정론의 추정이었다. 탈냉전 이후 모스크바에서 공개된 사료에 따르면 1949년 3월 5일, 제1차 회의에서는 군사적인 논의가 없었다. 그런데 러시아 국제관계대학(MUGIMO) 학장 아나톨리 토르쿠노프(A. V. Torkunov)의 책에 있는 회의록을 보면 3월 7일 제2차 회의에서 김일성이 "길이 없습니다. 남북은 평화 통일 할 기회는 없고 따라서 해방 전쟁을 치를 수밖에 없습니다."라고 말하자 스탈린은 몇 가지 이유를 들어 김일성을 강하게 말린다.[8] 첫 번째는, 북한이 남한보다 확실히 강하지는 않은 것 같다는 것이고, 두 번째는 전쟁 발발 시 남한 지역에서 북한을 도와줄 수 있는 것이 하나는 게릴라이고 또 하나는 시민 봉기인데, 게릴라 조직이나 남로당 조직이 김일성이나 박헌영의 주장처럼 충분해 보이지 않는다는 것이었다.

동시에 마오쩌둥이 이끄는 중국공산당이 아직 국민당과 내전 중이어서 한반도에서 당장 전쟁을 도와주기는 어렵고, 소련도 미국에 비해 군사적으로 크게 열세여서 군사적 충돌은 위험하다는 것이었다. 따라서 스탈린은 김일성에게 빨치산이나 남로당을 강화하는 것은 동의할 수 있지만, 한반도 통일을 위한 인민 해방 전쟁을 시도하는 것은 반대했다. 스탈린은 한반도에서 전쟁 통일을 시도하려면 북한의 군사력이 남한에 비해 훨씬 우세해야 하고, 남한의 혁명 역량을 훨씬 강화해야 하고, 소련보다 군사력이 훨씬 강한 미국이 개입하면 안된다고 했다. 김일성은 이러한 스탈린의 전쟁불가론을 극복하기 위한 노력들을 계속하면서 1949년 후반 소련공산당에 전쟁 지원을 요청했으나 모스크바는 불가라는 회신을 했다. 1950년 1월 중순 북한 주재 중국 대사의 귀국 환송연 술자리에서 취한 김일성은 소련 대사 시티코프에게 소련의 대남 공격 승인을 다시 한 번 부탁했다. 그리고 1월 30일 스탈린은 변화한 국제 정세를 감안하여 북한의 전쟁 지원 요청을 승낙했다. 그 결과 1950년 4월 김일성이 모스크바를 방문해서 스탈린과 두 번째로 만나게 된다.[9]

스탈린이 1950년 초에 생각을 바꾸게 된 첫 번째 원인은 1949년 소련의 핵 실험 성공이었다. 소련은 군사력에서 미국보다 훨씬 열세였지만 핵 실험에 성공하면서 미소 간의 군사적 비대칭성을 상대적으로 줄일 수 있었다. 두 번째 원인은 마오쩌둥이 1949년 10월 드디어 국민당 정부를 물리치고 중국을 통일한 것이다. 따라서 미국과 소련의 군사력이 여전히 비대칭적이긴 하지만 서서히 소련의 영향력이 커졌으며, 유럽에서 미국과 소련이 비군사적인 차원에서 대결하는 가운데 동아시아에서는 중국공산당이 중국을 장악하게 되었다.

이러한 과정에서 김일성의 해방 전쟁을 통한 통일 주장에 대해서 스탈린이 최종적으로 어떤 판단을 한 것일까? 션즈화 같은 중국의 대표적인 냉전 연구자에 따르면 스탈린은 중국이 동아시아에서 판을 장악하고 있고 단기전으로 해방 전쟁을 해서 한반도에서 소련의 영향력을 키울 수 있다면 미국이 참전하지 않는다는 조건하에 굳이 김일성의 해방 전쟁을 막을 필요가 없다고 생각했다는 것이다.[10] 스탈린은 김일성과의 1950년 4월 회의에서 국제 정세의 변화에 따라 북한은 미국이 참전하지 않는 조건에서 해방 전쟁을 해도 좋다는 승낙을 하게 된다. 이에 만족한 김일성은 4월 25일에 평양으로 돌아왔다.

1950년 5월 13일 오후 늦게 김일성은 박헌영과 함께 마오쩌둥을 만났다. 이미 모스크바에서 스탈린과 전쟁에 관한 협의를 마친 김일성은 스탈린의 지시에 따라 소련과의 협의 내용을 마오쩌둥에게 알리고 도움을 요청했다. 그러자 마오쩌둥은 김일성에게 무엇을 도와주면 좋겠냐고 첫말을 던졌다. 마오쩌둥의 입장에서는 김일성의 해방 전쟁에 몇 가지 문제가 있었다. 하나는 북한이 소련의 지원을 받아 한반도 해방 전쟁을 진행하는 과정에서 중국이 참전하지 않으면 같은 사회주의 국가로서 중국의 위상은 어떻게 될 것인가라는 문제였다. 또 하나는 한반도 통일 전쟁이 대만 통일 전쟁보다 먼저 발발하여 미국이 불가피하게 개입하는 경우가 발생하면 대만 통일 문제가 훨씬 어려워질 수 있다는 것이었다. 이 때문에 마오쩌둥은 스탈린의 전쟁 지원을 이미 약속받고 뒤늦게 찾아온 김일성을 떨떠름하게 맞이할 수밖에 없었다.

북한은 1950년 6월 25일에 전쟁을 시작했다. 초반에는 전쟁이 순조롭게 전개되어서 북한 인민군이 부산을 제외한 남한의 거의 전 지역을 장악했으나, 9월 인천 상륙 작전과 함께 전세가 역전된다. 9월 30일과 10월 1일에 김일성과 박헌영은 스탈린과 마오쩌둥에게 패전을 앞두고 있으니 어떻게든 도와 달라는 간절한 편지를 보낸다. 중국은 내부적으로 참전파와 비참전파의 논쟁이 계속되다가 10월 중순에 마오쩌둥의 최종 결단에 따라 참전하기로 결정한다. 우선 유엔군의 북진을 그대로 놔두었다가 미국이 중국의 국경선까지 올라오게 되면 중국 안보에 심각한 위협이 되리라는 것이 가장 중요한 요인이었다. 두 번째로 중국과 소련이 동맹국이지만, 점점 궁지에 몰리는 김일성에 대한 주도권을 장악하기 위해서 북한을 외면할 수 없었다. 따라서 중국은 1949년에 국민당과의 내전에서 힘들게 승리한 직후라서 북한을 도울 여력이 없었음에도 불구하고 대규모의 병력을 한반도에 투입하기로 결정한다. 한국 전쟁은 중국군의 참전으로 완전히 새로운 국면에 접어들어 거의 1년 가까이 치열하게 진행되다가 1951년 7월부터 휴전 협상에 들어간다.

이러한 한국 전쟁 과정에서 한국의 대응이 어떠했는가를 따져 볼 필요가 있다. 1945년 10월 귀국한 이승만은 반년 정도는 반소적인 발언을 하지 않고 미국과 소련이 모두 한국의 해방을 도와준 해방군으로서 반드시 두 국가와 적대적인 관계를 가질 이유는 없다는 친미 친소적인 발언을 했다. 이승만이 친미 반소의 입장을 명확히 밝힌 것은 1차 미소 공동 위원회가 깨진 후였다. 1946년 말부터 4개월 동안 미국에 체류하던 이승만은 트루먼 독트린이 발표되자 개선장군처럼 당당히 서울에 돌아왔다. 1946년 좌우 합작을 모색하면서 이승만이나 박헌영처럼 너무 극단적인 인사를 배제하려던 미국이 본격적으로 대소 봉쇄 정책을 추진하게 되자 이승만을 선택할 수밖에 없었기 때문이다. 결국 이승만은 1948년에 단독 정부 수립을 주도하게 된다.

북한이 한국 전쟁에서 서울을 점령한 후 이승만 대통령 집무실에서 가져가 펴낸 문서집의 핵심 내용이 한국의 북침론이었다.[11] 북한이 북침론의 근거로 제시하는 문건에서 이승만 대통령은 "지금이야

한반도의 전쟁과 평화

말로 우리가 공격을 해서 북한 공산군 중에 우리에게 충성하려는 사람들과 합세하여 잔당들을 평양에서 소탕해야 할 가장 심리적인 호기라고 강하게 느끼고 있소."라고 말하고 있다. 이 내용은 이승만 대통령이 1949년 9월 로버트 올리버(Robert Oliver) 정치 고문에게 보낸 편지 중 일부를 발췌한 것이다.[12] 그러나 편지들 전체를 읽어 보면 얘기가 전혀 다르다. 이승만 대통령은 10월 22일 올리버에게 보낸 편지에서 "10만 병력의 우리 육군은 당연히 받아야 할 장비도 무장도 갖추지 못하였소. 만일 북한 공산군이 행동으로 옮기겠다고 위협하고 있는 그대로 전면 침공으로 내려오기로 결정한다면 우리는 스스로 방어할 충분한 탄약조차 가지고 있지 않소. 내가 불평불만을 일삼는 것처럼 보이고 싶지 않으나 우리의 상황은 거의 절망적이오."라고 쓰고 있다.[13] 이승만이 상상한 대로 1949년 말에 김일성은 해방 전쟁을 허락받기 위해 스탈린이 낸 숙제를 푸느라 바빴다. 한편 이승만도 김일성과 마찬가지로 남북한이 평화 통일을 할 수 없고, 결국 무력 통일을 할 수밖에 없기 때문에 힘이 있다면 평양까지 쳐들어가야 한다고 생각하고 있었다. 다만 이승만 대통령이 호소하고 있듯이 한국은 5일도 제대로 지탱할 만한 탄약이 없었다. 이승만의 북진론은 일종의 협박 외교로서 우리를 도와주지 않으면 북쪽으로 쳐들어갈지도 모른다는 것이었다. 의도는 있었지만 그럴 능력은 없었던 것이다. 반대로 김일성은 1949년 3월에 스탈린에게 해방 전쟁의 필요성을 간곡하게 설명한 후 1년 동안 구체적으로 스탈린이 제기한 전쟁불가론의 장애물을 성공적으로 제거하고 1950년 6월 25일에 한국 전쟁을 시작했다.

한국 전쟁은 지구 차원의 냉전 구도가 한반도에서 본격적으로 펼

쳐진 것이다. 왜 그 비극이 하필이면 한반도였을까? 사실 따지고 보면 패전국인 일본이 분단되지 않고 왜 한국이 분단되었는가는 중요한 질문이다. 물론 분단에 대한 책임은 쉽사리 분단될 수 있는 내부적인 취약성을 가지고 있던 한반도에도 일부 있었다. 당시의 냉전 구도하에서 이승만과 김일성은 대규모의 전쟁을 불사할 만큼 적대적이었다. 그런 남북의 갈등이 미소의 냉전 전개와 결합되면서 한국 전쟁이라는 대규모의 비극이 벌어졌다.

2 7·4 남북 공동 성명의 추진과 폐기[14]

냉전 질서는 1970년대에 들어서면서 개축의 변화를 겪게 된다. 지구 차원에서는 미국과 소련이 긴장 관계가 완화되고(데탕트) 동아시아 차원에서는 미국과 중국이 역사적인 관계 개선에 접어들고 중국과 일본은 국교 정상화를 이루게 된다. 한반도도 예외는 아니었다. 전쟁이 끝난 지 20년 가까운 세월이 흘렀지만 아직도 휴전상태에 머물러 있던 한국과 북한도 1971년 8월부터 새로운 움직임을 보이기 시작해서 다음 해인 1972년에 자주, 평화, 민족대단결의 '통일 3대 원칙'에 기반을 둔 '7·4 남북 공동 성명'을 발표했다. 그러나 한반도의 미니 데탕트는 오래가지 못했다. 공동 성명 실천을 논의하기 위해 10월에 열린 제1차 남북 조절위원회 공동위원장 회의부터 커다란 시각차를 보이기 시작하여 결국 세 차례의 공동위원장회의와 조절위원회를 통해 상호 이견을 확인하고 최종적으로 1973년 8월 28일 북한이 사실상

7·4 남북 공동 성명의 폐기를 선언했다. 한반도 미니 데탕트의 추진은 2년 만에 한여름 밤의 꿈같이 깨졌다. 그러나 이때 이루지 못한 꿈을 뒤늦게나마 21세기에 현실화하기 위해서는 미니 데탕트의 핵심이 었던 7·4 남북 공동 성명이 어떻게 추진되고 또 폐기되었는가를 제대로 복원하려는 노력이 대단히 중요하다.

제2차 세계 대전 종전 후 평화 대신 자리 잡은 냉전 질서는 사반세기가 지난 1970년대를 맞이하면서 긴장 완화라는 새로운 변화를 겪게 된다. 이러한 데탕트 과정에서 미국과 중국은 한국 전쟁 이래 적대 관계를 청산하고 정치적인 관계를 개선해서 수교에 이른다. 반면 한반도는 데탕트의 물살을 타는 듯하다가 곤두박질쳐서 다시 냉전의 심연으로 빠지는 역사를 겪게 된다.

냉전 질서가 왜 1970년대에 들어서서 변환을 겪게 되는가에 대해서는 여러 가지 논의가 있다. 냉전 질서의 두 축이었던 미국과 소련은 모두 1960년대에 들어서 중요한 변화를 겪는다. 1945년부터 압도적인 군사력과 경제력을 기반으로 세계 질서를 주도하던 미국이 국내적으로 어려움을 겪게 되고 제2차 세계 대전을 겪으면서 전승국임에도 엄청난 피해를 입었거나 패전국이 되어 국력이 약화되었던 유럽 각국과 일본이 다시 부상함에 따라, 미국의 주도적 위치가 상대적으로 약화되었다. 가장 중요한 것은 미국이 1964년부터 월남전에 개입하고 동시에 국내 정치, 경제적으로 어려워지는 상황을 겪게 된 것이다.

제2차 세계 대전 직후 세계의 거의 50퍼센트를 차지했던 미국의 GDP는 1960년대 들어서 30퍼센트로, 1970년대의 데탕트 기간에는

25퍼센트 이하로 떨어진다. 월남전을 겪는 속에서 미국은 경제적으로도 굉장히 어려움을 겪는 사태가 발생한 것이다. 결국 미국은 닉슨 행정부 기간 중에 '신경제정책'이라는 새로운 모색을 통해 전후 미국이 주도적으로 건설했던 세계 경제 질서를 대대적으로 개축할 수밖에 없었다.

동시에 1970년대의 세계 군사력 분포를 파악하기 위해 상대방을 실질적으로 억제할 수 있는 제2공격력에 필요한 1메가톤급의 핵무기 탄두 수를 보면, 미국의 핵탄두 수가 4000~5000을 넘어서기 시작하는 것은 1950년대 중반이고, 소련의 핵탄두 수가 5000을 넘어서는 것은 1960년대 후반에서 1970년대 초반이다. 미소 양쪽이 모두 상대방에 대한 제2공격력을 확보한 상황에서 상호 확증 파괴(MAD)의 논리에 따라 전략 무기 제한 협정(SALT) 협상이 시작되고 이는 1969년에 전략핵 감축에 관한 합의로 구체화된다.

미국의 국내 경제가 점점 어려워지고, 계속되는 소련과의 군비 경쟁, 특히 핵무기 경쟁이 국가 안보에 크게 기여하지 못하는 상황에 접어드는 것이 1960년대 후반이다. 그런데 소련도 마찬가지로 국내 경제가 잘 풀리지 않는 속에서 중국과 본격적인 분쟁 국면에 접어드는 상황이었다. 결국 소련은 미국과 끊임없는 군비 경쟁을 계속할 것인가라는 갈림길에서 1969년에 전략 핵무기 제한 협상을 시작하고 1972년에 닉슨-브레즈네프 정상 회담이 열린다. 이에 따라 1972년에 데탕트가 본격적으로 시작되고, 이런 커다란 틀 속에서 미국과 소련이 사반세기 동안 벌여 온 냉전에서 벗어나서 서서히 긴장 완화를 추진하게 된다.

한반도의 전쟁과 평화

지구 전체에서 미소라는 두 나라의 긴장이 완화되는 모습이 나타났다면, 동아시아에서는 1972년 2월 닉슨의 중국 방문을 통해서 미중 긴장이 완화되었다. 이와 더불어 유럽에서도 1975년에 CSC 35개국이 모여서 헬싱키 합의를 발표함으로써 세계는 이제 냉전을 졸업하는 것이 아닌가라는 기대를 하게 된다. 그러나 이러한 데탕트 분위기는 오래가지 못했고, 1979년에 소련의 아프가니스탄 침공으로 인해 다시 한 번 신냉전을 맞이하고 다시 10년쯤 지나서야 탈냉전으로 이어지게 된다. 그렇다면 미중 데탕트가 어떻게 자리 잡게 되었는지를 먼저 조심스럽게 보고, 그 속에서 한반도 문제는 어떻게 다루어졌는가를 정리하고, 마지막으로 남북 데탕트에 관한 보다 총체적인 그림을 그려 보도록 하겠다.

미국과 중국은 남북한처럼 한국 전쟁에서 직접 싸웠던 적대 관계였다. 그런데 월남전의 수렁에 빠진 데다 군사 전략적으로는 소련과 공포의 균형이 이루어지고 경제적으로도 어려워지는 속에서 미국은 닉슨 행정부가 들어서면서 소련과 중국을 모두 적으로 놓고 상대하기보다는 소련과의 데탕트를 모색함과 동시에 소련과 갈등이 존재하는 중국과 긴장을 완화할 수 있다면 일석이조의 효과를 거둘 수 있다고 생각하게 된다. 따라서 닉슨은 대통령이 된 1968년부터 중국에 적대 관계를 풀기 위한 신호를 보내기 시작한다. 한편 상대방인 중국은 1960년대에 문화 혁명을 겪으면서 미 제국주의에 대한 격렬한 반대 투쟁이 있었지만 당시 중국 안보에 위협이 되었던 주적은 소련이었다. 중소 분쟁이 점점 악화되는 상황에서 중국은 월남전으로 인해 서서히 약해지고 있는 초강대국 미국을 끌어들여 소련과의 관계를 조정하는 것이 차라리 낫다는 이이제이(以夷制夷)의 생각을 하게 된다.

미국과 중국의 국가 이익이 서로 맞아떨어지는 가운데 판을 제대로 읽을 줄 아는 전략가였던 키신저와 저우언라이가 갈등을 화해로 만들어 내는 드라마의 주인공 역할을 담당했다. 키신저와 저우언라이는 폴로 작전(Operation Polo) 1로 불렸던 1차 협상을 1971년 7월 9일부터 7월 11일까지 진행했다. 첫 비밀 협상은 열일곱 시간의 난상 토론이었다. 그리고 1971년 10월 20일부터 1주일 동안 2차 비밀 협상인 폴로 작전 2를 스물다섯 시간 동안 수행했다.[15] 자국의 국가 이익을 최대한 확보하려는 두 주인공은 주어진 여건 속에서 데탕트를 실현시키기 위해 40여 시간을 치열하게 협상했다. 1971년 1월 헤이그가 마무리 협상을 한 후에 최종적으로 2월 말에 닉슨의 중국 방문이 이루어지고, 1972년 2월 28일에 미국과 중국은 역사적인 '상하이 코뮈니케'를 발표했다. 코뮈니케는 대만, 인도차이나, 한반도, 일본, 인도-파키스탄, 소련, 미중 문제에 대해 마오쩌둥의 주장에 따라 미중 각자의 입장을 밝힌 다음에 합의한 내용들을 기록하는 독특한 형태를 취했다. 코뮈니케에서 한국 관련 부분은 영어로 세 줄, 중국어로 두 줄이었다. 그러나 실제 이루어진 42시간의 토론을 보면 상당히 긴 시간 동안 한반도 문제를 이야기하고 있다.

폴로 1은 닉슨의 중국 방문을 위해 5개 사항에 대한 양국의 기본적인 시각을 조정했고 폴로 2는 코뮈니케를 작성하기 위한 협상이었다. 협상에서 첫째, 중국은 대만 문제를 매우 중요시했고, 둘째, 미국은 당시 베트남 전쟁에서 하루빨리 벗어나야 했기 때문에 인도차이

　　　　　　　　　　　　　한반도의 전쟁과 평화

나 문제를 중요하게 거론했고, 셋째로 동아시아에 관해서 키신저는 주로 일본 문제를 거론하는데 그쳤으나 저우언라이는 한반도를 비롯한 동아시아 문제에 큰 비중을 두었고, 넷째로 인도-파키스탄 문제, 그리고 다섯째로 소련 문제를 다루었다.

저우언라이가 대만과 인도차이나 문제를 논의한 다음에 주한 미군은 결국 철군해야 하는 것 아니냐고 질문하자 키신저는 주목할 만한 대답을 했다. 1970년대 초에 6만 명이었던 주한 미군은 폴로 1의 비밀 협상이 진행되는 중에 2만 명이 철수했기 때문에 4만 명이 남아 있었다. 키신저는 극동의 국제 관계가 개선되면 더 철군을 해서 아주 소수가 남거나 완전 철군을 하게 될 것이라고 대답했다. 한국은 미국과 주한 미군 철수 문제에 대해 목숨을 건 협상을 진행하고 있었는데 키신저는 간결하게 대답하고 있다. 비밀 협상이 벌어지고 있을 당시 키신저는 머릿속에 주한 미군 문제를 어떻게 다룰지에 대한 그림을 이미 상당히 구체적으로 그리고 있었던 것이다.

10월에 2차 협상이 진행되는 중에 한국 문제에 관해 상당히 긴 시간의 토론이 벌어졌다. 북한의 허담 외상이 1971년 4월에 발표한 '한반도 평화 통일 8개 방안'을 저우언라이가 키신저에게 전달했기 때문이었다. 키신저는 "남조선에서 미제 침략군을 철거"해야만 통일이 가능하다는 내용으로 시작하는 문서를 보고 중국 총리가 왜 북한 문건을 전달하느냐고 대단히 불편한 심정을 드러냈다.

키신저는 한반도의 안정과 평화에 대한 미중의 비슷한 의견과 달리, 북한의 8개 방안은 현상 유지를 부인하는 것이라고 받아들였다. 그러니까 만약 한반도 통일이 한국 정부를 무너뜨리는 것이라면 미국은 동의할 수는 없다는 것이었다. 결국 한반도 문제는 코뮈니케에 대단히 짧게 포함된다. 즉 중국은 북한의 평화 통일 8개 방안을 강조하고 있고 한편 미국은 한반도 평화를 위해서 한국과 긴밀한 관계를 유지해야 한다는 지적을 하고 있다.

코뮈니케의 마지막 항목은 소련이었다. 중국은 1960년대 후반 소련의 안보 위협을 억제하기 위해서 미국을 끌어들일 필요가 있다는 전략적인 판단을 했고 미국도 소련을 다루는 데 중소 관계를 활용하려고 했지만 코뮈니케에서는 소련이라는 제3국에 대해서 공모(collude)하지 않는다고 표현하고 있다. 미중 관계의 긴장을 완화해 나가지만 미중이 손을 잡고 소련을 한쪽으로 몰지 않는 한도 내에서 미중 데탕트를 조심스럽게 할 수 밖에 없었던 것이다.

결론적으로 1960년대 말과 1970년대 초의 세계 정세 변화로 미국과 중국의 관계가 서서히 긴장 완화로 나아갈 수 있는 가능성이 커지는 속에서, 키신저와 저우언라이가 대만, 인도차이나, 한반도, 일본, 인도-파키스탄, 소련 등의 문제들을 서로 상대방이 받아들일 수 있는 한계 안에서 조심스럽게 다뤄서 최종적으로 상하이 코뮈니케를 엮어 낸 것이다.

다음으로 미중 대(大)데탕트가 시작되는 속에서 남북한의 소(小)데탕트는 어떻게 진행됐는가를 1972년 7·4 남북 공동 성명의 추진과 폐기를 통해서 보도록 하겠다. 1970년부터 새로운 신호들을 발신하기 시작했던 남북한이 특히 7·4 공동 성명의 꽃이었던 통일 3원칙에 어떻게 합의할 수 있었던가에 초점을 맞출 필요가 있다. 김일성 수상은 1972년 5월 4일 이후락 정보부장과의 역사적 만남에서 처음부터 끝까지 '자주, 평화, 민족 대단결의 조국 통일 3대 원칙'을 강조하고 있다. 요약해 보면, "우리는 어떤고 하니 통일 문제의 외세 의존 반대입니다. 우선 이것이 박 대통령과의 의견 일치입니다. …… 오늘 싸움하지 말고 평화적으로 하자는 데 박 대통령과 생각이 같고 외세 배격하고 자주적으로 하자는 데 뜻이 같으니 이것을 박 대통령에게 이야기해 주십시오. …… 그래서 민족 단결하여야 합니다. …… 같은 민족끼리 갈라져서 네가 옳으니 내가 옳으니 싸울 것 무엇 있습니까? 통일을 하자면 단결하는 원칙에서 출발해야 합니다."라고 말하고 있다. 주목할 것은 "지금 말씀이 박 대통령의 생각과 똑같은 대답입니다."라는 이후락 부장의 답변이다. 서울을 떠날 때 돌아오지 못할 것을 대비해서 극약을 품고 평양에 갔던 이후락 부장이 조국 통일 3대 원칙만 합의되면 한반도에 데탕트가 온다는 김일성 수상의 말에 박 대통령도 같은 생각을 하고 있다고 답변하는 순간에 두 사람이 마음속으로는 어떤 생각을 하고 있었는가가 대단히 중요하다.

일차 사료가 절대적으로 부족한 상황에서 이 생각을 제대로 복원해 보기 위해서는 첫째, 1970년대 초반 김일성을 주축으로 하는 북한 정치권력의 시야 형성에 핵심적 영향을 미치고 있던 3대 혁명 역량의 핵심을 요약하고, 둘째, 북한이 이러한 3대 혁명 역량의 시야로 당면하고 있던 현실을 어떻게 바라보면서 7·4 남북 공동 성명을 추진했으며, 셋째, 북한이 3대 혁명 역량의 미래에 미치는 영향을 어떻게 전망하면서 7·4 남북 공동 성명을 폐기하게 되는가를 추적해야 한다. 그리고 마지막으로 한국이 북한의 3대 혁명 역량 강화를 통한 조국 통일의 추진에 대해서 어떻게 대응했는가를 3중 생존 전략의 시야에서 검토할 것이다.

북한은 1960년대에 들어서서 한국 전쟁 시기 이래 추진했던 전쟁 통일 대신 혁명 통일을 강조하기 시작한다. 김일성 수상은 1964년 2월 3대 혁명 역량의 강화로 조국 통일을 실현하자고 선언하고 다음 해 4월 인도네시아 사회과학원에서 한 강연에서 조국 통일은 3대 혁명 역량의 준비에 달려 있다고 말한다. 구체적으로 "첫째로 공화국 북반부에서 사회주의 건설을 잘하여 우리의 혁명 기지를 정치, 경제, 군사적으로 더욱 강화하는 것이며, 둘째로 남조선 인민들을 정치적으로 각성시키고 튼튼히 묶어 세움으로써 남조선의 혁명 역량을 강화하는 것이며, 셋째로 조선 인민과 국제 혁명 역량과의 단결을 강화하는 것이다."라고 밝혔다.[16]

이러한 시야는 1970년대에 들어서도 계속 핵심적인 영향을 미쳤다. 김일성 수상은 1970년 1월 18일에 불가리아의 니콜로보 대사에게 "우리 시야에서 보면 한반도 문제는 박정희 정권을 무너뜨린 사람들이 권력을 장악한 다음에 우리와 평화 통일 협상을 시작하면 해결된다."라고 말하고 있다. 평화 통일의 상대방은 박정희가 아니라는 지적이다. 이 시기 북한과 가까웠던 불가리아나 루마니아의 외교 문서들도 박정희 대통령과 협상할 수는 없지만 김대중과 협상할 수는 있다는 언급을 하고 있다. 김일성 수상은 1971년 6월 10일에 북한을 방문한 루마니아 당정 대표단에게 남북한의 분쟁 발생은 반드시 소련과 중국 그리고 일본과 미국을 개입시킬 것이므로 조심하지 않으면 지구 규모의 전쟁을 촉발할 수 있다고 말하고 있다. 유관국 모두가

한반도의 전쟁과 평화

전쟁을 조심스러워하고 있으므로 북한은 전쟁적 방도로 통일을 추진하는 대신 혁명적 방도의 '통일 8개항'을 추진하고 있다고 설명하고 "박정희가 무너지면 우리는 우리나라의 통일을 원하는 누구와도 협의할 수 있다."라고 지적하면서 "남조선 상황의 전개는 남조선 민주 세력과 인민의 투쟁에 달려 있다."라고 강조했다.[17]

김일성 수상은 1971년 8월 6일 연설에서 한국의 집권당인 공화당을 포함한 모든 정당, 단체들과 협의하겠다고 선언했다. 북한은 이러한 평화 공세의 목적을 국제 혁명 역량의 강화와 더불어 남한의 혁명 역량 강화에 있다고 설명했다. 1971년 11월부터 한국의 정홍진과 북한의 김덕현이 힘든 비공개 협의를 거쳐 1972년 3월 말 최종적으로 이후락과 김영주의 남북 교환 방문에 합의했고, 이에 따라 이후락 정보부장이 평양에 가서 5월 4일 새벽과 오후 두 차례에 걸쳐 김일성 수상을 만났다. 그런데 김일성 수상은 새로운 시야에서 박정희 대통령과 데탕트를 모색한 것이 아니라 조국 통일 3원칙을 강조하면서 남한의 혁명 역량을 강화한다는 시야에서 이후락 부장과 악수한 것이다.

이후락 부장의 방문에 이어 5월 말 북한의 박성철 부수상이 서울을 방문한 후 남북한 실무팀이 6월 말 최종적으로 조율한 '7·4 남북 공동 성명'이 발표됐다. 북한 외무성 이만석 부상은 7월 17일 사회주의 우방국들에게 공동 성명의 추진 경위를 설명하면서 남한의 혁명 역량과 국제 혁명 역량의 강화에 기여하고 있다고 평가했다. 그러나 김일성 수상은 9월 12일 일본 마이니치 신문과의 대담에서 남한이 공동 성명의 조국 통일 3대 원칙을 제대로 이행하지 않고 있다고 비판했다. 이 비판은 공동 성명이 발표된 후 조심스러운 낙관론에서 빠르게 비판론으로 바뀌는 북한의 시야를 선명하게 보여 주고 있다. 북한의 경제 사절단을 이끌고 루마니아를 방문한 정춘택 부총리는 9월 22일 니콜라에 차우셰스쿠 대통령에게 공동 성명의 추진 경위를 설명하고 박정희 정부의 제거와 야당 대통령의 당선을 거쳐 최종적으로 남한 혁명 역량을 강화하여 북한이 원하는 '민주 통일' 정부를 건설하겠다는 평화 공세의 목표를 밝혔다,

남북한은 1972년 10월부터 1973년 6월까지 세 차례의 남북조절위원회 공동위원장회의를 거쳐 세 차례의 남북조절위원회를 남북을 오가면서 열었으나 남북평화협정과 정치협상회의를 포함하는 북한의 적극론과 경제와 사회문화 분과위원회를 우선 설치하자는 한국의 신중론이 팽팽하게 맞서 타협안을 마련할 수 없었다.

박정희 대통령이 1973년 6월 23일에 남북한 유엔 동시 가입과 이념과 체제를 달리하는 국가들과의 문호 개방을 포함하는 평화 통일 외교정책에 관한 '6·23 선언'을 한 것에 대응해 김일성 주석이 남북한 간 군사적 대치 상태의 해소와 긴장 상태의 완화, 다방면적 합작과 교류, 대민족회의 소집, '고려 연방 공화국'의 실시, 단일 국호에 의한 유엔 가입의 '조국 통일 5대 방침'을 밝힘으로써 7·4 남북 공동 성명으로 시도했던 한반도 소데탕트에 대한 기대는 점차 사라지고 갈등의 원점으로 되돌아가는 본격적 수순을 밟기 시작했다. 북한은 1973년 8월 28일 김대중을 일본에서 서울로 납치한 중앙정보부를 강하게 비판하고 남북조절위원회의 개편을 요구하면서 기존 남북 대화의 중단을 선언했다. 또 7·4 남북 공동 성명을 통한 평화 공세가 주한 미군 철수에 의한 국제 혁명 역량 강화나 박정희 정부의 국내외적 고립이라는 남한

혁명 역량 강화에 기대한 만큼의 영향을 미치지 못하자 1971년 8월부터 2년 동안 추진했던 평화 공세의 막을 정식으로 내리고 다시 혁명 통일의 길을 걷게 된다.

박정희 대통령은 1974년 1월의 신년 기자 회견에서 북한이 말하는 평화란 한마디로 우리 국방력을 무력화해 놓고 적당한 기회가 오면 남침해서 적화 통일을 하자는 것임을 삼척동자도 다 안다고 지적했다. 그러면 이후락 정보부장이 평양을 방문하여 김일성 수상과 악수하면서 박정희 대통령과 김일성 수상의 생각이 똑같다고 말할 때 한국의 계산은 무엇이었던가? 그 중요한 이유는 주한 미군이 철수하는 상황에서 새로운 3중 생존 전략을 짜야 했기 때문이다. 국가 안보를 위해 더 이상 미국만 믿고 있기는 어렵기 때문에 우선 한국 전쟁 이래 적대국이었던 소련 및 중국과의 관계를 개선하는 북방 정책을 모색하고, 다음으로 시간을 벌기 위해 남북한의 긴장 관계를 완화하고, 세 번째로 북한의 수령 체제에 대응해서 국내적으로 유신 체제를 수립하려는 것이었다. 한국이 북한의 조국 통일 3원칙을 그대로 다 받아들인 것은 언뜻 보면 북한에게 백기를 든 것이었다. 그러나 주한 미군이 감축되기 시작하고 경우에 따라서는 모두 철수할지도 모른다는 절박한 안보 상황에서 박정희 대통령은 3중 생존 전략의 일환으로 남북 데탕트를 추진하기 위해 북한의 제안을 받아들일 수밖에 없었다.

7·4 남북 공동 성명이 1년 만에 폐기되고 남북한이 더욱 첨예한 대결로 치닫게 된 것은 1970년대 초 마련된 데탕트의 침대 속에서 남북한이 다른 꿈을 꾸고 있었기 때문이다. 박정희 대통령이 주한 미군 철수라는 긴박한 상황에서 남북한 관계 개선을 포함한 3중 생존 전략

을 추진했다면 김일성 주석은 3대 혁명 역량 강화의 시야에서 주한 미군 철수라는 국제 혁명 역량 강화와 남반부 혁명 역량 강화를 통한 통일을 시도했다. 따라서 이런 시야 속에서 이루어진 남북한의 악수는 미중과 달리 훨씬 더 첨예한 적대 관계를 그대로 감추고 있었기 때문에 본격적인 포옹을 불러오지 못하고 대결 구도로 되돌아갔다.

3 21세기 한반도의 전쟁과 평화[18]

1972년에 미중이 데탕트에 성공했으나 남북한은 데탕트에 실패했던 것과 달리, 21세기 초 미중 양국이 신형(新型) 대국 관계를 모색하는 새로운 흐름 속에서 남북한에게도 다시 한 번 기회가 오고 있다. 이번에 1970년대의 역사적 좌절을 반복하지 않고 평화의 신질서를 건축하려면 21세기적 발상의 새로운 노력이 필요하다.

'복합의 세기'라는 21세기에는 새로운 문명의 표준이 등장했다. 냉전이 해체되면 탈냉전의 시대가 찾아올 것으로 기대했다. 그러나 훨씬 더 큰 변화가 찾아오고 있다. 이 변화는 주인공, 무대, 연기의 세 측면에서 살펴볼 필요가 있다. 동양의 전통 질서에서 천하 국가가 기본 단위였다면 19세기에 우리에게 다가온 서양의 근대 국제 질서에서는 국민국가가 주연급 주인공이었다. 국민국가의 모습을 갖추지 못한 주인공은 무대에 오를 수가 없었다. 21세기에는 근대 국민국가의 모습만으로는 무대의 주인공으로 서기 어렵고 늑대거미처럼 그물망 국가(network state)의 이중 모습을 갖춰야 한다. 무대도 바뀌고 있다. 전통 천하 질서의 기본 무대는 예(禮)였으나, 근대로 넘어오면서 무대의 모습은 부국강병, 곧 군사와 경제가 중심이 되었고 21세기에는 복합 무대의 시대가 열리고 있다. 부국강병 중심의 근대 무대는 환경과 문화, 지식을 포함하는 새로운 변화를 겪고 있다. 뿐만 아니라 21세기 첨단 기술 혁명과 함께 지식이 새로운 기층 무대로 등장했다. 그리고 3층 복합 무대의 상층 무대로 통치 무대가 자리 잡고 있다. 따라서 21세기의 주인공이 되려면 부국과 강병의 단층 무대뿐만 아니라 다보탑 같은 3층 복합 무대에서 동시에 활약해야 한다. 연기의 내용도 갈등과 협력 그리고 공생의 복합화를 보여 주어야 한다. 따라서 남북한도 19세기가 아니라 21세기적인 모습으로 새롭게 만나야 한다. 또한 복합 그물망의 통일 한반도가 동아시아와 지구촌, 그리고 사이버 공간의 질서와 새롭게 만나야 하고 동시에 국내 그물망 질서를 갖춰야 한다. 이러한 노력 속에서 한반도는 비로소 평화의 세기를 맞이하게 될 것이다.

복합화의 세기를 맞아 우리의 삶터인 동아시아에도 신질서 건축이 본격적으로 진행되고 있다. 미국은 아시아 태평양 재균형(rebalancing) 정책의 기본 설계에 맞춰서 본격적인 개축을 진행하고 있으며 중국도 신형 대국 관계를 포함하는 신외교의 실험으로서 동아시아 신질서 건축에 노력을 기울이고 있다. 따라서 양국의 구상과 실천이 서로 어떻게 얽히느냐에 따라서 21세기 동아시아의 전쟁과 평화의 구체적인 모습이 드러나게 될 것이다.

미국의 힐러리 클린턴 국무장관은 2011년 10월 「미국의 태평양 세기」라는 글에서 재균형 정책의 핵심 6원칙으로서 안보 동맹 강화,

중국을 포함한 신흥 대국과의 관계 강화, 지역 다자 기구의 관여, 무역과 투자 확대, 광역 군사력 배치, 민주주의와 인권을 강조했다.[19] 힐러리 클린턴 장관은 2012년 3월에 미국 평화연구소에서 '기성세력(established power)'과 '신흥 세력(emerging power)'은 역사적으로나 이론적으로나 반드시 군사적으로 충돌했으나, 미국과 중국은 역사 이래 처음으로 싸우지 않는 새로운 대국 관계를 건설해 보겠다고 연설했다.[20] 척 헤이글 국방장관은 2013년 11월 미국의 전략국제문제연구소(CSIS) 강연에서 미국이 당면하고 있는 장기적 도전의 복합화를 지적하고 이에 대한 미국의 균형 잡힌 대응을 강조했다. 구체적으로 아시아 태평양 재균형 정책을 동맹국, 파트너들과 함께 추진하며, 군사력은 선도적 역할이 아닌 외교, 경제, 문화적 노력을 지원하는 역할을 수행할 것을 강조했다.[21]

한편 중국도 시진핑 국가 부주석이 2012년 2월 미국 워싱턴을 방문하면서 공식적으로는 처음으로 미중이 협력해서 21세기 신형 대국 관계를 건설하자는 연설을 했다.[22] 후진타오 국가 주석은 2012년 5월 제4차 전략경제대화에서 '최대 발달 국가'인 미국과 '최대 발전 국가'인 중국의 신형 대국 관계를 강조했다.[23] 왕이 외교부장은 2013년 9월 20일 브루킹스 연구소 강연에서 미국과의 신형 대국 관계를 '불충돌 불대항', '상호 존중', 그리고 '함께 이기는 협력'으로 요약하고 신형 대국 관계를 아시아 태평양 지역에서 우선적으로 구축할 필요가 있다고 강조했다. 이를 위해서 첫째, 중국과 미국이 아시아 태평양에서 쌍방의 핵심 이익을 진정으로 존중해야 하고, 구체적 사례로서 대만 문제를 들었다. 둘째, 중국과 미국이 공동 노력하여 아시아 태평양 지역의 뜨거운 문제에서 협력의 실질적 성과를 얻어 내야 하며, 구체적 사례로서 북핵 문제와 아프가니스탄 문제를 들었다.[24]

미국의 재균형 정책과 중국의 신형 대국 관계 정책을 종합해 보면 우선 미국이 신흥 대국 중국의 부상에 따라 아시아 재균형 정책을 취하되 중국을 파트너로 일단 인정하고 있고 중국도 향후 10년 전면적 소강 사회 건설이라는 경제 발전을 위해서 미국과 최대한 군사적 충돌과 대항을 피하고 평화 관계를 유지하려 하므로 미중이 군사 무대에서 충돌할 위험은 낮다. 그러나 경제 무대에서는 협력과 경쟁이 진행될 것이며, 특히 새로 부상한 환경, 문화, 정보 기술/지식 등의 무대에서는 새로운 표준 질서 마련을 위한 치열한 각축이 벌어질 것이다.

한편 시진핑 국가 주석은 신형 대국 관계와 함께 친성혜용(親誠惠容, 친하게 지내며 성의를 다하고 베풀고 포용한다)의 주변 외교 이념과 정확한 의리(義利)관에 기반을 둔 발전 도상국 외교를 포함한 신외교 이념을 강조하고 있다.[25] 그러나 동시에 아시아 태평양의 지역 질서에서는 중국이 국내 체제의 안전을 위한 국내 안보, 주권이나 영토를 지키는 국제 안보, 지속적 사회 경제 발전을 위한 경제 안보의 3대 핵심 이익을 반드시 지키겠다는 점을 강조하고 있다. 특히 중일 사이에 벌어지고 있는 센카쿠/댜오위다오 문제의 경우에 미중 간의 군사적 갈등으로 확대되지 않는 한도 내에서 중국은 핵심 이익을 강하게 주장할 것이며, 일본의 아베 정부도 미일 군사 동맹의 강화와 함께 '적극적' 평화주의를 강조하고 있으므로 조심스러운 관찰이 필요하다.

다음으로 21세기 한반도 평화의 최대 걸림돌은 북한의 핵 건설과 경제 건설의 병진 노선이다. 한국은 분단 이래 통일을 위해 '햇볕'과

'제재'라는 두 유형의 양극적 시도를 해 왔다. 그런데 이러한 노력들은 어느 것도 한반도 문제를 해결하지 못했다. 햇볕론자들은 오랜 노력 끝에 햇볕의 열매를 맺으려는 때에 새 정부가 정책을 전환해서 실패했다고 말한다. 10년의 햇볕정책은 제한적인 교류 협력의 확대를 가져오긴 했지만 북핵 실험을 막지 못한 현실이 잘 말하고 있듯이 북한 체제의 핵심인 핵 선군 정치를 변화시키지 못했다. 그러나 단순한 제재론도 답은 아니다. 북한은 전 세계 어느 체제보다도 제재를 끝까지 견뎌 낼 수 있는 체제이므로 단순히 제재를 통해서는 북한의 선군 정치를 바꾸지 못한다.

따라서 21세기의 한반도의 전쟁과 평화는 북핵 문제와 동아시아 신질서 구축 문제를 어떻게 풀어 나가느냐에 크게 좌우될 것이며 따라서 한반도의 평화를 위해서 이 문제들을 21세기의 복합적 시각에서 검토해 보기로 하겠다.

김정은 위원장은 노동당 중앙위원회 2013년 3월 전원회의에서 "적들은 우리에게 핵무기를 포기하지 않으면 경제 발전을 이룩할 수 없다고 위협 공갈하는 동시에 다른 길을 선택하면 잘살 수 있게 도와주겠다고 회유"도 하고 있지만 "조성된 정세와 우리 혁명 발전의 합법적 요구에 맞게 경제 건설과 핵 무력 건설을 병진시킬 데 대한 새로운 전략적 로선"을 제시했다.[26] 북한의 2014년 신년사는 2013년을 '새로운 병진 노선의 해'로 평가하고 2014년의 신년 국정 지침으로 병진 노선의 두 번째 해를 '선진 조선의 번영기'라고 부르고 있다.[27]

그러나 김정은 체제가 병진 노선을 계속해서 추진하는 경우에 부딪히게 될 제2의 고난의 행군은 북한을 다시 소생하기 어려운 식물

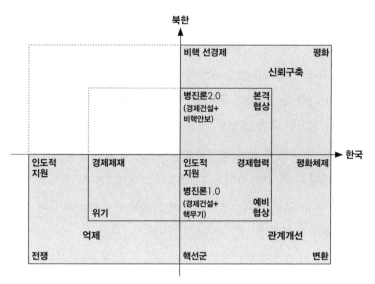

그림 5-1 한반도의 전쟁과 평화

국가로 만들게 될 것이다. 따라서 북한은 죽지 않기 위해서 조심스럽게 병진 노선 2.0의 진화를 모색해야 하는 어려움에 직면해 있다.

따라서 21세기 한반도의 평화 문제를 푸는 핵심 고리는 북한의 경제 건설·비핵 안보 병진 노선 2.0을 위한 공동 진화(coevolution)다.[28] 북한의 병진론과 미중 대북 정책의 현실 위에서 남북한이 끊임없이 반복하고 있는 위기와 협상의 악순환을 극복하고 새로운 평화의 길로 들어서기 위해서는 그림 5-1의 도표에서 3분면에서 1분면으로 변환이 필요하다. 이를 위해서 북한이 새로운 생존 노선을 모색하고, 한국이 복합적인 신 대북 정책을 마련하고, 관련 당사국들의 대북 정책이 공동 진화해야 한다.

첫째, 한반도 평화를 위한 억제 체제를 구축해야 한다. 그림 5-1에서 한반도가 한국의 구 대북 정책과 북한의 구 대남 정책이 만나는 3분면의 위기와 전쟁 국면에서 벗어나서 한국의 신 대북 정책과 북한의 신 대남 정책이 만나는 1분면의 협상과 평화 국면으로 가기 위해서는 우선 현재 북한의 재래식 군사 위협, 핵 위협, 테러 위협을 효율적으로 억제해서 북한 핵 선군 정책의 정치적 효과를 무의미하게 만들고 동시에 핵 선군 비용을 극대화하는 노력이 필요하다. 이를 위해서 한국도 핵 무장을 해서 한반도 내에 작은 억제 체제를 마련하자는 일부 논의가 있으나 21세기 한국의 핵 무장이 지불해야 할 안보, 정치, 경제, 기술적 비용은 현실적으로 오늘의 북핵이 지불하고 있는 비용보다도 훨씬 커서 이는 나무는 보되 숲을 보지 못하는 어리석은 대안일 것이다.[29] 함께 제기되고 있는 미국 전술 핵 재배치론도 마찬가지로 비현실적이다.[30] 미 국방부는 소련 해체 이후 주한 미군 전술 핵을 포함한 전 세계의 전술 핵을 대부분 폐기하고 1000기 이하의 최소한 규모의 전술 핵을 유럽의 나토군과 미국 본토에 유지하고 있을 뿐이어서 전술 핵의 한반도 재배치는 실질적으로 불가능하며 명분적으로도 어려움에 직면하게 될 것이다.[31]

현실적 대안으로 한국은 미국과의 긴밀한 협조 아래 최근 나토군의 억지 방어 태세 재검토(DDPR)처럼 한국형 억지 방어 태세 재검토를 본격적으로 진행해야 한다.[32] 보다 구체적 내용으로는 킬체인(Kill-Chain) 타격 체제, 한국형 미사일 방어(KAMD) 체제, 미국의 확대 핵 억지 체제, 전시 작전 통제권의 효율적 상호 운용 등을 포함해야 한다. 그리고 동시에 북한을 포함해서 국내외적으로 이러한 억제 체제가 한반도의 전쟁이 아닌 평화를 위한 것이라는 것을 충분히 설득할

한반도의 전쟁과 평화

수 있는 한반도 신 평화 구상을 함께 마련해야 한다.[33]

둘째, 한반도 억제 체제의 구축과 병행하여 남북한의 관계 개선에 나서서 북한이 경제 건설 비핵 안보 병진론 2.0을 추진하도록 지원한다. 핵무기 개발에 대한 국제 비확산 체제의 엄격한 제재들을 고려할 때 핵 무장을 유지하면서 21세기 세계 경제 무대에 설 만큼 본격적인 경제 건설을 한다는 것은 현실적으로 불가능하다. '미국의 대북 적대시 정책에 대한 핵 선군'이라는 과잉 안보 정책만 추진해 온 북한에게 불가역적인 북한 비핵화 과정의 진전과 병행하여 남북 관계를 보다 적극적으로 개선할 수 있는 환경을 조성할 방안을 제시하고 실천함으로써 병진론 1.0의 어려움에 직면한 북한의 정치권력이 불가피하게 비핵 안보 경제 발전의 병진론 2.0 대안을 고민하고 실천에 옮기는 결단을 내릴 수 있도록 돕는 노력이 필요하다. 북한이 병진 노선 2.0의 틀에서 경제 발전, 민생 개선, 비핵 안보의 평화적 환경 조성을 위해 진정성 있는 노력을 보이기 시작하면 한국과 관련 당사국들도 마련한 지원 계획을 본격적으로 현실화해야 한다.

중국이 주도하고 있는 6자 회담의 재개를 앞두고 미국의 오바마 정부는 진정성 있는 구체적인 행동, 즉 북한의 핵 실험 및 장거리 미사일 시험 발사 유예, 우라늄 농축 프로그램(UEP)을 포함한 모든 핵 활동 중단, 국제원자력기구(IAEA) 핵 사찰단의 복귀 수용 등 비핵화 사전 조치를 이행한다는 2·29 합의에 플러스 알파의 추가 조치를 취할 때 비로소 대화가 가능하다는 입장을 견지하고 있다. 한편 중국은 북한의 비핵화는 대단히 중요하지만 불가역적인 비핵화 조건에 대해 의지와 성의를 보이면 구체적 대화를 시작해야 한다는 입장이다. 박근혜 정부는 미국과 중국을 선도해서 북한의 진정성 있는 비핵화 조치 내용을 구체적으로 마련해서 조심스럽게 양자 및 다자의 예비 협상을 준비해야 한다. 이 과정에서 병진론 2.0을 새롭게 모색하려는 북한의 변환 노력이 시작돼야 예비 협상이 본 협상으로 진화할 수 있을 것이다.

셋째, 관계 개선 국면에서 싹튼 상호 신뢰를 키워 나가는 속에 북한이 병진 노선 2.0을 본격적으로 진행하게 하려면 북한 체제의 생존을 복합적으로 보장하는 한반도 평화 체제와 북한의 경제 발전을 위한 한반도 번영 체제를 한국 주도하에 마련하여 관련 당사국들과 함께 추진하는 국제 공진화가 필요하다. 현재 북핵 문제의 논의 과정에서 북한이 끊임없이 주장하는 것은 북한의 핵 개발은 미국의 대북 적대시 정책 때문이므로 미국이 대북 적대시 정책을 철회하면 북한도 핵을 포기할 수 있다는 과잉 안보론이다. 김정은 체제가 기존의 과잉 안보론 대신 적정 안보론으로 정책 전환을 시도하는 경우에, 미국의 대북 정책도 북한의 새 체제 안보를 보다 적극적으로 보장할 필요가 있다. 동시에 새 체제가 추진하는 '선경(先經) 정책'이 성공할 수 있도록 북한 병진 노선 2.0 국제 협력 체제를 강화해야 한다. 개혁 개방 정책을 취하면 북한에 자본주의의 '황색 바람'이 불어서 북한 경제가 완전히 붕괴되리라는 공포감을 주지 않도록 해서 김정은 체제가 조심스럽게 개혁 개방의 길에 들어서도록 해야 한다.

박근혜 정부의 신 대북 정책이 북한의 병진 노선 2.0과 미국과 중국을 비롯한 관련 당사자들의 국제 공진과 함께 실천될 때 한반도의 위기와 전쟁 국면은 협상과 평화의 국면으로 대변환을 이루어서 최종적으로 한반도와 동아시아의 신질서가 성공적으로 모습을 드러낼 것이다.

21세기 세계 무대의 문명사적 변환에도 불구하고 새로 등장한 북한의 김정은 체제가 앞으로 30년 동안 핵 선군 정치를 계속한다면 제2의 고난의 행군을 거쳐 식물 국가화되는 어려움을 겪게 될 것이다. 반대로 북한의 새 리더십이 선진화 1단계로서 중국의 개혁 개방처럼 북한식 개혁 개방을 추진해서 근대적인 기본 조건을 갖추는 방향으로 매진하고 선진화 2단계로서 21세기에 맞는 복합 그물망까지 추진할 수 있다면 남북한의 복합 그물망 통일은 보다 자연스럽게 진행될 것이다. 이러한 북한의 발전은 자주적인 노력만으로 이룰 수 없으며, 한국과 동아시아, 그리고 지구의 공동 진화 속에서 가능하다.

북한의 선진화와 함께 남북은 근대적 만남을 넘어서서 복합의 새로운 방식으로 만나야 한다. 국가 대 국가의 만남뿐만이 아니라 다양한 주인공들이 복합적 형태로 얽혀야 한다. 근대적 의미의 통일은 국가 간의 문제이기 때문에 일차적으로 생각할 수 있는 것은 정치, 군사, 경제 문제이다. 그런데 앞에서 설명한 복합 그물망의 모델에 맞게 남북 관계를 진화시켜 나가려면 현재보다 훨씬 복잡한 건축물을 구상해야 한다. 한반도의 남북한 차원에서 지식 기반 무대를 어떻게 마련하고 또 중심층의 안보, 번영, 문화, 환경 무대를 어떻게 짤 것이며 마지막으로 통치 무대를 어떻게 운영할 것인가를 새롭게 궁리해야 한다. 그 일차적인 출발은 북한의 선진화다. 동시에 북한에 3층 복합탑 쌓기의 변화가 일어나도록 돕는 한국과 동아시아의 3층 복합탑 쌓기가 함께 공진해야 한다. 이러한 복합 진화 과정을 통해서 남북한은 비로소 21세기 복합 통일 국가의 모습을 갖추게 될 것이다.

한반도는 21세기 통일 과정에서 동아시아와도 새롭게 연결돼야 한다. 21세기 한반도의 복합 네트워크 통일을 위해서는 동아시아 질서도 공동 진화해야 한다. 그러나 동아시아 공동체는 아직 갈 길이 먼 목표다. 공동체의 형성은 원칙적으로 가슴과 가슴의 만남을 통해 비로소 가능하기 때문에 동아시아 개별 국가들의 국가 정체성과 더불어 동아시아의 정체성이 형성되어야 현실적으로 가능하다. 동아시아 공동체의 미래를 위해서는 장기적으로 미국의 연방이나 유럽의 국가연합처럼 이중 정체성을 만들어야 하며 우리 경우에는 통일이 아직되지 않은 상황에서 국가, 한반도, 동아시아의 3중 정체성이 필요하다. 동아시아 국제사회의 형성도 초보 단계인데, 사회의 형성은 상호 이익과 가치를 위해 집단적 모임이 이루어질 때 비로소 가능하기 때문에 동아시아는 아직 '공생을 위한 복합 네트워크'를 마련하려는 초보 단계에 있다.[34]

이러한 초보 단계에서 우선 풀어야 할 숙제는 21세기에 새롭게 형성되고 있는 미중 중심의 동아시아 복합 질서 속에서 한국이 어떻게 살아남고 통일을 이루는가 하는 것이다. 이와 관련해서 가장 중요한 것은 미국과 일본 같은 기존 우방, 그리고 중국과 같은 새로운 우방과 '복합 그물망 치기의 국제 정치'다. 한반도에서 남북한 복합 거미줄을 치면서 한국이 병행할 것은 기존 동아시아 그물망의 심화다. 핵심은 한미 동맹이고 보조망은 한일 협력이다. 한미 동맹은 1950년대 냉전 시대에 국가 생존을 위한 군사적 협력에서 시작됐고 21세기에 들어 전략 동맹에서 복합 네트워크적 동맹으로 새롭게 진화하고 있다. 그리고 이에 못지않게 중요한 것은 지난 20년 동안 새로 쳐 온 한중 그물망이다. 전략적 우호 협력 관계로 표현되고 있는 한중 관계는 상호 정치 경제 체제의 차이에도 불구하고 상호 의존도를 빠르게 높여 가고 있다. 20세기 냉전 시대에는 미국과 중국이 적대 관계를 유지했기 때문에 한국이 동시에 미국, 중국과 좋은 관계를 유지하기가 불가능했다. 그러나 21세기 한중 협력 그물망은 반드시 한미 동맹 그물망과 모순되지는 않는다. 21세기 복합화 시대의 거미줄은 이중으로 칠 수 있기 때문이다. 현재 중국을 신흥 대국 파트너로 인정하고 있는 미국은 지정학적 특수성 속에서 높은 수준의 경제 협력이 진행되고 있는 한중 관계를 더 이상 냉전 시대처럼 적대 관계에 머무르게 할 수 없다는 것을 충분히 이해하고 있다. 21세기 미중 복합화 시대에서 한국은 한미 관계를 계속 발전시키면서 동시에 중국 거미줄을 충분히 확대해 나갈 수 있다. 따라서 한국은 한미 간의 복합적 동맹 관계를 강화하고 한일 복합 네트워크 관계를 키워 나가면서 동시에 한중의 전략적 우호 협력 관계를 21세기형 동맹 관계로 키워 나가야 한다.

21세기 한중 관계에서 핵심적으로 중요한 것은 중국의 '2049 프로젝트'다. 현재 중국은 국내 경제 발전을 최우선으로 하는 '화평발전'에 몰두하고 있다. 그러나 중국 경제가 일정 수준 이상으로 발전하면 '핵심 이익'의 범위를 점차 확대하고 군사력을 포함한 보다 다양한 수단을 동원해서 '핵심 이익'을 보다 적극적으로 확보할 가능성을 배제할 수 없다. 따라서 중국과 관련 당사국들은 이러한 현실이 다가오기 전에 중국이 동아시아와 지구 거미줄 속에 제대로 자리 잡도록 최선의 노력을 해야 한다. 동아시아의 향후 30년은 21세기 세계 질서의 사활을 결정하는 '긴박한 30년'이 될 것이다.

마지막으로 한국이 미국, 중국, 일본, 러시아를 비롯한 관련 당사국들과 함께 동아시아 신질서를 본격적으로 구축하기 위해서는 안보, 번영, 신흥의 세 무대를 복합적으로 동시 건설하려는 구상을 구체적으로 마련해야 한다.

한반도의 복합 그물망 통일을 위해서는 동시에 21세기 천하 통일적 사고가 필요하다. 이러한 사고의 핵심에는 전통적 자원력을 넘어서는 네트워크력이 자리 잡고 있다. 이러한 네트워크력을 키우기 위해서는 다음의 세 원천을 주목해야 한다.[35]

첫째로 네트워크력 강화를 위해서는 기존 거미줄을 보다 두껍게 쳐야 한다. 냉전 시대에 군사 동맹으로 시작한 한미 관계는 21세기 복합 네트워크 동맹 관계로 심화시키고, 한일 간에도 새로운 복합 네트워크를 보다 촘촘하게 쳐야 한다. 둘째로는 거미줄을 최대한 넓게 쳐서 생기는 확대 네트워크력이다. 한국이 네트워크력을 확대하기 위해서는 미국, 일본과의 기존 그물망을 넘어서서 중국에 복합 그물망을 치는 것이 특히 중요하다. 그리고 다음 단계로서는 지구 공간과 사이버 공간으로 그물망을 확대해야 한다. 셋째로 네트워크의 구조적 구멍(structural hole)을 정보와 지식으로 연결해 주는 지식 중개인의 역할이다. 동아시아 그물망 중에 남북, 북일, 북미 관계는 공식 외교 관계가 없어서 구조적 구멍이 나 있으므로 한국이 지식 중개인 역할을 통해서 네트워크력을 발휘할 수 있다. 이러한 세 가지 원천을 잘 이용해서 거미줄을 치면 주변 대국들에 비해 자원력이 상대적으로 작더라도 네트워크력을 키울 수 있다. 한반도는 21세기 동아시아

한반도의 전쟁과 평화

에서 미국이나 중국, 일본과 같은 자원력을 가지고 있지 못하다. 따라서 그림 5-2에서 보는 것처럼 상대적으로 자원력이 강한 대국들보다 네트워크력으로 훨씬 세련되게 힘을 보완해야 하며 보다 구체적으로 이 힘을 어떻게 동아시아에서 키울 수 있을까를 고민해야 한다.

네트워크력을 보다 구체적으로 이해하기 위해서 18세기 후반 박지원이 『허생전』에서 강조하고 있는 대청 네트워크 외교론을 되돌아볼 필요가 있다.[36] 18세기 초 서울의 변부자가 북벌론을 고민하던 어영대장이자 친구 이완을 허생에게 데리고 온다. 허생은 첫 번째로, 지식 외교를 위해 와룡 선생 같은 지략가를 천거하면 임금에게 아뢰어 삼고초려하게 할 수 있겠느냐고 묻는다. 이완이 어렵다고 하자 두 번째로, 종실의 딸들을 명나라가 망한 후 조선으로 넘어온 명나라 장졸들에게 시집보내고 훈척 권귀들의 집을 빼앗아 그들에게 나누어 주어 네트워크를 만들 수 있느냐고 묻는다. 그것도 어렵다고 하자 마지막 계책으로 청나라를 치고 싶으면 우선 적을 알아야 하니 나라 안의 자녀들을 가려 뽑아 변복, 변발시켜 대거 중국으로 유학 보내서 벼슬할 수 있도록 만들고, 또 서민들은 중국에 건너가서 장사를 할 수 있게 청의 승낙을 받아 지식인과 장사꾼들이 국경을 자유롭게 넘나들면서 중국을 제대로 파악한 다음 청의 중심 세력들과 유대 관계를 긴밀하게 구축해서 사실상 천하를 호령하거나 최소한 대국의 위치를 유지하라고 한다. 이완은 그것도 현실적으로 어렵다고 대답했다. 그러자 허생이 대로하면서 이완을 쫓아 보냈다. 허생은 당시 현실적인 역학 관계를 고려해서 북벌론을 비현실적으로 보고 현실적 대안으로서 소프트 파워 외교론인 북학론을 제시한 것이었다.

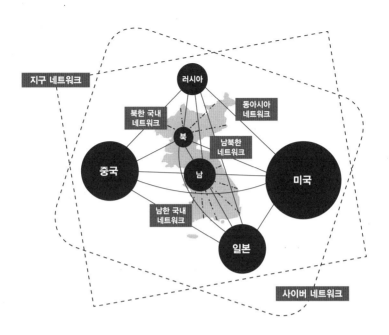

그림 5-2 한국의 천하 복합 그물망 짜기

21세기 연암 프로젝트는 그림 5-2에서 보는 것처럼 국내를 포함해서 한반도, 동아시아, 지구촌, 사이버 공간까지 5중 네트워크 짜기를 구체적으로 추진해야 한다. 그중에서도 21세기 한반도 그물망 통일은 21세기형 천하 그물망 짜기와 함께 공진해야 한다. 21세기 한국이 근대의 숙제인 남북 통일을 21세기적 복합 그물망 통일의 모습으로 완성하고 나아가 동아시아와 지구, 더 나아가 사이버 공간과 복합적으로 그물망을 짜고 동시에 국내 그물망 짜기에 성공한다면 새로운 평화의 시대를 열 수 있을 것이다.

비지배적 상호성과 세계시민주의

국가와 세계시민

곽준혁

숭실대학교 가치와윤리연구 공동소장

1 들어가며

최근 '세계시민주의(cosmopolitanism)'의 규범적 근거와 제도적 전망에 대한 부정적 견해가 쏟아져 나오고 있다. 몇 해 전만 해도 '세계시민주의' 또는 '사해동포주의'에 대한 기대가 적지 않았다.[1] 로마 제국의 패권 아래에서 지중해의 다양한 집단과 문화가 함께 융화되었던 시기와는 비교할 수 없겠지만, '인간의 보편성에 바탕을 둔 세계시민(kosmopolitēs)으로서의 책임이 영토를 경계로 한 정치 사회적 책임보다 우선될 수 있다.'라는 생각이 지구적 차원에서 광범위하게 받아들여졌던 것이다. 물론 그때도 지금처럼 로마 제국이 보편적으로 적용했던 '만민법(jus gentium)'과 같은 공통의 법적·제도적 장치의 확립이나 스토아 철학자들이 주장했던 보편적 가치에 기초한 '도덕적 공동체'의 건설은 요원했다. 그러나 근대 이후 우리의 정치적·사회적·문화적 삶의 내용을 규정해 온 국가적 경계가 무너지고 있다는 인식,[2] 그리고 '인권'과 '민주주의'라는 초국가적인 잣대가 개별 국가의 정치적 정당성의 기준이 되는 추세가 강화되면서[3] 지구촌의 많은 사람들이 지정학적 경계와 집단적 정체성을 초월하는 '세계시민'의 출현이 장기적으로는 가능하리라는 견해를 갖게 되었던 것이다.

비지배적 상호성과 세계시민주의

사실 '세계시민'의 출현에 대한 장밋빛 전망은 2003년 미국의 이라크 전쟁과 2008년 세계 금융 위기 이후 차츰 수그러들었다. 미국의 이라크 전쟁은 이른바 '세계시민주의'가 표방했던 '보편'이라는 가치가 강대국의 일방적 주장과 다를 바가 있겠느냐는 회의를 가져왔고,[4] 2008년 세계 금융 위기로 인해 초국가적 자본의 이동에 대한 민주적 통제의 필요성이 부각되었다.[5] 사실 '어떤 기준과 어떤 방식으로 보편적 가치를 확보하느냐?', 그리고 '세계(kosmos)와 시민(politēs)은 어떻게 연계되어야 하느냐?'는 세계시민주의를 주창하던 학자들이 답하려고 노력했던 핵심적인 질문 중의 하나였다. 그러나 '인권'과 '민주주의'에 대한 이해에 있어 극심한 사회 문화적 차이가 불거지고 초국가적 자본의 탈규제가 가져온 빈곤과 수탈이 국가의 통제가 초래했던 불만과 부작용보다 심각해지자, 이러한 질문들은 세계시민주의의 '규범적 타당성'과 '민주적 정당성'에 대한 의문으로 전환되었다.[6] 그리고 이러한 비판들은 한편으로는 개별 집단의 사회 문화적 특수성에 무관심한 의사 결정을 통해 보편적 가치를 제시하려는 입장에 대한 반감으로, 다른 한편으로는 초국가적 행위자에 대한 개별 국가의 민주적 규제를 의미하는 민주적 시민성의 회복에 대한 요구로 구체화되었다.

또한 지구촌 곳곳에서 벌어지는 민족적·종교적 분쟁도 전통적인 '국가'의 역할을 재확립해야 한다는 목소리에 힘을 더하고 있다. 실제로 민족 국가는 도시 규모의 정치공동체가 확대되면서 드러난 문제들을 해결하기 위한 여러 정치적 선택 중의 하나였다.[7] 특히 오래전부터 중앙집권적인 통치 체제를 통해 일정한 영토를 유지해 온 동아시아와는 달리 서구 유럽의 여러 나라들은 근대 이후 정치공동체가 당면한 국내외적 문제를 민족 국가를 통해 해결해 왔다. 이질적 집단들이 공통의 법적·제도적 규제를 공유하며 공존할 수 있는 최적의 규모, 정치공동체의 구성원들이 자신들의 정치적 대표에게 책임과 해명을 요구할 수 있는 최적의 제도, 그리고 외부와의 전쟁에서 공동체 구성원들을 동원할 수 있는 최적의 방법을 민족 국가에서 찾아 왔던 것이다. 이런 측면에서 볼 때, '이슬람 국가(IS)'와 같은 테러 집단의 위협이 하루가 다르게 증가하고 지구촌 곳곳에 분쟁의 씨앗이 존속하고 있는 상황에서, 근대 이후 지금까지 정치공동체들 사이의 분쟁에 있어 완충적 역할을 함은 물론 정치공동체 내부의 민주적 책임성을 담보해 왔던 민족 국가의 존속이 더 절실해 보이는 것이다.

그러나 초국가적 협력이 요구되는 지구적 차원의 문제가 점차 증가하고, '민족 국가'의 경계를 넘어 모두에게 공통으로 적용될 법적·제도적 규제의 확립이 시급한 지금, '세계시민주의'가 축적해 온 '보편적 가치'와 '세계시민적 연대'에 대한 정치철학적 고민과 제도사적 성찰을 완전히 폐기할 수는 없다. 무엇보다 '민족 국가'의 존속이 지구화 시대의 다층적이고 다면적인 분쟁을 완화한다고 해도, 지구적 차원의 문제를 해결함에 있어서는 '생존을 위한 투쟁'과 '안전을 위한 협력'만을 국제적 협력의 동기로 전제하는 홉스(Hobbes)적 현실주의만을 고집할 수 없기 때문이다. 개별 국가의 무임승차를 막고 동시에 초국가적 의사 결정의 과정에서 국가 간의 힘의 불균형을 최소화하기 위해서라도, 초국가적 협력을 유도하고 지속시킬 수 있는 규범적 근거와 초국가적 심의를 제공할 수 있는 법적·제도적 판단 근거를 제공해야 한다는 것이다. 또한 개별 국가의 초국가적 자본에 대한 '민주적 통제'가 시급하더라도, 개별 국가의 민주적 절차를 통한 결정이 '반(反)인륜적'이거나 '반(反)인권적' 행위를 용인하지 못하도록 방지할 일관된 조정 원칙이 필요하다는 것이다.

이러한 맥락에서 본 강연자는 세계시민주의가 기초한 '보편적 가치'와 '세계시민적 연대'에 대한 정치사상적 연원을 살펴보고, 공화주의 전통에서 세계시민적 가치를 구현하려는 이론들을 비판적으로 검토한 후, 지구적 가치와 민주적 시민성을 동시에 확보할 수 있는 하나의 대안으로 '비지배적 상호성'에 기초한 '민족주의 없는 애국심'을 제시하고자 한다.

2 보편주의와 세계시민
── 민주적 심의와 민주적 시민성

1990년대 초부터 지속되어 온 '세계시민주의'와 관련된 논쟁은 크게 두 가지 범주로 나눌 수 있다. 첫째는 '자유주의적 세계시민주의'다. 인권의 절대적 보편성을 강조하거나 자연적 권리로서 인권이 보편적으로 적용되어야 한다는 입장이다. 인간의 보편성에 바탕을 둔 세계시민으로서의 도덕적 판단 기준이 영토를 경계로 한 애국심보다 우선되어야 한다고 주장하면서 인간으로서 향유해야 할 최소한의 물적·정신적 조건으로 '가능성(capability)'을 인권의 내용으로 제시한 마사 누스바움(Martha Nussbaum)이 대표적이다.[8] 이문화 간 토론을 통해 포용적이면서도 수시로 변경이 가능한 '두텁고 희미한 (thick vague)' 가능성의 목록들을 구성할 수 있다는 유연한 태도를 보이지만,[9] 자기 공동체 구성원에 대해 기본적인 인권을 보장하는 사회의 사람들 사이에는 정치 사회적·문화적 차이가 있어도 민주적 심의를 통해 중첩적 합의가 존재한다는 이유에서 특정의 문화 또는 정치 체제의 일방적 강요를 반대하는 경우보다 '보편'에 대한 확신에 차 있다.[10] 이런 맥락에서 전자는 '강한 세계시민주의,' 후자는 '약한 세계시민주의'로도 불린다.

둘째는 '민주적 세계시민주의'다. 자유주의적 세계시민주의와는 달리 지구화가 초래한 일련의 변화를 자연적이라거나 자발적이라고 이해하지 않는 입장이다. 민주적 절차에 따른 규제로부터 자유로운 초국가적 자본에 대해서는 비판적인 태도를 보이면서도 개별 국가의 경계를 넘어 지구적 차원에서의 제도적·법적 통합이 가능하다는 견해를 피력한다. 이른바 위르겐 하버마스(Jürgen Habermas)의 '헌정 국가(Verfassungsstaat)'가 대표적인데, 개별 국가가 시민들에게 요구하는 특수한 원칙들이 인류 보편의 원칙들과 조화될 수 있다는 전제에서 다양한 정체성을 가진 구성원들이 자유롭고 민주적인 절차와 토론을 통해 하나의 정치적 공동체로 귀속될 수 있다는 주장이 공통적으로 발견된다.[11] 일반적으로 칸트(Immanuel Kant)의 '보편적 연방 국가(allegemeiner Völkerstaat)' 또는 '연맹(Völkerbund)' ── 단일한 세계 국가가 아닌 자율적이고 민주적인 개별 주권 국가들이 보편적인 세계시민적 조정 원칙 아래 연합 ── 과 유사한 제도적 구상을 제시하지만, 지구적 차원의 문제 해결을 위해서는 초국가적·초민족적 입법 기

관과 선거 제도를 통한 지구적 차원의 통치가 필요하다는 주장으로 발전하기도 한다.[12]

첫 번째 범주에 속하는 이론들은 두 번째 범주에 속하는 이론들에 비해 '다양한 집단의 가치'를 포섭하는 데에 상대적으로 취약하다. 우선 보편과 특수를 둘러싼 논쟁, 즉 단일한 잣대로 문화적·정치적 경계를 넘어 여러 국가 또는 사회를 비교할 수 있을까라는 오랜 질문에 적절한 해답을 내어놓지 못한다. 비록 제시될 인권 또는 가능성의 '두텁고 희미한' 항목이 심의를 통해 수정될 수 있다고 말하지만, 그러한 최소한의 '가능성의 항목' 또는 '인권'조차 정치 사회적 맥락과 문화적 맥락에 따라 다르게 해석될 수 있다는 한계를 극복하기에는 역부족이다. 설사 아시아의 정신문화에서도 동서양의 경계를 넘어선 보편적 인간 가치를 구현할 수 있다는 주장에 공감하더라도, '인권'을 민주적 심의를 통해 구성된 정치 사회적 권리 또는 시민으로서 권리로 이해하는 경우에도 적용될 수 있는 '보편적 가치'의 발견 또는 합의 과정이 필요하다. 즉 거의 모든 사회가 공감할 수 있는 최소한의 기준 또는 '협소한 도덕성(thin morality)'이 있을 수 있다면, 이러한 '협소한 도덕성'을 발견하기 위한 '민주적 심의'가 보장되어야 한다는 것이다.[13]

또한 두 번째 범주의 '세계시민주의' 이론들도 '민주적 시민성'을 잘 구현할 수 있는지에 대한 의구심으로부터 자유롭지 못하다. 실제로 유럽 연합(EU)을 통한 '헌정 국가' 또는 '보편적 연방 국가'의 정치적 실험은 여러 측면에서 '민주적 시민성'에 대한 일반적 기대를 충족하지 못하고 있다. 첫째, 보편적 권리에 기초한 법적 통합 또는 지구적 사안에 대해서만 권한을 행사하는 통치는 정치권력이 전체의 운명을 좌우할 결정을 내릴 때 그 정당성을 확보하는 데에 여전히 어려움이 있다.[14] 헌정 국가의 대내외적 강제력이 합법적이고 민주적인 절차를 통해 집행될 수 있다고 주장하지만, 실제로 그 강제력의 대상은 공동체의 일원으로서 책임을 공유하는 '시민'이기보다 지구적 차원의 문제에 영향을 받을 수 있는 '여러 사람'에 불과하기 때문에 구속력이 그만큼 떨어진다는 것이다. 대표는 있지만 책임성이 없고, 정책은 있지만 계속성을 담보할 수 없는 것이다. 둘째, '시민성(citizenship)'의 내용을 법적 권리의 총체로 이해하는 것도 문제가 된다. 사실 두 번째 범주의 '세계시민주의'에서 '세계시민'은 스토아적 상상력에서 크게 벗어나지 못하고 있다. 스토아적 세계에서 '시민'은 로마 제국이 법적으로 보장한 권리만을 향유했지 그러한 법적 권리를 구성할 보다 적극적이고 정치적인 권리는 향유하지 못했다.[15] 정치적 권리까지 보장하지 못한다면, '인권'을 보장할 수단과 방법뿐만 아니라 인권의 내용도 국제 정치에서의 권력관계와 주권 국가 사이의 정치적 타협에 달려 있을 수밖에 없다는 현실론은 결코 극복할 수 없다.[16]

1 보편주의와 민주적 심의

그렇다면 세계시민주의가 갖는 공통적인 문제는 크게 두 가지로 압축될 수 있다. 첫째는 '보편주의'와 관련된 지적이다. 일반적으로 세계시민주의는 '어떤 기준과 어떤 방식으로 보편적 가치를 확보하느냐?'에 대한 질문을 '다양한 정치 사회적·문화적 특징을 갖는 집

비지배적 상호성과 세계시민주의

단이 어떻게 보편적 가치에 이르게 되느냐?'의 문제로 이해하고, '민주적 심의(democratic deliberation)'를 자유주의의 원칙에 부합하는 절차와 내용으로 재구성함으로써 이러한 문제에 대한 해답을 찾으려고 노력했다. 앞서 언급했듯이, 누스바움의 '두텁고 희미한' 목록의 심의 과정, 하버마스의 '민주적 절차를 통한 의사소통'은 모두 이러한 문제에 대한 해답이었다. 그러나 '민주적 심의'를 통해 '보편적 가치'를 찾는다는 것은 말처럼 쉽지 않다. 민주적 심의는 절차적 합리성만으로는 첨예하게 갈등하는 쌍방을 모두 만족시킬 수 없는 경우가 허다하고, 적대감과 지배를 향한 열정 또한 심의의 필수적인 구성 요소일 수밖에 없기 때문이다.[17] 게다가 '심의'는 선호를 집약하기 위한 의사소통 이상의 의미를 가지기에, 규범적 요소가 배제된 상태에서는 권리와 의무의 내용도 자유롭게 해석하고 수정될 수 있는 민주적 심의가 불가능하다.[18]

이런 맥락에서 볼 때, 민주적 심의를 통한 '보편적 가치'를 찾는 과정에서 간과해서는 안 될 인식론적 태도가 있다. 바로 '보편적 가치'의 판단 근거도 변화될 수 있다는 '이성적 회의주의(rational skepticism)'다. 이때 '이성적 회의주의'는 우선적으로 인간이 모든 것을 알 수 없다는 인간적 한계에 대한 자각을 바탕으로 하지만, 이러한 다양한 견해의 충돌 자체를 거부하거나 회피하는 상대주의적 태도를 갖지는 않는다.[19] '보편적 가치'가 존재한다는 태도를 버리지 않고 지속적으로 그것을 찾는다는 점에서 이성적이고, '보편적 가치'의 판단 근거를 찾는 과정을 '자연적'인 것에 대한 철학적 논증이 아니라 '자연적'인 것에 대한 해석학적 설득에 의존한다는 점에서 회의적이다.

마치 마이모니데스(Maimonides)가 비록 경전(Torah)에 인간의 '의지'와 신의 '의지'가 동일한 언어로 표현되었더라도 다른 것이며, '신'은 인간의 제한된 지식으로 모두 알 수 없는 것이기에 경전도 해석과 성찰의 대상이 될 수 있다고 생각했던 것과 동일한 인식론적 태도다.[20]

이러한 '이성적 회의주의'는 '공통의 법'을 도출함에 있어 특수성만을 고집하지 않고서도 중첩되는 보편적 가치를 찾아내는 데에 유효할 뿐만 아니라 심의 과정에 참여한 행위자들 사이의 상호성을 확보하기에 적절하다. 사실 극단적인 특수주의는 정치공동체를 넘어서는 보편적 가치가 없고, 각각의 정치 공동체의 이익에 부합하지 않는 경우에 '정복'이나 '복속'이 아니고는 '도덕'이 보편성을 갖는 것이 불가능하다는 사고가 잠재되어 있다. 즉 특수주의는 보편적 가치를 찾는 과정에서 힘의 불평등이 유발한 자의적 지배에 저항할 수 있는 규범적 가치를 제공하지 못하고, 결과적으로 보편적 가치를 찾는 과정에 대한 회의가 상호 무관심으로 전락하는 것을 막을 방도가 없다. 반면 '이성적 회의주의'는 하나의 '신'을 믿더라도 이러한 신을 해석하고 이해하는 데에는 집단마다 상호 다른 해방, 구원, 해석, 적용이 있을 수밖에 없다고 보기에, 차이에도 불구하고 심의와 설득을 통해 다원성이 가져다준 갈등을 해결하려고 노력함으로써 '상호성'을 지속시킬 수 있는 규범적 설득 기제를 갖고 있다. 마치 '자연(physis)'과 '법(nomos)'의 구분이 생기기 전, 그리스인들이 도시를 구성하는 과정에서 각각의 부족 사회가 준수했던 신의 법(themis)들을 대화와 해석을 통해 공평하게 선별함으로써 '공통의 법'을 만들 수 있다고 믿었던 것과 유사한 입장이다.[21] 이성적 회의주의에 기초한 중첩적 보

비지배적 상호성과 세계시민주의

편주의는 한편으로는 특수성만을 강조하는 극단을 배격하고 다른 한 편으로는 자명한 원칙의 일방적 적용을 거부하면서 보편적 가치를 찾는 민주적 심의의 실현 가능성을 높여 줄 것이다.

2 세계시민과 민주적 시민성

우리는 '시민(市民)'이라는 용어를 사용하면 정치적 의미보다 지정학적 의미를 먼저 떠올린다. 즉 대한민국의 구성원으로서 '시민' 이라는 단어를 사용하는 경우는 극히 드물고, 특정 도시의 거주민과 동일시할 때가 많다. 그리고 학문적 연구나 시민운동과 관련된 경우를 제외하고는, '시민'이 '국민' 또는 '인민'과 같은 정치적 주체와 동일한 수준에서 언급되거나 사용되는 경우도 거의 없다. 언어학적으로 볼 때 이런 현상은 지극히 정상적인 것처럼 보인다. 서구의 '시민 (citizen, citoyen, Bürger)'이라는 개념이 번역되기 이전에도 '시민'이라는 말이 사용되었지만, 이 단어는 조선 시대에는 '시장에서 상업 활동에 종사하는 특수한 집단의 사람들'을 지칭하는 데에 사용되었기에 '정치적' 의미를 담지 못했기 때문이다.[22] 이런 사정은 동북아시아에서 서양의 근대 개념을 가장 먼저 번역해 낸 일본도 크게 다르지 않았다. 전통적으로 일본에서 'shimin(市民)'은 어떤 부락 또는 도시의 거주민이라는 의미로 사용되었고, 후쿠자와 유키치(福澤諭吉)가 『서양사정외편(西洋事情外篇)』에서 유럽의 자유 도시와 그곳에 거주하는 사람들을 묘사할 때에 비로소 '정치적' 의미를 갖기 시작했다.[23] 따라서 '세계'와 '시민'의 관계를 둘러싸고 벌어지는 서구 학계의 이야기가 다소 동떨어진 개념적 논쟁처럼 비치는 것은 어쩌면 자연스러울

지도 모른다.

그러나 '세계시민'의 민주적 시민성과 관련된 논쟁은 서구의 두 가지 상반된 전통에 대한 각자의 견해를 고스란히 전달하고, 동시에 초국가적 세계시민의 권리가 어디까지 허용되어야 하는지에 대한 각자의 입장을 반영한다. 이 두 가지 상반된 견해는 종종 아테네 민주주의의 '시민(polis)'이 갖는 정치적 권리와 로마 공화정의 '시민(civis)'이 향유했던 법적 권리로 구분되기도 하는데,[24] 후자가 대표하는 '정치적 권리가 배제된 법적 권리'는 로마 공화정이라기보다 로마 제국에서 '시민'이 향유했던 권리라고 말하는 것이 보다 정확하다. 즉 세계시민이 향유하는 '민주적 시민성'을 로마 제국에서 시민이 향유했던 비(非)정치적인 영역에서의 '법적·제도적 권리'로 국한할 것인지, 아니면 아테네 민주주의에서처럼 정치적 의사 결정에 참여하는 '정치적 권리'까지 인정해야 하는지가 관건인 것이다. 자유주의적 세계시민주의와 하버마스의 '헌정 국가'가 전자에 가깝다면, '세계 정치'와 '글로벌 민주주의'를 주창하는 이론가들은 후자에 더 가깝다고 할수 있다.

문제는 두 가지 모두 세계시민의 경우 '민주적 시민성'의 요건을 충분히 충족해 주지 못한다는 것이다. 첫째, 아테네 민주주의가 주창하던 '민주적 시민성'의 이상적 모델이 지구적 차원으로 확대될 수있느냐는 것이다. 적극적인 정치 참여는 도시 국가와 같은 작은 규모의 정치공동체에서나 가능하다고 전제하는 것도 문제지만, 정치공동체의 규모가 커질수록 시민들이 주체적으로 참여할 수 있는 조건이 훼손될 수 있다는 점을 무시하는 것도 지나친 과신이다.[25] '글로벌 민

비지배적 상호성과 세계시민주의

주주의'자들의 견해를 따라 선거를 치른다고 해도 세계시민의 정치적 대표는 스스로가 감당할 수 있는 정도를 훨씬 상회하는 유권자의 목소리를 대변해야 하고, 이런 경우에 시민들이 자신들의 정치적 권리를 행사함으로써 '민주적 시민성'을 통해 초국가적 행위자를 적절히 견제할 수 있느냐는 의구심이 생기는 것이다. 둘째, 다양하고 이질적인 집단들이 공존하는 상태에서 다수결을 통한 의사 결정이 민족국가에서와 동일한 시민적 순응을 가져올 것이냐는 것이다.[26] 세계시민의 시민성을 로마 제국에서 시민이 향유했던 '법적·제도적 권리'에 국한함으로써 규범적 논의나 문화적 특성이 정치적 분쟁으로 발전되지 않도록 한다는 전제는 이해할 수 있다. 그러나 최근 자유주의 이론가들이 문화적 정체성을 하나의 권리로 인정하듯, 정치와 문화는 민주적 의사 결정 과정에서 완전히 분리되지 않는다. 그렇다고 다양한 문화가 정치적 입장으로 구체화되어 집단 간의 분쟁으로 발전되는 것을 방기할 수도 없다.

3 공화주의와 세계시민

결국 '법적·제도적 권리'에 국한되지 않으면서도 세계시민의 민주적 시민성이 실현될 수 있는 방법은 무엇이냐는 질문에 도달하게 된다. 즉 어떻게 '인권'과 같은 보편적 가치가 문화적 특수성을 넘어 세계시민의 민주적 시민성의 내용이 될 수 있느냐는 것이다. 만약 로마 제국과 같은 강제적 통합이 불가능하거나 바람직하지 않다면, 그리고 칸트의 '보편적 연방 국가'와 같은 '민주적 시민성을 보장할 수 있는 개별 국가들이 보편적 조정 원칙에 기초한 민주적 심의를 통해 상호 규제'하는 것이 가장 현실적인 대안이라면, 보다 시급한 과제는 사회 구성원으로서 동료 시민들에게 갖는 의무가 어떻게 인간으로서 갖는 의무로 확대될 수 있는지, 그리고 각 사회 속에서 형성된 도덕적 기준에 얽매일 수밖에 없는 자기 문화 내포적인 보편성이 어떻게 정치 사회적 경계를 넘어 비판적이고 강제적인 영향력을 갖게 되는지를 설명하는 것이다. 최근 공화주의자들은 이러한 과제에 공화주의가 자유주의자들의 '최소 기준'이나 칸트의 '보편적 연방 국가'보다 더 풍부하고 일관성이 있는 해답을 제공한다고 주장한다. 여기에서는 이들이 제시한 해결책들을 비판적으로 검토해 보고자 한다.

특히 신(新)로마 공화주의(Neo-Roman republicanism)로 분류되는 이론가들이 주장하는 '비(非)지배 자유'에 주목할 필요가 있다. 1990년대 후반부터 공화주의 내부에서는 공동체주의가 시민적(civic) 공화주의로 재정립되고, 자유주의와는 달리 반원자적(anti-atomist)이면서도 공동체주의와는 달리 반집합적(anti-collective)인 '자유'의 오래된 전통이 있다고 주장하는 신로마 공화주의가 새롭게 주목을 받기 시작했다. 여기에서 신로마 공화주의란 아리스토텔레스와 아테네 민주주의에서 전형을 찾는 시민적 공화주의와는 다르게 마키아벨리로부터 거슬러 올라가서 로마 공화국을 지탱했던 정치적 원칙들에서 공화주의의 근원을 찾고자 하기에 붙여진 이름이다. 또한 신로마 공화주의는 개인의 이기심을 배제하지 않고 정치 참여를 시민성의 핵심으로 말하지 않는다는 점에서 자유주의적 공화주의의 일종으로 평가받고 있

비지배적 상호성과 세계시민주의

다.[27] 세 가지 이유 때문이다. 인식론적으로 개개인이 상호 의존적일 수밖에 없다는 것을 인정하지만 인간이 본성적으로 사회적이라는 전제는 상정하지 않고, 정치 영역에의 참여를 통한 자율(self-rule)을 이상으로 간주하기보다 개인이 가지는 다양한 욕구를 충족할 수 있는 하나의 조건으로 이해하며, 시민적 덕성이 공동체 구성원에 의해 직관적으로 인지될 수 있는 객관적 목적으로 구성되기보다 시민의 자율성과 다양성이 보장된 상태에서 심의를 통한 정치적 판단을 통해 구성된다고 이해한다는 것이다.

특히 주목해야 할 부분은 다음 두 가지다. 첫째, 새로운 공화주의의 등장이 갖는 정치 사회적 의미다. 신로마 공화주의의 등장은 자유민주주의의 승리라는 지구적 현상 속에 법적·제도적 권리로만 시민성을 이해하는 편견이 초래하는 문제에 대한 응답이다. 물론 시민적 공화주의도 이러한 문제에 대한 응답의 하나다. 그러나 신로마 공화주의는 시민적 공화주의와 문제의식은 공유하지만 매우 다른 새로운 형태의 응답이다. 인식론적 측면에서는 군집의 자연성을 거부함으로써 시민적 공화주의의 집단성을 탈색시키고, 정치 사회적 측면에서는 정치 참여의 수단적 의미를 강조함으로써 시민적 공화주의의 전체주의적 경향성을 차단한다. 즉 이기심에서 출발해서 개인적 욕망과 공공성을 연결시킴으로써 방법론적으로 개인에 바탕을 둔 자유주의적 태도를 견지하고, 목적으로는 공공성에 바탕을 둔 공화주의의 전통을 접목한 것이다. 둘째, 신로마 공화주의에서는 개인의 자유가 민주적 시민성의 조건으로 승화되었다는 점이다. 이사야 벌린(Isaiah Berlin)의 구분을 따른다면, 신로마 공화주의의 자유는 '간섭의 부재'

를 의미하는 '소극적(negative)' 자유도 정치 참여를 통한 '시민적 능력의 행사'를 의미하는 '적극적(positive)' 자유도 아니다.[28] 신로마 공화주의의 자유는 '타인의 자의적 지배로부터의 해방'을 의미하는 비지배(non-domination)를 뜻하고, 이때 시민적 책임성은 비지배적 조건을 향유한 개인들이 일상에서 자연스럽게 발현하는 시민적 덕성이다.[29] 즉 신로마 공화주의에서 시민적 책임성이란 비지배 자유를 유지하려는 시민들의 정치 행위의 결과이고, 국가 또는 공동체의 개입과 이러한 개입에 대한 저항까지 비지배라는 조건을 통해 충족하기 위한 노력이다.[30]

1 감정적 전이

공화주의와 세계시민의 결합에 대한 최근 이론 중 첫 번째로 살펴봐야 할 것은 사회의 구성원으로서 갖는 특수성이 '감정적 전이'를 통해 인간으로서 갖는 보편성으로 확대된다는 주장이다. 이와 같은 주장은 주로 민족주의나 애국심과 같은 집단적 정체성에 대한 일체감이 지구적 차원의 정의와 상충하기보다 상호 보완적 역할을 할 수 있다고 믿는 학자들이 개진하고 있다. 크게 두 가지 입장으로 나뉘는데, 동료 시민들에 대한 의무와 전체 인류에 대한 의무의 차별성을 강조하면서 권리보다는 책임에 초점을 두고 인권 문제에 접근하는 입장, 그리고 인간과 사회라는 두 가지 차원을 분리하기보다 두 차원 모두에 동일하게 적용될 수 있는 일관된 판단 기준을 통해 공감의 확대를 설명하려는 입장이 있다. 전자가 시민적 연대가 갖는 긍정적인 정치 사회적 기능에 주목하는 시민적 공화주의의 순화된 형태라면, 후

·

자는 정치 사회적 조건으로서 비지배 자유에 주목하는 최근 고전적 공화주의의 한 형태다.

첫 번째 입장은 밀러(David Miller)의 '약한 사해동포주의'에서 찾을 수 있다.[31] 그는 민족주의에 대한 영미학계의 일반적인 거부감과는 대조적으로, 개인의 자유와 민주적 절차를 통해 순화된 민족주의는 시민 사이의 신뢰를 강화함으로써 재분배의 문제를 포함한 사회 정의의 실현에 도움이 된다는 입장을 견지해 왔고, 소속된 공동체에 개개인이 갖게 되는 감정적 애착(attachment)을 기대할 수 없는 지구적 차원에서는 분배적 정의를 기대할 수 없다는 태도를 보여 왔다.[32] 그러기에 그가 최근 구체화한 약한 사해동포주의는 자신이 주창하는 시민적 민족주의가 지구적 정의를 구현하고자 하는 도덕적 요구와 결코 대립되지 않는다는 주장에서 출발한다. 즉 민족 국가에 기초한 시민적 책임에 대한 강조가 인권과 관련된 지구적 차원의 도덕적 열망을 무시하지 않는다는 점을 강조한 것이다. 그리고 여기에 덧붙여 인간의 존엄성을 유지하는 데 필요한 최소 기준들은 반드시 옹호되어야 하고, 최소 기준의 결핍으로 고통을 받는 사람들이 있다면 그 고통에 직접적인 책임이 없더라도 그들을 구제해야 할 의무가 있다고 주장한다.[33]

이러한 측면만을 볼 때 밀러의 약한 사해동포주의는 그가 견지했던 공화주의와 인권의 결합 양식에 대해 중대한 수정을 가한 것처럼 보인다. 그러나 그의 주장은 근접성(proximity)에 기초한 감정적 애착이 지구적 차원으로까지 전이될 수는 없다는 이전의 것과 크게 다르지 않다. 실제로 동료 시민들에 대한 의무와는 달리 전체 인류에 대해서는 사회적 권리까지 보장해 주어야 할 책임은 없다는 태도가 견지된다.[34] 따라서 밀러의 공화주의와 인권의 결합 양식, 즉 지구적 의무와 시민적 의무가 뚜렷이 구별된다는 전제에서 전개되는 인권 논의는 그에게 취해졌던 이전의 비판들을 환기한다. 왜 지구적 차원에서는 불가능한 감정적 애착이 단 한 번 만난 적도 없는 민족 국가 내부의 시민들 사이에서는 자연적으로 발생한다는 것인지, 그리고 왜 지구적 의무에 대해서는 자발적 헌신을 기대할 수 없는지에 대한 설명이 불충분하다는 것이다.

두 번째 입장은 공화주의적 애국심(republican patriotism)을 민족주의의 배타성을 극복할 대안으로 제시하는 비롤리(Maurizio Viroli)와 화이트(Stuart White)의 주장에서 발견된다. 이들은 자신이 소속된 공동체의 문화와 동료 시민에 대한 특별한 애정을 인정한다는 점에서 밀러와 유사하지만, 사회 구성원으로서의 국지적 의무와 인간으로서의 지구적 의무가 구별되지 않는다고 본다는 점에서는 다르다.[35] 이들에게 국지적 의무와 지구적 의무는 비지배 자유를 통해 연결되고, 비지배 자유는 스스로가 비지배적 조건을 경험하고 유지하는 과정에서 가지는 이성적 판단으로 전환된다. 그리고 동일한 맥락에서 이들은 어떤 공동체에 소속되었다는 이유만으로는 결코 밀러가 말한 감정적 애착이 생길 수 없다고 본다. 오직 비지배 자유를 향유할 수 있는 정치 체제만이 이러한 감정적 애착을 구성원들에게서 유발할 수 있고, 이러한 정치 체제에서 자유를 향유하는 시민들은 다른 공동체 구성원들에게도 비지배 자유를 보장해야 한다는 의무감, 즉 감정적 전이를 갖게 된다고 보는 것이다.[36]

비지배적 상호성과 세계시민주의

특정 조국의 시민이기 전에 우리는 인간이고, 이것은 곧 민족적 경계가 결코 도덕적 무관심의 핑곗거리가 될 수 없다는 것을 의미한다. 고통받는 사람들의 목소리는 어디에서 들려오든지 반드시 들리게 된다. 문화적 차이가 얼마나 큰가에 상관없이 자유에 대한 사랑은 그들이 겪는 고통의 전이(transition)를 가능하게 한다.[37]

그러나 화이트가 소위 '인본주의적 연대(humanitarian solidarity)'라고 부르는 이러한 감정적 전이는 두 가지 근본적인 문제점을 갖고 있다. 첫째는 인본주의적 연대감을 개인의 선택으로 치환했다는 점이다. 개인의 선택으로 치환된 감정적 전이는 일반적으로 전(前)정치적 보편성을 전제한 자유주의적 사해동포주의에서나 볼 수 있는 인식론적 태도다. 왜냐하면 정치적 삶을 공유하는 동료 시민들에 대한 애정으로부터 이성적 판단을 구별할 때, 그리고 시민적 책임성을 개인의 선택에 좌우된 것으로 이해할 때에만 이런 인식이 가능하기 때문이다. 둘째, 비지배 자유가 감정적 전이를 자동적으로 일으킬 것이라는 확신을 뒷받침할 만한 설명이 부재하다. 사회 구성원으로서 경험한 비지배 자유가 종종 감정적 전이를 방해할 수도 있다. 정치공동체 사이의 갈등에서 자주 노출되듯, 사회 구성원으로서의 공감은 인간성에 기초한 공감과는 달리 구체적인 사건과 경험에 대한 기억을 갖고 있고, 동시에 구체적 사안에서 자의적 지배로부터의 자유에 대한 상이한 이해가 인간성이 가져다주는 도덕적 판단을 왜곡할 수도 있는 것이다.

2 지구적 심의

감정적 전이를 통해 공화주의와 인권의 결합을 설명하려는 시도들은 개개인이 지구적 의무에 대해 가지는 자발적 동기에만 집중한 경향이 있다. 따라서 이들에 대한 비판도 그러한 동기가 가능한지 여부에 맞춰질 수밖에 없다. 즉 밀러의 경우에는 근접성만이 자발적 헌신과 감정적 애착을 가져오는지, 공화주의적 애국심을 주장하는 학자들의 경우에는 비지배 자유의 경험이 어떻게 지구적 차원의 공감으로 확대될 수 있는지 여부에 비판이 집중되는 것이다. 반면 '지구적 심의'라는 주제를 통해 공화주의와 인권의 결합 양식을 설명하려는 입장은 심의에 초점을 맞춘 경우라고 할 수 있다. 감정적 애착에 기초하거나 시민적 덕성에 호소하기보다 심의를 통해 다양한 행위자들이 지구적 차원의 정치적·도덕적 판단 기준을 가질 수 있다고 전제하고, 전제로부터의 해방이라는 공화주의의 비지배 자유가 인권의 내용을 결정할 지구적 심의의 조건을 제공해 줄 것이라고 말하기 때문이다. 이러한 입장을 대표하는 학자는 보먼(James Bohman)이다. 그는 몇 해 전만 해도 하버마스의 소통이론을 발전시켜 심의 민주주의와 유럽 통합의 바람직한 방식을 연구하던 학자였다. 그러던 그가 고전적 공화주의의 비지배가 갖는 규범적 가치에 주목하고, 비지배 자유를 통해 지구적 차원의 민주적 심의가 가능할 뿐만 아니라 초국가적 시민사회의 형성이 가능하다고 주장하고 나선 것이다.

보먼의 주장은 크게 세 가지 주제로 나뉜다. 첫째는 보편적·세계시민적 논의를 위한 틀로 제시된 '공화주의적 사해동포주의'다.[38] 보먼은 지구적 차원에서의 상호 의존의 심화가 오히려 국가 간의 불평등과 세계은행이나 거대 기업의 자의적 간섭을 가중하고 있다고 지적하고, 비지배 자유에 기초한 공화주의적 사해동포주의가 보편적·세계시민적 틀을 제공할 수 있다고 주장한다.[39] 둘째는 지구적 차원의 민주적 심의다. 보먼은 인권의 보장이나 반인권적 행위의 규제와 같은 지구적 사안을 처리하기 위해서는 민주적 심의가 필요하고, 이러한 민주적 심의는 각기 다른 처지에 있는 정치공동체들이 모두 받아들일 수 있는 심의의 조건이 구축될 때에야 가능하다고 전제한다. 이런 전제에서 그는 타인의 자의적 의지로부터 자유로운 상태를 심의의 조건으로 제시하는 고전적 공화주의가 지구적 차원에서의 민주적 심의의 가능성과 실현성을 높일 수 있다고 본다.[40] 셋째는 지구적 차원에서의 시민사회 건설과 관련된 논의다. 그는 지구적 차원에서 민주주의가 실제로 실현되려면 국가적 차원에서의 인민 주권과 같은 집단적 정체성이 필요하고, 문화적 특수성이나 국가적 경계를 초월하는 지구적 차원의 집단적 정체성은 그 어떤 형태의 자의적 간섭도 용인되지 않도록 감시하고 심의하는 초국가적 시민사회가 건설될 때 가능하며, 이러한 지구적 차원의 시민사회는 개인적 차원에서 인간답게 행동하는 것뿐만 아니라 집단적 차원에서 구성될 인권의 내용에 이르기까지 일관되게 비지배를 관철할 때 건설될 수 있다고 주장한다.[41] 즉 비지배를 통해 지구적 차원에서 적극적 시민성을 형성하고자 하는 것이다.

보먼이 비지배 자유를 보편적·세계시민적 틀로 제시하거나 지구적 차원의 민주적 심의를 위한 전제 조건으로 내세운 점은 문제가 될 것이 없다. 오히려 고전적 공화주의에서 정의된 비지배 자유를 국가적 차원에서 지구적 차원으로 적절하게 확대한 경우라고 할 수 있다. 그러나 보면이 세계시민사회 건설에 집착해서 공화주의와 보편적 가치의 결합을 설명한 것은 비판의 여지가 있다. 첫째, 초국가적 시민사회가 지구적 차원의 민주주의를 정착시키는 데 필수적이라는 주장에 동의하더라도, 비지배 자유를 세계시민사회의 건설을 위한 수단으로 이해하거나 민주주의 그 자체로 설명하는 것은 무리가 있다. 공화주의에서 비지배 자유는 민주적 심의를 구성하는 조건이지만 시민적 책임성을 높이는 수단은 아니다.[42] 반면 보면은 적극적인 정치 참여를 통한 자율에 초점을 맞추고, 비지배를 시민적 견제력과 심의 능력의 평등한 부여로 봄으로써 스스로가 정의한 민주주의와 동일시한다.[43] 그 결과 비지배 자유가 갖는 최소 조건으로서의 의미가 사라지고, 이러한 조건을 보장하기 위해 필요한 것들이 지구적 차원의 시민사회를 건설하기 위한 기제로 전치되었다. 둘째, 민주적 심의를 통해 개별 국가가 시민들에게 요구하는 특수한 원칙들이 인류 보편의 원칙들과 조화될 수 있는 방안을 제시했다는 점에서는 성공적이지만, 비지배적이고 민주적인 절차와 제도에 대한 애정이 실질적인 삶의 공유를 통해 형성되는 공동체와 동료들에 대한 애정을 대체할 수 있을지에 대해서는 의구심이 생긴다. 하위 단위와 분리된 문화적 총체로서의 민주적 심의는 유럽의 정치적 통합을 설명할 수는 있지만, 배분적 정의를 포함한 지구적 사안의 해결이 가능하도록 만들 지구적 차원의 정체성이 민주적 심의만으로 생기는지에 대해서는 쉽게 예단할 수 없다는 것이다.

비지배적 상호성과 세계시민주의

4 비지배적 상호성

비지배가 정치 사회적 맥락을 넘어 모두가 동의할 수 있는 판단 기준이 될 수 없다는 지적이 지속적으로 제기되고 있다. 이러한 비판은 비지배 자유가 실현될 수 없다는 비관적 현실주의에서 비롯된 것도 아니고, 지배란 어떤 정치공동체에서도 발견될 수 있다는 냉소주의에 기초한 것도 아니다. 대부분 정치 사회적 맥락으로부터 독립된 보편적 판단 근거를 찾고자 노력하는 자유주의와는 달리, 공화주의는 그 자체만으로는 어떤 권리와 의무를 누가 그리고 왜 가지고 있는지를 명확하게 설정할 수 있는 객관적 기준이 없다는 견해로 수렴된다.[44] 그러나 이러한 비판은 비지배 자유가 갖는 심의적 불완전성 — 절대적인 기준이 먼저 설정되기보다 심의를 통해 내용을 구성해야 한다는 입장 — 의 장점을 잘못 파악한 것이다. 만약 '비지배 자유'가 선험적인 가치나 객관적 원칙으로 제시된다면, 그것 자체만으로는 보편적 가치를 도출하기 위한 민주적 심의의 조건이 될 수 없다.

사실 비지배 자유를 모든 사람이 동의하는 유일·최상의 가치인 것처럼 간주한다는 비난보다,[45] 개인 또는 집단이 처한 상황에 따라 비지배를 다르게 이해할 수 있다는 비판을 받는 것이 더 낫다. 왜냐하면 국가 사이의 관계에 있어서도, 비지배가 심의에 참여하는 각각의 행위자들에게 균등한 힘을 부여하는 동시에 심의의 과정과 결과를 규제할 수 있는 조정 원칙이라는 점이 납득되는 편이 바람직하기 때문이다.[46] 다만 비지배 자유가 개별 행위자에게 실질적 동기를 부여하면서도 민주적 심의의 결과에 대한 순응을 요구할 수 있는 규범적 근거가 무엇이며, 이러한 근거에 대한 이해가 상충될 때 어떻게 상호적 관계를 지속할 수 있는지가 좀 더 설명되어야 한다. 여기에서는 심의를 통한 구성에도 불구하고 비지배 자유에 근거한 민주적 심의가 보편성을 확보할 수 있는 근거로 '비지배적 상호성'을 제시하고자 한다.

1 설득적 심의

공감의 범위가 개인에서 동료 시민들로 그리고 다른 사회의 사람들에게까지 확대되어 간다는, 소위 '감정적 전이' 이론으로 설명할 수 없는 공화주의와 보편적 가치의 결합 양식이 있다. 바로 '설득의 정치'를 통한 국내외 정치의 연계다.

설득의 정치(Politics of Persuasion)란 크게 두 가지 특징으로 설명된다. 첫째, 설득의 정치는 이문화 간의 토론을 전제하는 것이 아니라 어떤 특정 정치 사회의 수사적 상호 관계를 전제한다. 감정적 전이 이론도 공감을 어떤 특정 사회에서 경험한 비지배적 조건에서 찾고 있지만, 내부적 심의를 통해 세계시민적 의무감이 구성될 수 있다는 입장은 아니다. 반면 설득의 정치는 대중적 심의 또는 집단적인 의사 결정을 통해 형성되는 윤리적 책임 의식에 초점을 맞춘다. 한편으로는 심의에 참여할 수 있는 실질적인 힘의 제도적 보장을 요구하는 공화주의에서의 시민적 권리의 내용을 유지하고, 다른 한편으로는 특정 사회에 국한된 시민적 책임성이 확대 적용될 수 있는 근거를 공적 심의의 결과를 통해 확보하고자 하는 것이다. 둘째, 설득의 정치에서 설득이란 주관적 견해의 예의 바른 교환(sermo)이 아니라, 대립된 의견의 충돌(disputationes)에도 불구하고 어떤 행동의 방향을 결정할 수밖

비지배적 상호성과 세계시민주의

에 없는 상황에서 나타나는 심의의 정치적 특성이다.[47] 어떤 윤리적 가치가 시민들에게 납득될 수 있는 정당성을 확보하지 못하면 시민적 책임성을 요구할 수 없듯이, 설득의 정치에서는 보편성과 관련된 주장도 어떤 정치공동체 내부의 심의에서 납득할 만한 정치적·도덕적 이유를 제공하지 못하면 그 가치를 인정받을 수 없다. 인류 보편의 권리도 하나의 도덕적 주장이고, 그 가치는 이러한 주장이 대중에 대해 갖는 설득력에 달려 있다는 것이다.

이렇게 설득을 통한 국내외 정치의 연계로써 공화주의와 보편적 가치의 결합 양식을 보여 주는 가장 좋은 예는 키케로(Cicero)가 『의무론(De Officiis)』에서 제시하는 신뢰의 원칙이 있다. 자연법이 전쟁을 비롯한 국제 관계에 어떻게 적용되는지를 논의하는 이 책에서, 키케로는 국가적 수준에서나 국제적 수준에서나 동일하게 적용되는 원칙의 하나로 신뢰의 원칙을 제시한다.[48] 여기에서 신뢰의 원칙이란 어떠한 경우에도 일단 동의한 일은 지켜야 한다는 것이다. 이 원칙에 기초했을 때, 일방적인 이익을 위해 동맹을 파기하는 행위는 정당화될 수 없고,[49] 자신의 이익을 위해 다른 사람의 이익을 침해하거나 불의를 당하고 있는 사람을 방관해서는 안 된다는 원칙들은 외국인들에게도 적용되어야 하고,[50] 공동체의 생존이 걸린 전쟁이라 할지라도 잔인함과 야만성은 결코 용납될 수 없다.[51]

표면적으로 신뢰의 원칙은 동료 시민들에 대한 시민적 책임과 세계시민들에 대한 의무가 동일하다는 스토아학파의 사해동포주의를 확인하는 것처럼 보인다. 그러나 신뢰의 원칙은 '자연(natura)에 부합하는 올바른 이성(recta ratio)', 즉 진정한 법으로서 자연법이 모든 사

람에게 적용되며, 영구적이며 불변적인 통제를 할 것이라는 확신과
는 다소 거리가 있다.[52] 실제로 신뢰의 원칙에 정당성을 부여하는 것
은 설득을 통한 국내외 정치의 연계다.

> 내 생각으로 우리는 불신(insidiarum)이 없는 평화를 항상 염두에 두
> 어야 한다. 내 말에 귀를 기울였다면 우리는 아마도 최상의 정체는 아니
> 라도 여전히 어떤 형태의 공화 정체를 가지고 있었을 텐데, 지금 우리는
> 아무것도 가지지 못했다. 그리고 우리는 무력으로 정복한 사람들을 배
> 려해야 할 뿐만 아니라, 비록 공성 망치가 그들의 장벽을 (이미) 부수어
> 버렸더라도 로마 장군들의 신의를 믿고 항복해 온 사람들도 보호해 주
> 어야 한다. 로마인들은 이런 점에서 매우 정의로웠기에, 선조의 관습을
> 따라 전쟁을 통해 정복된 도시나 족속을 신의로(in fidem) 보호해 주어 그
> 도시의 후견인이 된 것이다.[53]

위에서 보듯이, 키케로는 신뢰의 원칙을 두 가지 측면으로 나누
어 설명하고 있다. 첫째는 신뢰의 원칙이 정당성을 확보하는 과정이
다. 그가 심의라는 정치적 과정에서 신뢰의 원칙의 정당성을 설득시
키고 납득시키는 데 실패했다고 말하듯, 신뢰의 원칙은 자연법이 아
니라 로마인들 사이의 심의의 결과에 그 적용 여부가 달려 있다. 즉
신뢰의 원칙은 '올바른 이성'을 가진 사람들만이 이해할 수 있는 자
연법이라기보다, '어느 정도의 이성(ratio probabilis)'을 가지고 진지하
게 일상을 꾸려 가는 시민들 사이의 수사적 관계에서 정당성을 확보
할 수밖에 없는 '중간 정도의 의무(medium officium)'다.[54]

비지배적 상호성과 세계시민주의

둘째는 키케로가 전하는 충고다. 주지하다시피 『의무론』은 자신의 아들을 포함한 정치적 야망을 가진 젊은이들에게 주는 훈계를 담고 있다. 이러한 책에서 그는 국가 간의 신뢰를 깨는 행위가 시민 의식을 부패시켜 결국 공화국을 무질서에 빠지게 했다고 말하고 있다. 또한 전쟁을 이미 시작한 이후 항복한 사람들까지 관대하게 품어 주었다는 말을 통해 관습보다 더 관대한 태도를 요구하면서, 카이사르(Caesar)의 민중적 잔혹함과 야만성이 공화국의 시민들을 부패하게 했다고 암시하고 있다. 다시 말해 시민적 심의에서 다른 사람들을 설득할 수 있는 위치와 능력을 갖고 있다면, 카이사르와 같이 압도적 승리를 통해 인민의 욕구만을 충족하기보다 국가 간의 신뢰의 원칙이 관철될 수 있도록 인민을 설득해야 한다는 것이다.

키케로의 신뢰의 원칙은 정치적 전이가 공화주의와 보편적 가치를 결합하는 중요한 요소라는 사실을 말해 준다. 우선 키케로는 신뢰의 원칙이 설득을 통해 정당성을 확보한다고 주장함으로써, 인류 보편의 권리가 심의를 통해 구성된다는 공화주의의 인식론을 견지했다. 동시에 심의 그 자체를 시민적 권리가 행사되는 영역이자 정치적 실천의 장으로 이해하는 공화주의의 정치 사회적 관점을 유지했다. 즉 절대적인 진리나 완벽하게 이성적인 판단을 고집하기보다 우연적 타협이나 감정적 판단이 용인되는 정치의 개연성을 인정함으로써, 일반 시민들의 의견으로부터 인권의 내용이 구성될 수 있다는 점을 확인시켜 준 것이다.

아울러 설득의 능력을 갖는 사람과 대중을 결부시킴으로써, 동료 시민들에 대한 시민적 책임감마저도 버거운 일반 시민들이 어떻게 다

른 사회의 구성원들에 대해 동일한 의무감을 가질 수 있는지를 보여
주었다. 역사적 사례를 통해 독자들이 신뢰의 원칙의 중요성을 추론할
수 있도록 했고, 그 중요성을 자각한 사람들에게 대중을 설득하도록
유도했다. 즉 신뢰의 원칙을 불이행할 경우 발생할 결과를 상상함으로
써 지구적 의무감을 갖도록 유도하는 정치적 전이, 그리고 이러한 정
치적 전이를 위해 다른 시민들을 설득할 수 있는 능력을 갖고 있는 시
민 또는 정치가의 역할이 무엇보다 중요하다고 주장하고 있다.

종합하자면, 설득의 정치를 통한 국내외 정치의 연계는 정치적
개연성과 정치적 사려를 통해 형성된 정치적 전이를 의미하고, 이러
한 정치적 전이는 감정적 전이를 통해 생기는 자발적 동기에 의존함
이 없이 공화주의와 인권의 결합을 가능하게 하는 고전적 해법의 하
나인 것이다.

2 민주적 심의

설득의 정치를 통한 국내외 연계는 감정적 전이에 의존해 온 공
화주의와 보편적 가치의 결합 양식에 새로운 대안을 제시할 수 있다.
그러나 정치적 개연성과 정치적 사려의 결합이 개별 국가의 특수성
을 넘어 보편성에 호소할 수 있는 정치적·도덕적 판단의 근거를 구성
할 수 있기 위해서는 먼저 다음과 같은 문제들이 해결되어야 한다.

첫째, 심의의 결과로 발생하게 될 반인륜적 결정을 막을 수 있는
내재적 원칙이 필요하다. 전술한 바대로, 그 어떤 전(前)정치적 원칙
을 인정하지 않는 상태에서 정치적 개연성이 인정되는 민주적 심의
는 결과를 예측할 수 없다. 그리고 정치적 사려로 결과를 추론할 수

비지배적 상호성과 세계시민주의

있는 능력이 있는 정치가 또는 시민도 설득에 실패할 수 있다. 만약 이러한 우려를 불식할 수 있는 내재적 원칙이 없다면, 시민적 공화주의자와 참여 민주주의자에게 쏟아졌던 다수결주의의 폐해에 대한 비난을 피할 길이 없을 것이다. 둘째, 심의를 가능하게 하는 조건과 심의를 통해 결정된 내용이 강제될 수 있는 조건이 동일해야 한다. 엄연히 존재하는 힘의 불평등을 용인한 채 우연적이고 논쟁적인 주제들을 심의할 때, 그리고 첨예한 대립 가운데 있는 쌍방에게는 지배와 피지배 관계에 대한 해석이 상대적일 수밖에 없다는 전제에서 심의를 통한 결정을 거부할 수 있을 때, 심의는 가능하지도 않을 뿐만 아니라 효과적이지도 않다. 특히 국내 정치와는 달리 법적·제도적으로 강제력을 발휘할 수 있는 통치 체제를 갖지 못한 국제 정치에서의 이문화 간·국가 간 심의는 더욱 이러한 조건들을 우선적으로 확보해야 한다. 즉 정치 사회적 경계를 넘어 그리고 문화적 경계를 넘어 모두가 받아들일 수 있는 심의의 조건이 있어야 하고, 이 조건이 심의의 구성에서부터 결과의 검증까지 일관되게 적용되어야 한다는 것이다.

만약 비지배가 두 가지 문제를 모두 해결할 수 있는 이문화 간·국가 간 조정 원칙(regulative principle)이 되려면 다음과 같은 수정이 불가피하다. 우선, 비지배는 심의 과정에 적용되어야 할 규제 원칙이지만 역으로 심의라는 과정을 통해 그 내용이 형성될 수도 있다는 점이 납득되어야 한다. 만약 이 점이 납득되지 않는다면 비지배는 일방의 전(前)정치적 요구일 수밖에 없고 비지배의 제도화는 힘의 경쟁을 위한 미사여구로 전락할 수밖에 없다. 비지배가 누구나 동의할 수밖에 없는 최상의 이상(supreme ideal)으로 제시된다면, 그 어떤 전정치적 기준도 허용되지 않는 민주적 심의라는 의미가 무색해지고, 민주적 심의를 통해 형성된 비지배적 절차에 대한 애정이 동료 시민들에 대한 애정과 시민적 책임성을 능가하는 정치적·도덕적 행위의 준칙이 될 수 있는지도 미지수이기 때문이다.

다음으로, 비지배가 심의에 적용되는 정치적·도덕적 판단 근거이자 동시에 비지배적 조건이 충족되지 않은 상태를 극복하기 위한 정치적·도덕적 행동의 준칙이 되어야 한다. 즉 비지배적 심의가 새로운 정체성을 창출하기를 기대하기보다 심의에 참여한 모두가 납득할 만한 근거를 제공함으로써 이들 사이의 합의가 궁극적으로 비지배적 조건을 제공하고 유지하고자 하는 정치적 실천을 유도해야 한다는 것이다. 예를 들어 일국 또는 특정 국가들의 자의적 힘의 행사가 지속적이고 반복적으로 발생한다면, 이러한 패권 국가 또는 강대국들을 견제하기 위한 약소국들 사이의 연대 또는 국제사회의 심의를 활성화하는 정당성을 비지배가 제공해야 한다는 것이다.

두 가지 수정 사항을 종합하면, 민주적 심의를 통해 보편적으로 적용될 가치의 내용을 구성할 수 있는 길은 비지배적 상호성을 보장해 주는 데 있다. 이때 비지배는 이문화 간·국가 간 심의를 형성하는 최소 조건이지만 이것 자체가 제1원칙으로서 다른 모든 원칙들을 전정치적으로 규정하지는 않는다. 즉 비지배는 시민들뿐만 아니라 정치가들이 특수한 맥락에서 무엇이 올바른 일인가를 판단할 때 이성적 판단의 근거가 되는 동시에 심의의 내용을 채워 나갈 다른 원칙들을 심의를 통해 드러나게 하는 조정 원칙이라는 것이다. 조정 원칙으로서 비지배는 심의의 조건을 구성함과 동시에 그러한 조건을 파괴하는 어떤 형태의 결정도 용납하지 않음으로써, 전정치적 가치가 없이도 다수결이라는 절차를 통해 반인륜적 결정이 용인되는 것을 방지한다. 비지배가 국내적 차원에서 개인의 자율성을 보장한다면, 국제적 차원에서는 심의에 참여한 국가의 자율성을 보장할 수 있는 원칙으로 제시되는 것이다.

또한 비지배는 상호적이어야 한다. 갈등상태에서 쌍방은 결코 비지배라는 조건에 무조건 동의할 수 없다. 이때 필요한 것은 갈등상태의 쌍방이 동일하게 비지배라는 조건에 구속된다는 확신, 즉 비지배적 상호성에 대한 확신이다. 비지배를 통해 불평등한 힘의 구조가 심의 과정에서 개선되고, 동일한 이유에서 약자가 잠재적 지배에 대항하는 실질적인 정치적 힘을 가질 수 있다는 확신을 품을 때, 심의를 통한 의사 결정에 참여할 동기가 생긴다는 것이다. 아울러 이러한 심의에 참여한 행위자의 동기만이 아니라, 심의를 통해 형성될 문화도 비지배적 상호성에 대한 확신을 높여 줄 것이다.

3 비지배적 심의

공화주의와 보편적 가치의 결합을 가능하도록 하는 하나의 형태로서 이문화 간·국가 간 심의를 조정하는 비지배적 상호성은 다음과 같은 내용으로 구체화된다. 첫째, 비지배적 상호성은 반정초적(anti-foundational)인 심의를 지향하지만, 모든 가치가 수사적으로 결정된다는 상대주의적이고 회의론적인 인식론은 거부한다. 키케로가『법률론(De Legibus)』에서 보여 주듯 비지배적 상호성은 보편적이고 절대적인 가치가 존재한다고 보면서도 인간적 오류와 시간적·공간적 한계를 인정하기에 그 어떤 정초적 근거도 전제하지 않는다.[55] 즉 심의를 다양한 의견들이 갈등적으로 논의되는 장으로 이해하고, 다양한 의견들이 당파적 이익과 불완전한 지식을 전달한다는 것을 전제하며, 그럼에도 불편부당한 재판관이나 계약에 호소하기보다 이러한 의견들이 대중적 심의를 통해 조정되고 정당성을 확보해 가는 과정에 주목한다. 따라서 비지배적 상호성은 전정치적으로 주어진 절대적 가치를 부정하지만, 정치 사회적·문화적 차이를 절대시하는 회의주의적 견해를 받아들일 수 없다. 비지배적 상호성은 인간적 삶을 영위하는 데 필요한 가치를 논의할 때는 여러 가치 중 하나일 뿐이지만, 이문화 간·국가 간 심의를 제도화하는 방향을 논의할 때는 가장 우선해야 할 최소 기준이자 조정 원칙으로 제시된다. 즉 비지배적 상호성은 어떤 가치가 부적합한지를 심의 이전에 규정하지는 않지만, 심의에 참여하는 행위자들 모두가 헌신해야 할 최소 조건이자 결정된 사안의 검토 기준으로 제시된다.

둘째, 비지배적 상호성은 심의에 참여하는 모든 행위자에게 동일하게 적용될 수 있는 조건을 제도화하고, 심의의 장을 보호하고 유지하는 데 헌신해야 한다는 최소한의 의무를 부과한다. 일면 참여하는 행위자들이 균등한 정치적 힘을 가질 수 있는 심의의 조건을 언급한다는 점에서 롤스(John Rawls)의 만민법적 해결과 유사하다. 그리고 비지배를 조건으로 지구적 심의를 조직함으로써 세계적 차원에서의 보편적 틀을 제시했다는 점에서 보면의 지구적 시민사회 이론과 비슷하다. 그러나 전자와는 비지배가 선택이 아니라 갈등하는 쌍방이 서로를 존중할 수밖에 없도록 강제하는 힘까지 심의에 참여하는 행

비지배적 상호성과 세계시민주의

위자 모두에게 부여하는 제도화를 요구한다는 점에서 차이가 있고,[56] 후자와는 세계적 차원에서의 민주적 거버넌스를 창출하거나 국가적 정체성을 대체할 세계적 차원의 정체성 또는 세계시민사회를 구축한다는 목표를 상정하지 않는다는 점에서 다르다. 또한 누스바움의 '가능성 이론'과 같이 인간적 삶의 영위를 위해 최소의 조건들의 결핍과 상실을 깊이 고민하지만, 인간 존엄성을 유지할 가능성의 최소 목록들도 비지배적 상호성이라는 틀에서 자의적 지배나 이러한 지배를 방지할 수 있다는 사실이 심의를 통해 납득될 때에만 고려가 될 수 있다. 물론 비지배적 상호성이 구축된 제도를 통해서만 실현될 수 있는 것은 아니다. 비지배적 상호성은 이러한 제도의 필요성을 논의하는 최초의 심의에서부터 심의의 참여자들이 그 결과를 추론함으로써 다시 구성해 가는 정치적·도덕적 판단 기준이다.

정리하자면, 비지배적 상호성은 반(反)정초적이지는 않지만 정치사회적·문화적 경계를 넘어 보편성을 확보할 수 있는 방법의 하나로 심의적 구성에 주목하고, 심의에 참여한 모든 행위자에게 균등한 힘을 부여함과 동시에 서로의 의사를 존중할 수밖에 없는 실질적 힘을 제도화해서, 그 결과 이문화 간·국가 간 차이에도 불구하고 적용될 수 있는 보편의 내용을 구성하는 조정 원칙이다. 동시에 비지배적 상호성은 심의에 참여하는 모든 사람들이 받아들여야 할 최소의 조건이고, 심의의 내용뿐만 아니라 심의의 결과까지 규제함으로써 심의에 대한 신뢰를 확보하는 정치적 기제이며, 이러한 비지배적 심의에 참여하는 모든 행위자들이 체득하게 될 하나의 문화이자 규범으로 내면화될 정치적·도덕적 판단 근거다. 비지배적 상호성이 국내적 차원에서처럼 국제적 차원에서 그대로 실현 또는 구축될 수 있다고 보는 것은 유토피아적 환상일지도 모른다. 그러나 행위의 동기가 아니라 심의를 통한 구성이라는 측면에서 바라본다면, 최소 조건으로서 비지배적 상호성의 타당성을 검토하는 심의에서부터 비지배적 상호성이 심의의 조건으로 제도화되는 과정에 이르기까지 이문화 간·국가 간 심의의 토대로서 비지배적 상호성이 갖는 정당성은 점증적으로 강화되리라 생각한다.

5 마치며: 민족주의 없는 애국심

지금까지 '세계시민주의'가 기초하고 있는 '보편주의'와 '민주적 시민성'에 대한 정치사상적 연원을 살펴보고, 공화주의 전통에서 개별 국가의 경계를 넘어 세계시민적 가치를 구현하려는 이론들을 비판적으로 검토한 후, 자연적으로 부여된 권리가 아니라 심의를 통해 구성되는 것으로서 인권을 비롯한 보편적 가치를 이해하는 공화주의 전통에서 정치 사회적 특수성과 세계시민적 가치를 조화시킬 수 있는 조정 원칙으로 '비지배적 상호성'을 제시했다.

이 과정을 통해 필자는 세 가지 주장을 전개했다. 첫째, 지금까지 세계시민주의에 기초한 세계시민과 관련된 논의들이 민주적 시민성의 요건을 충분히 충족해 주지 못했다는 것이다. 민주적 심의로부터 독립된 '인간성'이나 '자연권'으로부터 도출된 보편적 가치를 강조하는 자유주의적 세계시민주의는 말할 것도 없고, 법적 총체로서 세계시민의 시민성을 이해하는 민주적 세계시민주의도 시민의 보다 적극적이고 정치적인 권리가 구현될 수 있도록 노력해야 한다고 주장했다. 둘째, 세계시민주의가 민주적 시민성과 관련해서 갖는 문제점을 보완하기 위해 제시되었던 공화주의 이론들이 개별 국가 간의 민주적 심의를 보장할 수 있는 조건을 제공하지 못했다는 점을 부각했다. 감정적 전이 이론은 자유주의적 세계시민주의와 마찬가지로 개개인이 지구적 의무에 대해 가지는 동기에만 집중했다는 점이 부각되었고, 비지배적 심의를 통한 지구적 차원의 시민사회의 건설을 의도한 이론은 민주적 심의의 목적이 보편적 가치의 도출보다 지구적 차원의 시민 의식 제고로 전치되어 버렸다고 지적했다. 셋째, 비지배적 상호성이 전정치적으로 주어진 절대적 기준에 호소하지 않으면서도 정치 사회적·문화적 경계를 넘어 적용될 수 있는 민주적 심의의 조정 원칙이 될 수 있다는 것이다. 이를 위해 설득을 통한 국내외 정치의 연계가 부각되었고, 비지배적 상호성으로 어떻게 반(反)정초적이면서도 반(反)상대주의적인 민주적 심의가 가능한지가 설명되었다.

어쩌면 세계시민주의에 대한 회의나 민족 국가에 대한 기대는 우리에게 너무나도 익숙하고 쉬운 선택일지 모른다. 비단 동북아시아에서 영토 분쟁과 군비 경쟁, 그리고 과거사 문제와 결부되어 민족주의가 다시 힘을 더해 가고 있기 때문만은 아니다. 보다 근본적인 이유는 우리에게 민족주의가 합의와 동원을 위한 정치적 수단 이상의 의미를 가지고 있기 때문이다. 민족주의는 한편으로는 좌우의 이념적 스펙트럼을 초월하는 궁극적인 가치로, 다른 한편으로는 개개인에게 이입된 정체성의 핵심으로 한국인의 내면 깊숙이 자리 잡고 있다. 사실 민족주의가 지금까지 제공해 온 기억과 망각의 도식(schema)은 지구화 시대를 살아가는 우리의 일상 속에서 해체되기보다 오히려 강화되고 있다. 이렇게 한국 사회에서 민족주의가 과거의 경험과 미래에 대한 기대를 현재화하는 기재(器材)로 개개인에게 각인될 수 있었던 배경에는 홉스봄(Eric Hobsbawm)의 '역사적 국가(historic state)'[57]라는 말이 지칭하는 동질성 이외에 다른 무엇이 있다. 근대 국가의 성립과 동시에 전개된 식민지, 해방과 함께 시작된 분단, 산업화 과정에서의 성장 이데올로기, 민주화 과정에 이르기까지 민족주의가 담당해 온 역할이 바로 그것이다. 오랜 시간 동안 동일한 영토에서 형성된 종족적 동질성이 한국 민족주의의 문화적 특징을 규정하는 하나의 단면이라면 민족주의가 담당해 온 공적 역할은 한국 민족주의의 도덕적 또는 시민적 특성을 구성한 또 하나의 단면인 것이다.

그러나 우리는 그 어느 때보다 '세계시민'의 가능성이 큰 시대에 살고 있다. 소위 '인권'과 '민주주의'가 개별 국가의 경계를 넘어 정치적 정당성의 주요한 내용으로 자리 잡은 시대에 살고 있다. 물론 '인권'이나 '민주주의'가 중요한 정치 사회적 주제로 대두되었다는 사실, 그리고 국제사회에서 일반적으로 받아들여진 '인권'과 '민주주의'의 잣대가 개별 국가의 정치적 정당성에 영향을 미칠 수 있다는 사실이 곧 보편적 가치를 둘러싼 윤리적·정치적 문제가 완전히 해소되었다는 것을 의미하지는 않는다. '인권'과 '민주주의'를 둘러싼 이념적 대립과 규범적 갈등, 그리고 정치 사회적 협상으로 풀어야 할 숙제들이 아직도 많다. 이러한 갈등과 숙제 들이 민주적 절차나 공정한 심의를 기대할 수 없는 정치 체제에서만 나타나거나 강대국의 이익에 따라 인도적 개입의 내용이 좌우되는 국제 정치 질서의 냉혹한 현실로부터만 비롯되는 것은 아니다. 거의 대부분의 정치 체제에서 '인권'과 '민주주의'는 가장 중요한 가치로 헌법에 명시되어 있고, 1948년에 채택된 세계인권선언의 규범적 성격은 거의 대부분의 나라가 인정하고 있다. 그럼에도 매일의 일상을 통해 우리는 '인권'과 '민주주의'의 내용과 구체적인 적용은 개별 국가에서 벌어지는 정치적 심의를 통해 결정될 수밖에 없다는 점을 다시금 느끼게 된다. 민주화가될수록 인권의 구체적 적용에서 발생하는 상이한 이해의 조정이 필요하고, 국제적 차원에서 인권 신장의 요구가 강해질수록 인간의 권리 중 하나로 간주되는 주권 국가의 자율성이 갖는 현재적 의미를 재고해 볼 수밖에 없다.

그러기에 '좋은 시민이 곧 좋은 사람일 수 있을까?'라는 정치철학적 질문을 되물어 볼 때, 민족주의만큼 정치적 상상력을 자극하는 주제는 없다. 특히 보편이라는 이름으로 분단의 평화적 해결을 비롯한 한국의 특수한 과제에 무관심할 수 없는 우리에게, 민족주의는 신중하고 사려 깊은 통찰력을 요구하고 있다. 만약 국제사회의 보편적 이성과 국가 단위의 삶의 특수성을 조화시켜야 한다면, 그리고 개별 국가 구성원의 연대가 안으로는 민주주의의 일반적 요구를 충족하고 밖으로는 인류 공영의 보편적 가치와 부합해야 한다면, 필자는 '비지배적 상호성'에 기초한 '민족주의 없는 애국심'을 하나의 대안으로 제시하고자 한다.

'비지배적 상호성'에 기초한 '민족주의 없는 애국심'의 일차적인 목적은 우리의 역사 속에서 민족주의가 담당해 온 공적 역할을 '시민적 연대'로 대체하는 것이다. 민족주의의 주체로서 '국민' 또는 '인민'은 공동체 구성원의 일상으로부터 독립된 정치권력의 총체로서 '국가'의 출현과 함께 정치 사회적 기재(器材)로 등장했다.[58] 사실 근대 '국가'의 맹아를 찾을 수 있는 마키아벨리(Niccoló Machiavelli)의 저서에서도 '인민(il popolo)'은 '귀족(i grandi)' 또는 '소수'의 권력자들을 견제하는 하나의 집단이었다.[59] 그러나 근대 자유주의의 등장 이후, 예를 들면 홉스에게서 '인민'은 하나의 단일한 의지를 가진 집단으로 전환되어 있다.[60] 이때 '인민'은 아테네 민주주의에서도 로마 공화정에서도 통용되었던 법적·정치적 권리를 가진 자유인을 지칭하지 않는다. 이때 인민은 노예적 삶으로부터 완전히 해방된 사람, 이른바 '타인의 자의적 의지로부터 자유로운' 조건을 향유하는 시민을 의미하지 않는다는 것이다. 따라서 민족주의 없는 애국심은 시민의 공동체에 대한 헌신이 소속감이나 일체감에서 비롯되는 것이 아니라 시민으로서 스스로가 향유하는 '비지배 자유'를 지키기 위한 자발적 행동으로 이해되던 시기의 연대감을 회복하고자 하는 목적을 갖는다. 다시 말하자면 '비지배적 상호성'에 기초한 '민족주의 없는 애국심'은 추상적인 '민족' 또는 전체로서의 '국민'보다 법적·정치적 권리와 의무를 향유하는 시민을 주체로 함으로써 '민족주의'를 '시민적 애국심'으로 대체하는 것을 목적으로 한다.

　'비지배적 상호성'에 기초한 '시민적 연대'는 한국 사회에서 시민적 민족주의가 수행해 온 긍정적인 역할을 수정·보완할 수 있다. 사실 '비지배적 상호성'에 기초한 '민족주의 없는 애국심'은 시민적 민족주의가 시민의 자유와 평등이 제도화되지 못한 시민사회를 결속하고 탈(脫)식민주의 저항과 인민 주권의 제도화에 기여해 온 것을 부정하지 않는다. 다만 시민적 민족주의가 수행해 온 공적 역할을 '비지배적 상호성'에 기초한 애국심이 보다 일관되게 수행할 수 있을 뿐만 아니라 사회적 연대와 민주적 시민성을 결합시킴으로써 민족주의를 수정·보완할 수 있다고 주장한다. 한국 사회가 주창하는 이념적 좌표가 자율성, 다양성, 그리고 관용을 강조하는 자유 민주주의라고 할 때, 대한민국이 기초하는 정치 체제가 시민의 자발적인 정치 참여를 지향하는 민주 공화국이라는 사실을 염두에 둘 때, '비지배적 상호성'에 기초한 애국심은 한국 사회가 당면한 과제를 적절하게 수행할 수 있을 뿐만 아니라 민족주의가 간과해 온 정치 사회적 가치들을 담론의 장으로 이끌어 낼 수 있을 것이다. 아울러 특수와 보편을 넘어 지엽적인 조국에 대한 사랑이 국제적 차원으로까지 확대될 수 있는 시민으로서의 도덕적 자부심을 제공할 정치적·도덕적 근거가 될 수 있을 것이다.

아울러 '비지배적 상호성'에 기초한 '민족주의 없는 애국심'은 분단된 한반도의 평화적 통일이라는 당면 과제를 포기하지 않는다. 일면 한반도의 통일은 '세계시민주의'의 흐름과 갈등 관계에 있는 것으로 비칠 수 있다. 그러나 실상은 그렇지 않다. 그 이유는 첫째, '비지배적 상호성'에 기초한 세계시민주의는 단일한 가치 기준으로 민족적·인종적 차이를 부정하고, '보편'이라는 이름으로 합의를 도출하려고 고집하기보다 개별 민족 또는 국가의 차이와 다양성이 고려되는 여러 수준에서의 합의를 통해 지구적 평화 공존을 의도하고 있기 때문이다. 둘째, 지구의 마지막 냉전의 유산 속에 있는 분단의 현실에서 평화 통일은 우리뿐만 아니라 동북아와 나아가서는 세계 평화를 위해서도 중요하기 때문이다. 강대국에 의한 일방적이고 자의적인 분단은 그 자체만으로도 '비지배적 상호성'을 충족시키지 못하기에, 분단의 평화적 해결은 잘못된 과거를 바로잡음과 동시에 그 누구도 일방의 자의적 지배에 종속되어서는 안 된다는 미래 지향적 좌표가 될 수 있다. 즉 '비지배적 상호성'에 기초한 '민족주의 없는 애국심'에서 평화 통일은 한 민족이기에 통일되어야 한다는 감정이나, 한 민족은 한 울타리에 살아야 할 권리가 있다는 정치적 원칙에 기초하지 않는다. 오히려 세계 평화와 보편적 가치의 실현을 위해서 세계가 함께 추구해야 할 해결책으로 바라본다.

'민족주의 없는 애국심'은 우리에게 생소하지 않다. 비록 서구의 전통으로부터 구성한 개념이지만 '타인의 자의적인 지배로부터의 자유'는 우리의 민족적 정체성과 역사적 경험 속에 내재하고 있다. 일제 식민지, 그것도 우승열패의 힘의 논리가 판쳤던 제국주의의 시대에 일어났던 3·1 만세 운동은 타민족의 지배에 스스로를 종속시키지 않을 뿐만 아니라 다른 민족을 자의적으로 지배하거나 침탈하지 않겠다는 '비지배적 상호성'을 대내외에 천명한 사건이었다. 그리고 민주화 과정에서 드러난 민족주의의 역할은 비지배를 지향하는 시민적 연대가 우리의 정치적 삶에서 분리될 수 없는 부분임을 보여 주고 있다. 물론 국가 간의 경쟁이 가속화되는 가운데 '비지배적 애국심'의 전형들이 힘없는 약자의 궁색한 변명처럼 보일 때도 있을 것이다. 그리고 힘과 부의 불평등이 존재하는 국제사회의 현실 속에서 다양한 집단의 자유로운 합의만을 강조하는 것이 극히 비현실적이고 이상적인 발상으로 보일 수도 있을 것이다. 그러나 만약 '비지배'의 원칙이 약하고 뒤처진 국가들의 의사를 힘과 부의 불평등으로부터 보호할 수 있다면, '비지배적 상호성'에 기초한 '민족주의 없는 애국심'은 다음 세대의 평화 공존을 위한 도덕적·정치적 판단 기준의 하나가 될 수 있으리라 생각한다.

자유와 자치 그리고 자연

개인의 양심/집단적 정의/보편적 인간 윤리

박홍규

영남대학교 교양학부 교수

1 시골 사람의 생활에서

이 글을 쓰기 시작할 때, 1년쯤 함께 살던 개가 죽었다. 누군가가 들판에 놓은 극약을 먹고서였다. 지난해 죽은 개의 묘지 옆에 묻어 주고 몇 시간 내내 울었다. 둘 다 이웃에게 얻은 시골 '똥개'였지만 15년간 하루도 빠짐없이 아침저녁 한 시간씩 산책을 하고, 집에 있는 시간이면 식구처럼 얘기하며 지내던 벗이자 반려였다.

14년을 함께 살다 지난해 죽은 개는 스스로 죽음을 알았던지 일주일 동안 물 한 모금 마시지 않고 꽃밭에 앉아 잠을 자거나 내 눈을 쳐다보다 죽었다. 너무나 순한 눈이라 평소에도 눈만 쳐다보면 좋았지만 좀처럼 눈을 맞추려고 하지 않아 섭섭했던 내 마음을 달래 주고 가려는지 내 눈만 그윽이 바라보았다.

반면 이번에는 엄청난 거품을 품고 사지를 비틀거리며 고통으로 가득한 눈으로 울부짖다가 죽었다. 자연스러운 개의 죽음은 아름답고 숭고했지만 인간 때문에 죽는 개의 마지막은 통절하고 비참했다. 나와 함께 산 탓으로 너무나 비통하게 죽었다. 그동안 줄로 묶어 두는 것도 너무나 싫었다. 어떤 동물에 대해서도 마찬가지다. 동물원이나 박물관에서 돌고래만이 아니라 어떤 동물도 구경거리로 보기 싫었다. 사냥은 물론 투우나 투견 등도 싫었다.

　개를 묻은 뒤 어려서나 군대 시절에 개를 나무에 매달아 놓고 몇 시간이나 계속 때려서 죽이는 것을 멀리서 울며 바라보았던 악몽이 계속 떠올랐다. 그 뒤 여러 명의 친지나 군인들과 함께 있어서 고통스러워하기커녕 대범한 척하며 개고기를 먹었던 것이 평생 더 큰 악몽으로 남았다. 몇 년 전 구제역 '살처분'으로 350만 마리나 생매장당한 소와 돼지의 눈망울도 떠올랐다. 그 매장지는 내가 사는 동네 곳곳에도 있다. 그런 생지옥 악마의 공범으로 나는 이 시대를 이 나라에서 살아왔다.

　공범. 세월호 사고가 터졌을 때도 처음 든 생각은 내가 공범이라는 것이었다. 다른 사람들이 하는 그릇된 일이나 그들이 일으키는 해악에 내가 참여할 때 그들이 하는 일에 대하여 나에게 책임이 있다는 의미에서의 공범이었다. 세월호와 전혀 무관하면서 공범이라고 하는 것에 의문을 제기할 이가 있을지 모르지만, 그 사고를 야기한 이 나라의 모든 조건에 내가 관련된 것은 사실이므로 공범임을 면할 수 없다.

　그래서 어느 신문의 부탁을 받고 글을 쓰면서 공범인 나를 용서하지 말라고 했다. 세월호 사건이 터진 뒤 인터넷 방송이라는 것을 처음으로, 그것도 거의 몇 분 단위로 찾아보면서 울었다. 그 뒤 지금까지 거의 아무것도 이루어지지 않은 현실은 양심도, 정의도, 윤리도 없는 탓이다. 지금 이 시간까지도 나는 그런 시대 현실에 대한 공범이다. 이 글은 그런 공범임을 자백하는 것에 불과하다.[1]

　15년 전 도시에서 시골로 돌아간 이유는 이처럼 모든 면에서 무능하기 짝이 없지만 최소한으로나마 양심과 정의와 윤리에 맞게 살아 보기 위해서였다.[2] 시골에 들어오기 전해인 1998년은 인간이 날씨를 기록한 140년 동안 가장 더운 해였다. 그전부터 지구 온난화는 심각한 문제였지만, 시골에 가는 것을 더 이상 늦출 수는 없었다. 그전에도 항상 텃밭을 가꾸고 작은 동물을 키웠지만, 여러 종류의 유기농 과수와 야채를 지어 나누어 먹고, 다양한 동물들을 땅 위에서 자유롭게 키우며 살고 싶어서였다. 그리고 새로운 공동체를 위한 도서관을 지어 직접 민주주의를 구현하는 공간으로 만들겠다는 생각도 했다. 1998년 김대중 정권이 수립되면서 너도나도 서울로 갔지만 나는 시골로 갔다. 시골부터 민주화되어야 한다고 생각했다. 특히 얼굴을 마주하고 토론하며 행동하는 직접 민주주의가 필요했다.

그것을 양심이니 정의니 윤리라고 하는 점에 웃을 분들이 많을지 모르지만, 그전부터 참여한 한살림 등의 값비싼 유기농 생산물을 먹는 것이 싫어서, 내가 먹을 것은 내가 재배해 먹고, 가능한 한 육식을 하지 않으며, 내가 키우는 닭이나 오리의 알 정도만 먹고자 했다. 먹는 것만이 아니라 내가 입을 옷이나 살 집도 스스로 마련하는 것이 옳다고 생각했지만, 해어진 옷을 스스로 바느질해 기워 입거나 동네에 버려진 폐자재와 스스로 만든 흙벽돌로 집을 짓는 정도였다. 가능한 한 의식주는 스스로 마련하는 자급자족의 생활을 하고자 했다. 그전부터 자가용을 탄 적이 없고 대중교통만 이용했지만 대중교통도 최소한으로 이용하고 출퇴근 등의 일상생활에서는 자전거로 이동하거나 걸었다.

세월호 사건 이후 다른 나라로 이민을 가라고 권유하는 사람들이 많았지만, 더 좋은 나라로 간다는 것은 상상하지 못했다. 한때 피폐해진 인디언 마을이나 인도나 아프리카(콩고)처럼 나의 시골보다 더 못

자유와 자치 그리고 자연

사는 곳으로 가서 살 준비도 한 적이 있지만, 몇 번 다녀오면서 조그만 도움을 주는 것에 그쳤다. 앞으로는 도서관을 지어 내가 평생 모은 재산인 책과 함께 마을에 기증하고, 죽을 때까지 최소한의 생활비를 제외한 수입을 우리보다 훨씬 가난한 나라 사람들에게 보내는 것이 나의 최소한의 양심이고 정의이며 윤리다.

2 싱어의 논의를 빌려

동물과 자전거에 대한 사랑을 비롯한 소박한 삶을 양심이니 정의니 윤리니 하는 것을 이상하게 생각할 분이 있을지 몰라, 이 시대의 가장 위대한 윤리학자라고 하는 피터 싱어가『실천윤리학』3판 서문에서 "우리가 매일 마주치는 문제들이 가장 현실적인 윤리적 문제들"이라고 하며[3] 동물을 식육 생산 기계로만 대우해도 좋은지, 자전거나 대중교통을 이용할 수 있는데도 지구 온난화를 초래하는 자가용을 이용해야 하는지, 빈민국을 도울 수 있는 돈을 개인적 즐거움을 위해 사용해도 좋은지 묻는 것을 소개해 본다. 싱어는 그 밖에 불평등, 빈부, 시민 불복종 등 여러 가지를 윤리 문제로 논의하고 있다.[4] 최근 지구 윤리니 세계 윤리니 하는 차원에서 한스 큉이나 울리히 벡, 마사 누스바움이나 콰메 앤서니 아피아 등도 주목할 만한 논의를 하고 있지만, 여기서 굳이 싱어를 택하는 이유는 그의 논의가 실천적일 뿐만 아니라, 그 자신이 실천하고 있기 때문이다.

그러나 이런 문제들이 싱어가 사는 서양에서는 "가장 현실적인 윤리적 문제들"일지 모르지만[5] 한국에서도 반드시 그렇다고 볼 수 있을지 의문이다.[6] 적어도 나는 그런 문제들을 "가장 현실적인 윤리적 문제들"이라고 다룬 한국의 논저나 언론을 본 적이 없다.[7] 옮긴이들이 그 책을 "비윤리가 판을 치는 시대에 좋은 윤리서"라고 할 때[8] 비윤리라는 것에 이기적 소비나 육식이나 자가용 타기를 포함하고 그 반대를 윤리라고 말하는 것일까? 구체적인 언급이 없어서 알 수는 없지만[9] 도리어 싱어가, 윤리 문제가 주로 성에 대한 것이었다고 한 서양의 1950년대야말로[10] 지금 우리의 시대와 유사한 시대가 아닐까?[11] 최근의 신문 방송을 보면 지도층을 비롯한 사람들의 성적 타락이 가장 심각한 윤리 문제로 보이기 때문이다. 그러나 싱어가 성 문제보다도 자동차 운전이 야기하는 도덕적 문제들이 환경이나 안전의 관점에서 더욱 심각하기 때문에 윤리학적으로 성에 대한 논의는 하지 않고[12] 그보다 더욱 중요한 문제들에 대해 고려한다는 점은[13] 우리나라에서도 당연한 것으로 생각된다.[14]

　나도 그렇게 생각하지만, 이기적 소비나 육식이나 자가용 타기가 우리나라에서 윤리 문제로 언급되는 경우는 거의 없다. 싱어가 말하는 그런 문제들이 윤리 문제로 우리 사회에서 사회적으로 이슈가 되는 경우도 거의 없다. 빈민국 원조에서 한국은 최하 수준이고, 육식이나 자가용 소비는 최상 수준이어서 싱어식으로 말하면 최악의 반윤리적 나라임에도 그런 점들이 사회적인 이슈가 되지 못한다.[15] 이런 상황에서 개인적으로 빈민국을 돕고 육식을 하지 않으며 자가용을 타지 않는 것을 개인적 양심이나 집단적 정의나 보편적 윤리에 맞는 것이라고 할 수 있을까? 그런 문제들이 싱어가 말하듯이 성적 타

　　　　　　　　　　　　　　　　　자유와 자치 그리고 자연

락 문제보다 더욱 심각한 것이라고 해도 말이다. 도리어 그것들과 맞지 않는 매우 이상한 변태로 보는 것이 우리의 보편적인 윤리 의식이 아닐까? 그렇다면 기껏해야 싱어가 부정하는 "이론적으로는 매우 고상하나 실천적으로는 아무 쓸모없는 이상적인 체계"[16]를 윤리라고 보는 태도를 우리는 반대로 긍정하고 있는 것이 아닐까? 그렇다면 우리 사회는 적어도 싱어가 말하는 윤리적 사회가 아님이 분명하다.

3 개인적 양심

정의와 윤리의 기본이 양심이다. 개인의 양심에서 집단적 정의가 나오고 보편적 윤리가 나온다. 양심은 자유의 근본이지만 양심 자체보다도 그 자유로운 발현에 더욱 중요한 의미가 있다. 수험 중심의 경쟁적이고 획일적인 양육과 교육 풍토에서 정확한 인식과 비판적 검토를 핵심으로 하는 양심이 형성될 수 있는지도 의문이지만, 승자 독식으로 치달리는 사회나 국가에서 양심의 자유가 보장되는지는 더욱 의문이다. 그러나 양심의 자유가 보장되지 않고서는 어떤 자유도 있을 수 없다. 인간은 생각하는 존재라고 하는 명제 자체를 부정하는 것이기 때문이다.

싱어는 윤리의 차원에서 양심이나 정의에 대해서는 별로 언급하지 않지만[17] 그것들이 윤리와 관련되는 것이라면 우리 사회는 그것들도 없는 사회라고 해야 할지 모른다. 사실 양심과 정의와 윤리는 엄격히 구별되기 힘들 정도로 서로 가깝다. 가령 양심을 "윤리적 판단"

이라고 하거나[18] 정의를 "사회나 공동체를 위한 옳고 바른 도리"라고 하는 경우[19] 그 셋을 어떻게 엄밀하게 구분할 수 있을까? 정의를 "편향된 주관이나 윤리에서 벗어나 최대한 공정한 입장에서 개인의 기본권을 보호하는 것"이라고 보는 견해도 있지만,[20] 정의(正義)에 대한 엄밀한 정의(定義)는 없다고 할 수 있을 정도로 다양하고, 윤리에서 벗어난 것을 정의라고 하기도 쉽지 않다.

싱어는 양심을 '편향된 주관이나 윤리'라고 말하지는 않지만, 양심은 단순히 내면의 목소리에 그치는 것으로서[21] "여러 상황을 고려한 비판적인 도덕적 관점"이 아니므로 보편성을 갖기 어렵고 "양육과 교육의 산물이기가 더 쉽다."라고 주장한다.[22] 그러나 우리가 칸트와 같이 양심을 사람이 '자의적(自意的, willkürlich)'으로 형성하는 것이 아니라 처음부터 '내재적'인 것으로 보는 관점[23]에 찬성하지는 않는다고 해도, 미국이나 독일 또는 한국의 헌법재판소와 같이 "단순히 개인적인 차원의 도덕률",[24] "선과 악에 대한 진지한 윤리적 결정으로서 개인이 일정한 상황에서 자신이 구속받고 있으며 스스로 행하도록 무조건 의무 지워져 있다고 내적으로 확신하며, 따라서 그가 진지한 양심적 위기를 겪지 않고서는 그 결정에 위반하여 행위할 수 없는 결정",[25] 또는 "어떤 일의 옳고 그름을 판단함에 있어서 그렇게 행동하지 아니하고는 자신의 인격적인 존재 가치가 허물어지고 말 것이라는 강력하고 진지한 마음의 소리로서 절박하고 구체적인"[26] 것으로 이해한다면 싱어의 견해에는 문제가 있다. 즉 양심은 단순히 내면의 목소리에 그치는 것이 아니라 "여러 상황을 고려한 비판적인 도덕적 관점"이므로 보편성을 갖는 것이다.

　　　　　　　　　　　　　　　자유와 자치 그리고 자연

그런데 윤리적 차원에서는 위와 같이 엄격한 법리보다도 더 폭넓게 양심의 개념을 인정할 필요가 있다. 사실 한국 헌법재판소에서도 초기에는 양심의 개념을 보다 넓게 인정하여 "세계관·인생관·주의·신조 등은 물론 이에 이르지 아니하여도 보다 널리 개인의 인격 형성에 관계되는 내심에 있어서의 가치적·윤리적 판단"까지도 포함한다고 보았고,[27] 그 뒤에 양심의 개념을 다수 의견이 좁게 본 경우에도 소수 의견은 넓게 보기도 했다. 그렇게 보는 경우 양심에는 당연히 세계관 등의 사상이 포함된다. 따라서 우리 헌법에는 명시되지 아니한 사상의 자유가 양심의 자유로부터 당연히 도출된다.

더욱 중요한 점은 위의 헌법재판소 판례에서 보듯이 양심은 '구체적 행동과 필연적으로 그리고 절박하게 연결되어 있는 내면의 소리'이기 때문에 단순한 '내심의 자유'만이 아니라 '양심 실현의 자유'도 포함한다고 보아야 한다는 점이다. 양심의 자유를 아무리 좁게 본다고 해도 그 본질적인 내용으로 양심 실현의 자유가 포함되어야 한다. 그러한 양심의 실현에 있어서도 소극적인 양심 실현의 자유, 즉 양심에 반하는 행위를 강제당하지 아니할 자유는 적극적인 양심 실현의 자유에 비해서 더욱더 존중될 필요가 있다. 그러나 우리 헌법재판소에서는 '내심의 자유'만을 양심의 자유로 보아 사과 광고 명령[28] 외에 양심의 자유를 위반한 위헌으로 인정한 사례가 없다. 즉 양심적 병역 거부,[29] 집총 거부, 준법 서약서 작성 거부, 지문 제도 거부, 국가보안법상 불고지죄, 선거 운동 제한, 동성애 정보의 제공 금지, 국기 경례 강요, 현역병을 전투 경찰로 강제 전임시켜 시위 진압에 투입한 경우 등 양심에 반하는 행위를 소극적으로 거부하는 경우에도 양심의 자유는 인정되지 못했다. 헌법학계의 통설도 유사하지만 이는 법리로 인정된다기보다도 양심의 개념을 지극히 좁게 본 잘못된 결과다. 그 밖에 양심에 근거한 표현의 자유를 포함한 모든 헌법상 인권 향유도 제한되고 있다. 모든 자유의 기본인 양심의 자유가 이처럼 거의 전면적으로 제한된다는 것은 우리의 인권 제한이 얼마나 심각한지를 웅변한다.

반면 싱어가 태어나서 자란 호주는 물론 그가 주로 활동하거나 관련되는 미국 등에서는 헌법 또는 법률로서 양심적 병역 거부권을 인정하고 있을 뿐 아니라, 한국에서 문제가 되는 국가보안법을 비롯한 여러 악법이 없으므로 사실 양심이나 양심의 자유가 법은 물론 윤리의 차원에서도 거론될 필요가 거의 없다. 또한 거론된다고 하여도 한국의 헌법재판소에서처럼 좁게 해석되지도 않는다.

그러나 한국에서는 문제가 심각하다. 헌법에 정해진 인권을 수호하기 위해 만들어진 헌법재판소가 인권을 침해하고 있기 때문이다.[30] 특히 2013년 유엔인권이사회가 낸 「양심적 병역 거부 보고서」에 의하면, 세계 각국에서 종교, 신념 등을 이유로 군 복무를 거부해 교도소에 수감 중인 사람은 723명으로 이 중 한국인이 669명(92.5퍼센트)으로 나타나 그 대부분을 차지하고 있다. 유엔 자유권규약위원회가 한국의 병역 거부자 처벌에 대해 네 차례나 규약 위반을 지적했고, 유엔 인권이사회의 국가별인권상황정기검토(UPR)에서도 이를 강도 높게 비판하며 대체 복무제 도입과 병역 거부자들에 대한 차별 금지 등을 권고한 바 있다.[31]

양심적 병역 거부나 집총 거부와 같이 양심에 반하는 행위를 소극적으로 거부하는 것은 양심을 지키는 가장 기초적인 방법이므로 이

자유와 자치 그리고 자연

를 거부당하는 것은 한국에서 양심이라는 것이 존재하지 못하게 한다고 해도 과언이 아니다. 게다가 양심적 병역 거부가 인정되지 않는 결과 양심적 병역 거부자들이 직접 교도소에 수감되는 문제 외에도 일반적으로 우리 사회에서 양심이나 사상을 지키지 못하게 하는 경향을 낳고 있다. 사상범이나 양심수를 감옥에 가두게 되면 그들의 소외감은 더욱 커지고 그로 인해 양심을 단념한 많은 사람들의 소외감까지 조장하는 결과를 낳으며, 결국은 양심이 아니라 비양심, 즉 양심에 대한 무관심이 판을 치는 세상이 온다. 사실 이 점에 대해 법학자를 포함한 법률가는 물론 윤리학자를 포함한 철학자나 종교인 그리고 인문사회과학자를 비롯한 지식인 대부분에게 막중한 책임이 있다.

4 집단적 정의

최근 우리 사회에서 이상할 정도로 붐을 이룬 샌델의 정의에 대한 논의는 사실 정의를 부정하는 것이다. 그것은 개인의 자유나 권리, 심지어 정의보다도 공동체의 미덕을 강조하는 것으로 이는 양심의 자유를 비롯한 자유를 소극적으로 인정하는 우리나라 판례나 일반적 상식에서도 쉽게 찾아볼 수 있으니 굳이 샌델까지 뒤질 필요가 없다. 우리나라에서 유일하게 적극적으로 인정되는 자유는 재산에 관련 자유가 아닐까? 재산권의 절대적 보장이야말로 지금 우리의 유일한 집단적 정의이고 공동체의 미덕이 아닐까? 우리의 자유란 정신의 자유가 아니라 물질의 자유가 아닐까?

싱어가 제기한 윤리 문제에 대해서도 샌델의 정의론을 통한 판단이 가능하다고 볼 독자가 있을지 모르지만 나로서는 그런 판단이 불가능하다.[32] 샌델의 비판으로 유명해진 롤스의 논의를 통해서도 판단이 불가능하다. 흔히 롤스를 자유주의, 샌델을 공동체주의라고 분류하지만 어느 것이나 싱어가 제기하는 환경적 정의에 대해서는 침묵한다. 또한 정의를 강자의 권리나 이익으로 보는 전통적 견해는 물론 세계적 차원의 정의에 대해서도 롤스나 샌델은 침묵한다. 그래서 두 사람 모두 미국이 세계의 패권국이라는 현실에 대한 정의론적 검토에 무관심하거나 고의로 침묵하는 듯이 보이기도 한다.

싱어는 롤스나 샌델처럼 정의론을 전개하지는 않지만 롤스가 『정의론』에서 주장한 시민 불복종에 대해 검토한 바 있다.[33] 싱어는 먼저 시민 불복종에 대한 롤스의 정의에 동의한다. 즉 시민 불복종이란 "자신의 숙고된 견지에서 볼 때 자유롭고 평등한 사람들 간에 합의된 사회 협동 체제의 원칙들이 존중되지 않고 있음을 공표하고 이의 시정을 공동체의 정의감에 호소하는 행위"이다.[34] 그러나 롤스의 주장에 따르면 특정 종교인이나 동성애자와 같은 특정 성 경향자나 반전주의자가 양심적 병역 거부를 주장하는 경우, 종교적 교리 등이 공유된 정의관에 포함되지 않는다는 이유에서 정당한 시민 불복종에 포함되지 않게 된다.[35] 롤스는 한국에서와 같은 엄격한 처벌이 그 당연한 결과라고는 절대로 생각하지 않겠지만, 앞에서 본 헌법재판소의 합헌 판례와 같이 양심적 병역 거부를 인정하지 않는 결정을 학문적으로 정당화하는 역할을 할 수도 있다. 롤스를 따르는 한국 학자들이 양심적 병역 거부를 정당한 시민 불복종으로 보는지는 알 수 없다.

따라서 롤스가 두세 가지 정의의 원칙, 특히 사회적으로 공유된 정의관의 틀을 정해 놓고 그 안에서만 시민 불복종이 정당화된다고 보는 점을 싱어가 비판하면서 시민 불복종이 더 넓은 범위에서 발생할 수 있다고 주장한 점에[36] 나는 찬동한다. 이는 드워킨이 법(가령 국가보안법)의 유효성 자체를 의문시하는 경우 시민 불복종을 할 수 있다고 보는 것과[37] 같다. 싱어가 시민 불복종의 수단을 비폭력에만 제한하고 불복종자가 당연히 처벌을 감수해야 한다는 롤스의 주장에 반대하면서, 개인이 자신을 처벌하려는 국가에 저항하거나 처벌보다는 관용을 요구해야 한다고 주장하는 점에 대해서도 나는 찬성한다.

나아가 싱어처럼 나는 롤스와 달리 법만이 아니라 도덕도 시민 불복종의 대상이 될 수 있다고 본다. 가령 롤스는 동물 학대는 도덕적 문제이기는 해도 정의 문제는 아니기 때문에 시민 불복종의 대상이 될 수 없다고 보지만, 싱어에 따라 나는 이에 반대한다. 이러한 싱어의 주장은 부도덕한 기업에 대한 시민 불복종도 인정해야 한다는 주장으로 나아갈 수 있다. 특히 우리나라에서 이 문제는 중요하다.

싱어는 『실천윤리학』에서 소로 등을 거론하면서 양심에 따르라고 하는 것은 '옳다고 생각하는 것을 하라.'라는 말 이상이 아니고 "우리가 알 필요가 있는 것은, 우리가 옳다고 결정한 일을 해야 하느냐 여부가 아니라, 무엇이 옳은지를 어떻게 결정해야 하는가."라고 한다.[38] 가령 동물 실험 방지나 야생 지역 보존이나 온실가스 배출 감소를 위해 할 수 있는 유일한 방법이 불법적인 행위여야만 시민 불복종이 정당하다는 것이다.[39]

그러나 그것이 유일한 방법이라고 하는 것은 누가 어떻게 객관적으로 판단할 수 있는가? 싱어는 이러한 시민 불복종에 대해 민주주의의 다수결 원리에 의해 부당하다고 보는 견해는 전체 유권자가 모든 개별 문제에 대해 투표하는 직접적 민주주의가 아닌 한 부당하지만, 그렇다고 해서 다수결의 원리가 무시될 수는 없고[40] 폭력도 보다 큰 폭력을 방지할 유일한 수단이 아닌 경우 정당화될 수 없다고 주장한다.[41]

또한 싱어는 국내 차원에서 평등한 분배를 문제 삼으며 임금 격차를 거론한다. 그가 주장하는 "정의의 원칙의 실제적 내용은, 고급 임원들의 과도한 소득을 줄이고 필요에 해당하는 소득을 거의 올리지 못하는 사람들의 소득을 늘리도록 하는 여론을 형성해야만 한다는 것이다."[42] 이러한 싱어의 논의는 포괄적이지 못해 최근 논의되는 기본 소득 등도 포함되는지 불분명하다. 그런 점에서 싱어의 논의는 더 발전시킬 필요가 있다.

건강에 좋다는 비싼 음식을 사 먹고 유행 따라 변하는 비싼 옷을 사 입고 고급 아파트에 살며 고급 외제 차를 굴리는 것을 싫어하면 싫어했지 양심이나 정의나 윤리와 관련된 문제라고 하면 이상하게 생각할 독자가 있을지 모르겠지만, 넓은 집이나 땅을 갖는 것도 비윤리적인 것이라고 생각한다.[43]

오염과 무관한 유일한 교통수단인 자전거는 가장 양심적이고 정의롭고 윤리적인 내 평생의 친구이자 분신이자 동반자다. 그것도 항상 중고로 5만 원 전후의 것이다. 1990년에 낸 책에서 나는 한국처럼 좁고 인구 밀도가 높은 나라에서 자가용을 타고 골프를 치는 것은 인권을 침해하는 공해이자 범죄에 버금가는 반윤리적 행위라고 주장했

자유와 자치 그리고 자연

다.[44] 자가용을 탄 적도, 골프를 친 적도 없고 그 두 가지가 한국에서는 가장 비양심적이고 비윤리적인 일이라고 주장해 왔지만, 항상 많은 사람들과 부딪혔다. 싱어가 비판했듯이 롤스는『정의론』에서 빈국에 대한 부국의 원조를 정의의 차원에서 주장하지 않았지만,[45] 그 책에서 주장한 정의의 원칙인 "더 많은 자원을 더 나쁜 처지에 처한 사람들에게 들여서 그들의 상황을 개선한다면, 그것이 정의에 입각하여 우리가 마땅히 해야 할 일"[46]이라고 말한 것이 1992년 유엔 기후변화협약에 반영되었으며, 이는 정의에 대한 어떤 이론을 취하든 부정하기 어렵다고 싱어는 주장한다.[47]

최근 정의론이 유행하면서 우리 사회에 정의가 어떻게 구현되었는지는 알 수 없지만 싱어가 가장 중시하는 정의이자 윤리이자 양심의 문제인 빈국에 대한 지원은 한국의 경우 참으로 부정의적이다. 따라서 싱어가 말하는 그런 정의관이 우리 사회에 존재한다고 볼 수 없다.

5 보편적 윤리

"도덕이라는 말을 공동체적 규범이라는 의미로 사용하고 윤리를 자유라는 의무와 관련된 의미로 사용"[48]하는 경우 윤리란 세계시민으로서의 도덕이라고 해석하는 견해도 있지만,[49] 이 글에서 '보편적 윤리'란 세계시민으로서의 도덕이나 윤리는 물론 동물이나 식물에 관한 것까지 포함하는 의미로 사용한다. 즉 세계의 모든 인간은 자유롭고 평등한 시민이고, 동식물도 그런 인간과 마찬가지로 자연 속에서 평화롭게 공생 공존하는 존재다. 따라서 어떤 지배나 차별도 거부된다. 모든 존재의 자연 상태인 무지배와 무차별이야말로 보편적 윤리다.

싱어가 전통적 규범윤리학에서 말하는 '특별한 의무', 즉 우리는 가족 등 가까운 사람에게 특별한 의무가 있음을 직관적으로 안다는 것에 반론하는 것은 공자에 대해 묵자가 반론하거나[50] 아리스토텔레스에 대해 디오게네스가 반론하는 것[51]을 연상시킨다. 물론 전통적 규범윤리학이 공자처럼 아버지의 죄를 물어서는 안 된다고 하는 정도까지 나아가는 것은 아니다.

여기서 윤리 사상의 역사에 대한 엄정한 비판적 검토가 필요하다. 인간이 자유롭고 평등한 세계시민이라고 하는 것이 보편적 윤리가 된 것은 최근의 일이다. 즉 신분상 계급이 없어지고 노예가 해방된 것은 19세기 후반에 와서다. 따라서 19세기까지 인간의 윤리란 특정 신분에만 적용되는 지극히 특수한 것이었고, 대부분의 사람들은 그런 윤리가 옳다고 생각했다. 심지어 인간을 차별하는 근거가 된 식민지 지배가 없어진 것은 20세기에 와서다. 묵자나 디오게네스처럼 세계시민주의를 주장한 사람들이 인류 역사상 일찍부터 없었던 것은 아니지만 지극히 예외적이었다. 공자나 맹자는 물론 소크라테스나 플라톤이나 아리스토텔레스도 노예제를 용인하고 독재제를 주장했다. 따라서 나는 그들을 민주주의 사회의 보편적 윤리를 말한 철학자로 인정할 수 없다.

한국이 민족 국가로서 민족과 국가라는 개념이 뚜렷한 점과 관련하여 싱어가 타민족 사람을 차별하는 것을 도덕적으로 잘못이라고 하면서 부족 차별주의이자 인종 차별주의에 가깝다고 비판한 것은[52] 옳다. 왜 그렇게 되었는가? 불교와 유교와 같은 전통은 그런 차별에 대해 어떻게 가르쳤는가?[53] 유교는 그런 차별을 당연시한 것이 아닌가?

싱어의 말을 빌리지 않아도 동물 역시 인간처럼 쾌락과 고통을 느끼는 능력이 있다는 것은 동물을 키워 본 사람이면 누구나 당연히 안다. 따라서 동물도 이해관계를 가지며 그런 동물을 포함한 모든 존재의 이익을 평등하게 고려하는 것이 도덕이라고 주장하는 싱어의 '이익 동등 고려의 원칙'에 동의하여 육식을 하지 않는 사람들이 얼마나 있을지는 의문이지만, 육식을 종 차별주의라고 비판하는 싱어의 주장이 인종 차별이나 성차별을 포함한 모든 차별에 대한 반대에서 나오는 것을 부정할 수는 없다. 그런데 종 차별커녕 인종 차별이나[54] 성차별로부터도 우리는 과연 자유로운가?[55]

사실 쇠고기 먹는 것에 전혀 관심이 없어서 쇠고기 파동으로 인한 촛불집회에 참석한 적도 없다. 그것이 1990년대부터 시작된 민주화, 특히 직접 민주주의의 좌절을 보여 준 상징이었지만, 쇠고기 자체에 대해서는 관심을 갖지 못한 탓이었다. 내가 생각하는 최고의 자연 보호 운동이 자연에 손대지 않는 것이듯이 쇠고기를 먹지 않고 인터넷이나 SNS 등을 가능한 한 이용하지 않는 편이 더 낫다고 생각한다.[56]

마지막으로 국제적 차원의 양심, 정의, 윤리 문제가 있다. 최근 IS에 대한 미국의 공중 폭격까지 포함하여 국제법을 위반하는 반윤리적 행위가 계속되고 있다. 이를 개선하기 위해서는 유엔을 비롯한 국제기구들의 근본적인 개혁이 필요하지만,[57] 지금 한국에서는 국제인권법을 비롯한 국제노동법이나 국제형사법 등을 준수하는 문제가 가장 시급하다는 것을 지적하는 정도로 그치겠다. 적어도 그런 국제적 보편 기준에 비추어 보아도 우리에게는 양심에 따른 정의와 윤리의 시민 불복종의 저항이 필요하다. 우리 역사는 물론 세계 역사도 그런 양심에 따른 저항에 의해 이루어졌다.

6 다시 시골에서

이 글 쓰기를 마치는 날, 한국이 세계 5위의 자동차 강국으로 등록된 자동차 수만 2000만 대를 넘어섰다는 보도를 읽었다.[58] 시골에도 집집마다 트럭을 비롯한 자가용이 평균 두세 대씩이나 있고 각종 동물 사육장에, 골프장에, 폐차장에, 쓰레기 소각장까지 있어서 도시보다 더 오염되고 더 시끄러우며 주차 분쟁이나 범죄 등으로 더 살기 힘든 곳이 내가 사는 시골이다.[59]

시골에 사는 것은 불편하다. 도시에 있는 여러 가지 상업적인 편의 시설이나 병원 등의 소위 생활 필수 시설도 없다. 그래서 나이가 들수록 도시에서 살아야 한다고들 하지만 도시, 특히 서울에서 산다는 것은 생각도 할 수 없다. 소박한 자율의 삶이니, 자연과 생태의 존중이니, 식량 주권이니 하는 말을 하면서 서울에서 살 수는 없다고 생각하기 때문이다.[60]

내가 사는 시골은 최근 몇 년간 전국 최고 기온을 기록했다. 빈곤도도 마찬가지다. 앞으로 도시보다 시골이 더 살기 어려워질 것이다. 그래도, 아니 그런 만큼 시골을 떠나서는 안 된다. 서울을 지방화하고 서양을 지방화하고 시골에서, 변방에서 살아가야 한다. 죽음을 무릅쓰고 자전거를 타고 유기농 농사를 지어야 한다. 그리고 절대로 중앙 정치

자유와 자치 그리고 자연

로 가서는 안 되고 지역 단위의 직접 민주주의 구현에 노력해야 한다.

양심이나 정의나 윤리 자체가 중요한 것이 아니라 양심의 자유, 정의의 추구, 윤리의 확립을 위한 시민 불복종과 저항 그리고 다양한 직접 행동이 중요하다. 그 모든 것은 자발적이고 자율적이며 자연적인 것이다. 자유의 발현이자 자치의 과정이고 자연의 반영이다. 양심은 모든 가치의 기본이자 진리이고 정의이자 윤리이며, 양심의 자유는 모든 자유의 근본이자 모든 인권의 근본으로 그것 없이는 어떤 자유도, 인권도 있을 수 없고, 민주주의도 평화도 없다. 그 양심은 집단적 미덕이나 이데올로기에 의해 침해되거나 억압되어서는 안 된다. 특히 권력 밖으로 추방되거나 주류에서 소외되어 있는 사람들, 동식물들의 목소리를 묵살하는 불관용이나 무관심은 어떤 집단적 미명으로도 정당화될 수 없는 부정의이고 반윤리이다.

이제 나에게 남은 일은 내가 살았던 자연과 문화를 양심과 정의와 윤리에 맞게 고스란히 남기는 문제다. 내가 살았던 마을이나 집, 내가 가꾼 밭, 자전거를 타거나 걸었던 길, 평생을 두고 가르치고 공부한 학교, 내가 쓴 글이나 그림, 내가 만든 도서관 등이 언제까지 남을까? 아무리 노력해도 100년이 아니라 10년도 지속하지 못하고 폐허가 될지 모른다. 지속 불가능의 악순환을 위해 존재하는 듯한 아파트보다도 못할지 모른다. 차라리 죽어 한 줌 재로 돌아가듯이 폐허로의 파괴가 자연으로 돌아가는 것이라면 더 나을지도 모른다. 적어도 앞으로는 어떤 동물도 키우지 않을 생각이다. 억울하게 죽어 간 모든 생명에게 속죄한다.

근대,
적응과 극복의 이중과제

근대와 근대성

백낙청

서울대학교 명예교수

1 이중과제론의 제기 경위와 용어 문제

다소 자기중심적인 이야기가 되겠지만 '이중과제론'이 제기된 경위와 그 전개과정에 대한 설명으로 시작하고자 한다.

'근대극복과 근대적응의 이중과제'를 내가 처음 언급한 것은 1998년 12월 미국 빙엄턴대학 페르낭 브로델센터의 학술대회에서 였다. 대회의 큰 주제는 '트랜스모더니티, 역사적 자본주의, 그리고 식민성: 탈분과학문적 대화(Transmodernity, Historical Capitalism, and Coloniality: A Post-disciplinary Dialogue)'였고 내 발제는 '식민성'에 초점을 둔 시간에 이루어졌다. 영어로 진행된 대회여서 이중과제도 'the double project of simultaneously adapting to and overcoming modernity'라고 영어로 표현했다.(직역하면 '근대에 동시적으로 적응하며 극복하는 이중의 기획'이 되겠다.) 발제문을 대폭 보완하여 *Interventions: International Journal of Postcolonial Studies* 제2권 1호(통권 4호, 2000)에 발표했는데(제목은 "Coloniality in Korea and the South Korean Project of Overcoming Modernity"), 그 한국어 번역본(성은애 옮김)이 원문보다 먼저 출간되어 《창작과비평》 1999년 가을호(통권 105호)에 「한반도에서의 식민성 문제와 한국 근대의 이중과제」라는 제목으로 게재되었다.

이에 대한 즉각적인 반향은 별로 없었던 셈이다. 나의 정년퇴임을 기념하여 제자들이 꾸민 논문집 『지구시대의 영문학』(창비, 2004)에 송승철(宋承哲) 교수가 「시민문학론에서 근대극복론까지」를 기고한 것 외에는 산발적인 언급이 있을 뿐이었고, 2008년에 가서야 《창작과비평》이 '한반도에서의 근대와 탈근대'라는 특집으로 집중 조명을 가했다.(2008년 가을호, 통권 139호) 이때 이남주(李南周), 백영서(白永瑞) 교수가 각기 「전지구적 자본주의와 한반도」, 「동아시아론과 근대적응·근대극복의 이중과제」를 집필하여 논의의 확산에 기여했고 김종철(金鍾哲) 《녹색평론》 발행인은 「민주주의, 성장논리, 농적(農的) 순환사회」라는 제목으로 본격적인 비판을 시도했다. 이어서 이중과제론에 대한 글들을 엮은 책이 이듬해 간행되었다.[1]

이중과제론은 한국이나 한반도뿐 아니라 세계 전체를 적용대상으로 삼은 개념이고 첫 발언이 영어로 진행된 국제회의에서였으며 그 내용이 영국에서 나오는 잡지에 실리기도 했지만, 외국에서도 큰 반향을 일으켰다고 하기 어렵다. 국제 담론장에서의 시민권 획득이 한두 번의 발언으로 성사되는 일이 아니려니와, 그런 성과를 향한 나 자신과 동조자들의 노력도 너무나 미흡했던 것이다.[2] 앞으로 그 노력이 한층 활발해지기를 기대하며, 한국어와 영어 두 개의 언어로 발언하는 가운데 특별히 유의하게 된 용어 문제를 살펴보고자 한다.[3]

영어 모더니티(modernity)에는 근대, 근대성, 현대, 현대성 등 우리말로 각기 달리 표현되는 여러 의미가 있다. 이를 두고 한국어가 영어를 도저히 제대로 번역하지 못하는 한계를 지적할 수도 있으나, 달리 보면 한국어(그리고 한자문화를 공유하는 중국어와 일본어)가 용어를 달리하면서 정밀하게 변별하는 능력을 영어나 기타 서구어들이 결여하고 있다는 진단이 가능하다. 곧, 우리말로 '근대'는 중세(또는 전근대) 다음에 오는 시대이고 '근대성'은 그러한 시대의 특성을 일컫는 추상명사이며, '현대'는 어느 특정한 시대의 명칭이라기보다 '지금의 시기' '최근의 시대'를 가리키는 말이고 '현대성'은 그것과 연관된 추상명사가 된다. 물론 지금도 자본주의 근대가 지속되고 있다는 관점에서는 '현대'가 '근대'와 내용상 같은 것일 수 있고, 아니면 '근대' 중에서 현재에 더 가까운 일부를 가리킬 수 있다. 그러므로 '근대성'과 '현대성'이 전혀 별개의 개념일 수는 없지만, 다른 한편 근대의 여러 성격 중 어떤 것을 더 새롭고 때로는 더 바람직한 것으로 간주하느냐에 따라 '현대성'의 의미가 달라진다.[4]

　문제는 동아시아 언어들이 지닌 이런 정밀한 변별력을 제대로 살리는 일을 동아시아인들 자신도 제대로 안 하기 일쑤라는 것이다. 특히 중국의 경우, '근대'를 1919년 5·4운동 이전까지로 한정하고, 5·4에서 1949년 중화인민공화국 건국까지를 '현대', 그 후를 '당대'로 규정하는 것이 당국과 학계의 공식 입장이다. 그러나 원래 '현대'와 '당대'는 구분할 수 있는 개념이 아니려니와, 5·4운동으로 '근대'가 끝나고 '현대'가 시작되었다는 발상도 너무나 중국중심적, 아니 중국공산당 중심적이어서 아무리 중국 인구가 인류의 4분의 1을 차지한다 해도 보편성을 띤 개념으로 정착하기 어려울 것이다.[5] 아무튼 세계사의 근대를 '현대(xiendai)'로 번역하는 것이 현대 중국의 관행이며 '모더니티'라고 하면 추상명사·구상명사를 구별할 생각도 없이 무조건

　　　　　　　　　근대, 적응과 극복의 이중과제

'현대성(xiendaixing)'으로 옮기는 예도 허다하다.[6] 그러나 모더니티를 중세 이후 지금까지 지속되는 역사적 시기로 설정하면서 그것을 '현대'도 아니고 '근대성'도 아닌 '근대'라고 부르는 일은 개념의 혼동을 방지하는 데 중요하다. 또한 근대논의가 16세기 이래 지속되었고 지금도 건재하는 자본주의 체제에 대한 인식과 분리된 관념적 논의가 되지 않기 위해서도 이 용법을 고수할 필요가 있다. 본고의 제목에 사용된 '근대'도 바로 그런 취지로 선택했다. 본론에서 '근대성'도 언급하고 '현대(성)' 논의도 있겠지만 그들 낱말은 각기 다른 의미로 사용될 것이다.

번역과 관련해서 한마디 덧붙이자면 '이중과제'는 원래 영어로 double project 곧 '이중기획'이었다. 이것을 우리말로 옮기면서 '기획' 대신 '과제'를 선택했는데, 당시로서는 그것이 더 친숙한 표현이라 판단했고 그 후 어느덧 익숙해진 느낌이 없지 않다. 그러나 두 가지 과제의 병행이 아니라 이중적인 단일 기획임을 부각시키는 점에서는 영어의 단수명사 project가 더 적절한 면도 있음을 상기하고 넘어가려 한다.

2 이중과제론의 연원과 제출 계기

이중과제론의 발상이 독창적인 것이라고 주장할 생각은 없다. 예의 브로델센터 학술대회의 제목만 해도 그 일부가 '트랜스모더니티'였는데, 이는 대회의 3인 주역 가운데 하나인 엔리께 두쎌(Enrique

Dussel)이 표방하는 개념이다. 그는 500년간 지속된 자본주의와 근대의 역사를 끝내야 한다는 점에서 근대의 '완성'론에 반대하는 동시에, 새로운 흐름으로 떠오른 '포스트모던' 역시 서구중심주의에서 벗어나지 못했다고 비판한다. 전세계 피압박민중, 특히 제3세계 민중의 '해방의 윤리학'은 '트랜스모던(transmodern)'한 것이라는 주장인데, 이때 trans라는 접두사는 '횡단' '가로지르기'의 뜻과 함께 '너머'의 뜻도 지닌다.[7] 그 점에서 이중과제론과 상통하는 바 있다. 다만 근대에 적응하면서 횡단한다는 의식은 짙지 않은 편이고, '포스트모더니즘'이라는 불완전한 근대극복보다 제3세계 민중의 한층 철저한 '근대 너머로 가기'를 부각시키는 데 치중하는 느낌이다. 아르헨띠나 태생으로 멕시코에서 망명생활을 하는 라틴아메리카 철학자다운 저항정신과 함께, 국민생활의 구체적 현장과의 거리에서 오는 약간의 편향성이 감지되는 대목이다.

이중과제론의 더 방불한 선례로는 오히려 맑스를 들 수 있다. 『공산당선언』에서 그는 한편으로 부르주아계급이 수행한 혁명적 사회변화를 거의 예찬에 가까울 정도로 서술하면서도 부르주아사회 자체가 새로운 혁명의 대상이 되어야 함을 역설하기도 한다. 그런 의미로 맑스의 유물론적 변증법은 근대적응과 근대극복의 이중과제를 일찌감치 제기했던 셈이다.

개인사적 경위를 말한다면, 1970년대 초의 한국문학에서 다시 점화되고 나 자신도 참여한 민족문학 논의와 운동에서 서양주도의 근대에 대한 양가적(兩價的) 정서가 중요한 몫을 차지했다. 문학작품을 두고도 한편으로 구미의 국민국가들이 앞질러 달성한 국민문학을 우리도 성취하자는 의욕이 활발했는가 하면, 다른 한편 선진국에 의한 제국주의 지배의 문화적 도구를 부정하고 극복할 필요성이 절실했다. 실제로 이러한 양가적 정서는 한국의 신문학 초기부터 존재했고 동아시아 이웃나라에서도 일본의 나쓰메 소오세끼(夏目漱石)나 중국의 루 쉰(魯迅) 등 여러 작가에게서 만날 수 있다. 아니, 어쩌면 이것은 근대의 훌륭한 문학작품을 구성하는 필수적 요소인지 모른다. 물론 이런 거창한 가설은 '물건을 놓고' 훨씬 자세하게 검증해야겠지만, 근대와 예술작품 사이에 그러한 착잡한 관계가 본질상 개재한다면 이중과제론의 보편성을 논증하는 데 큰 도움이 될 것이 분명하다.

근대 및 서양 근대문화에 대한 양가적이고 복합적인 정서가 곧바로 이중과제론을 낳은 것은 아니다. 내 경우 처음에 민족문학론의 형태로 이론화되었다가 범한반도적 현실을 해명하는 개념인 분단체제론으로 진화했으며 이것이 근대세계 전체에 관한 이중과제론으로 발전했다. 그 궤적을 초기 단계에서 정리한 것이 주2에 언급된 「민족문학론·분단체제론·근대극복론」이다. 하지만 이때도 "근대성의 성취와 근대의 극복이라는 '이중적 과제' 설정을 민족문학론 및 분단체제론의 연장선상에 놓음으로써 추상적인 구호 이상의 내실을 담으려 했다."[8]라고 자부하면서도, '근대극복과 근대적응의 이중과제'라는 정확한 표현을 찾아내지는 못했다. 여기서 특히 주목할 점은 '근대성의 성취와 근대의 극복'이라는 용어선택인데, 성취의 대상은 '근대성'이고 극복 대상은 '근대'로 되어 있어 '근대적응과 근대극복의 동시적 수행'과 대동소이한 것이지만 자칫 부질없는 혼란을 야기할 수 있다.[9] 곧, 극복의 대상은 근대 자체지만 성취하자는 것은 근대가 아니고 그 시대의 일정한 특징들인 근대성이라는 점을 간취하기가 쉽지 않고, 이중과제가 먼저 근대를 성취한 다음에 극복으로 나아가는 순차적 작업처럼 보일 수 있다. 그러나 근대에는 성취함 직한 특성뿐 아니라 식민지수탈, 노동착취 등 바람직하지 않은 특성들도 있으므로 그 둘이 혼재하는 근대에 '적응'한다는 것이 더 타당한 표현이고,[10] 성취와 부정을 겸하는 이러한 적응노력은 극복의 노력과 일치함으로써만 실효를 지닐 수 있는 것이다.

이중과제론을 이렇게 정리한 데는 당시 성행하던 모더니즘과 포스트모더니즘의 대립구도가 영향을 미쳤다. 예술에서의 모더니즘은 근대주의와 근대화를 지지하기보다 부정하는 기류가 강했지만 ─ 19세기 프랑스 시인 랭보(A. Rimbaud)가 "우리는 절대적으로 모던해야 한다!(Il faut être absolument moderne!)"라고 외쳤을 때 그는 자본주의 근대에 충실하자는 게 아니라 철저히 '현대적'이 되어야 한다는 뜻이었다 ─ 이중과제론의 관점에서 보면 충분한 근대적응이 없이 성급하게 근대극복을 선언하는 폐단이 일반적이었다. 그런데 저들 모더니스트(현대주의자)가 근대주의를 충분히 탈피하지 못했다고 공격한 이른바 포스트모던(모더니즘 이후, 또는 모더니티 이후)의 제창자들도 두쎌의 지적처럼 유럽중심주의의 틀 안에 머물기 일쑤였을뿐더러, 근대극복의 구체적 경륜이 없고 더러는 근대가 이미 끝났다고 선포함으로써 자본주의 세계체제의 여전한 위세를 호도하기도 했다. 더구나 한국인의 입장에서는, "우리 문단에서 포스트모더니즘의 형식파기가 일부 모더니즘의 극단적인 형식실험보다 하등 새로운 것이 없다는 점을 보나, 포스트모더니즘의 이름으로 자행되는 외국(특히 미

　　　　　　　　　　　　근대, 적응과 극복의 이중과제

국)중심의 상업주의에의 파렴치한 영합행위를 보나, 그것이 근대주의·현대주의적 문화침략의 실질적인 연속인 동시에 그 새로운 국면이라는 점 또한 너무나 명백하다."[11]

20여 년 전 이 발언의 기본인식은 아직도 유효하다고 믿는다. 그러나 문화침략을 수반할지라도 현대주의 또는 후현대주의(포스트모더니즘) 예술과 사조를 주체적으로 수용하는 자세가 훨씬 유연하고 적극적이지 않고는 이중과제 수행이 부실할 터이다. 더욱이 포스트모더니즘의 제창자라 해서 모두가 자본주의나 그 소비문화에 동조하는 것으로 단정해서도 안 된다. 예컨대 포스트모더니즘의 대표적 이론가 중 한 사람인 프레드릭 제임슨은 그의 책 제목『포스트모더니즘, 또는 후기 자본주의의 문화적 논리(*Postmodernism, or, The Cultural Logic of Late Capitalism*)』가 말해주듯이 '자본주의 이후'가 아니라 '후기 자본주의(또는 자본주의의 후기)'의 문화논리가 포스트모더니즘임을 명시하고 있으며 자본주의 이후에 대한 자신의 지향을 분명히 밝히고 있다. 다만 제임슨의 경우에도 새로운 문화논리와 종전 현대주의와의 차이를 과대평가하고 자본주의 소비문화에 실질적으로 — 곧, 딱히 예술가 자신의 의도가 아니더라도 — 합류하는 작품들에 과도한 찬사를 보낸다는 혐의가 없지 않다.[12]

아무튼 그러한 담론상황에서, 한편으로는 근대에 대한 적응 일변도로 나가려는 근대주의자와 맞서면서 다른 한편으로 현존하는 자본주의 현실에 제대로 뿌리박은 전략이 부족한 채 포스트모더니즘이건 사회주의건 또 다른 어떤 이름으로건 근대극복을 표방하는 자본주의 반대자들과도 구별되는 입장을 규정할 필요가 절실했다. '근대적응과 근대극복의 이중과제'가 그렇게 해서 성립했고 이후 우리 시대의 온갖 정치적·사회적·예술적 실천의 적절성을 가늠하는 하나의 척도로 대두하게 되었다.

3 '이중과제'로서의 한반도 분단체제 극복

개인사적으로 이중과제론이 분단체제론에서 파생했음은 이미 밝힌 대로다. 이후 나는 분단체제 극복작업이 어떻게 세계사적 차원에서는 이중과제에 부합하는지를 논술하는 방식을 주로 취했는데, 본고에서는 수순을 바꾸어, 이중과제론이 한반도에 적용될 때 어떻게 분단체제 극복을 요구하게 되는지를 살펴보려 한다.

한반도의 분단이 1953년의 휴전상태로 고착되면서 일종의 '체제적' 성격을 띠게 되었다는 것이 나의 지론이다.[13] 이는 분단된 남쪽과 북쪽 모두가 흔히 '근대성'의 중요한 지표로 상정되는 특성들에 견줄 때 매우 들쭉날쭉한 양상을 드러내는 현실이기도 하다. 그 지표들이 무엇인지에 대해 일치된 견해가 있는 건 아니지만, 대개는 국민국가, 세계경제에의 능동적 참여, 그리고 '근대적 가치'로서(이 대목은 특히 논란의 여지가 많고 '근대성' 자체와 혼동해서는 곤란하지만) 정치적 민주주의, 근대과학, 개인주의, 그리고 '국민문화' 또는 '민족문화'라 불리는 국민 대다수에 의해 공유되는 문화 등이 열거된다. 이런 기준에서 볼 때 한반도는 오랫동안 독특한 민족문화와 중앙집권화된 단일 정치공동체를 보유한 민족으로 존재해왔고, 분단시대의 남북한 모두가 상당수준의 공업화와 경제성장을 이룩하기도 했다. 더구나 군사력으로 말하면 남북한 각기 거의 강대국 수준에 달해 있다.

반면에 한반도에는 통일된 근대 국민국가가 존재한 적이 없다. 전근대적 왕조가 식민지배 아래로 들어갔다가 해방이 되면서 곧바로 분단국가가 되었다. 양쪽의 당국이 무어라고 주장하건 남북한 모두 '정상적'인 국민국가가 아니고, 엄밀하게 정의되는 의미로 결손국가인 것이다.

먼저, 양쪽 당국 모두 상대방을 정규적인 국가로 인정하지 않는데다 양자의 관계가 '나라와 나라 사이가 아니라 통일을 지향하는 과정에서 잠정적으로 형성되는 특수한 관계'라고 정부간의 합의문서(남북기본합의서, 1992)로 못박기조차 했다. 더구나 이는 남북한이 유엔의 회원국으로 가입한 이후에 작성된 문서이다. 뿐만 아니라 대한민국의 영토를 한반도와 그 부속도서로 규정한 남한 헌법 제3조를 보더라도 실질적 주권행사 범위가 군사분계선 이남으로 국한되는 현실과 헌법규정이 명백히 배치된다. 게다가 군사분계선은 쌍방 정부와 국제사회 어느 쪽에서도 국경선으로 공인한 바 없는 일개 휴전선에 불과한 것으로, 근대 국민국가로서 중대한 결손에 해당하는 대목이다. 조선민주주의인민공화국의 경우도 마찬가지다.

그런데 이러한 의미의 결손국가(defective state)가 동시에 불량국가(delinquent state)인지는 따로 검증할 문제다. 북한의 경우 '불량국가'라거나 '실패한 국가'라는 딱지가 곧잘 붙는데, 이는 분단국으로서 앞서 말한 법리상 결손상태를 지적하기보다 인권이라든가 법치, 인민생활의 수준 등 통치의 내용을 두고 제기되는 문제다. 대한민국도 여러 가지 불량성의 혐의를 국내외 비판자들로부터 받아왔는데, 2008년 이명박 정부의 대두 이래 한국의 민주주의가 퇴행을 겪고 사회의 혼란상이 가중되면서 그런 비판이 부쩍 늘어났다. 하지만 본고에서는 이런저런 비판이나 비난의 타당성을 구체적으로 점검하기보다 그러한 내용상의 '불량성'이 (일단 존재한다고 가정할 때) 어떤 점에서 앞서 정의한 형식상의 '결손상태'와 연관되는지를 살펴보고자 한다.

거듭 말하지만 결손국가와 불량국가는 별개의 개념이다. 그런데 한반도에서는 1945년 이후 주민 절대다수의 의사에 반하는 외세의 결정으로 분단이 강요되었고 그 결과 1948년에 두 개의 결손국가가 탄생했다. 이는 체코슬로바키아가 1993년 상호합의에 따라 체코공화국과 슬로바키아로의 분리를 수용한 것과 극도의 대조를 이룸은 물론, 동서독의 분단과도 다른 성격이었다. 1945년의 독일분할은 비록 외세가 강제한 분단이지만 2차대전 전범국에 대한 응징이자 유럽에서의 전쟁재발을 방지하는 장치로서 상당수 독일인들마저 적어도 수동적인 동의를 했던 것이다.

한반도의 비민주적이고 타율적인 분할은 민주주의와 민족적 자주성 면에서 심각한 문제점을 지닌 사회를 낳을 수밖에 없었다. 단독정권 수립은 남한의 제주 4·3사건을 비롯한 대규모 주민탄압을 수반했으며, 1950년에 동족상잔의 전쟁참화를 불러왔다.

그렇다고 민주주의와 자주성이 남북 양쪽에서 동일한 형태, 동일한 수준으로 손상되었다고 볼 일은 아니다. 또한 어느 한쪽에서도 그 구체적 양상은 시기에 따라 달랐다. 나아가, 분단체제 아래라고 나쁜 일만 벌어졌다고 단정하는 것도 단순논리다. 어떤 체제건 그 나름의

근대, 적응과 극복의 이중과제

긍정적 요소를 지니지 않고서는 체제로 존립할 수 없으며, 한반도의 분단체제 또한 비록 불안정한 정전체제를 토대로 지속되었지만 그 나름으로 주민들의 요구에 부응하는 면이 있었다. 우선 60년이 넘도록 전쟁의 재발을 막아왔기에, 통일에 대한 염원을 가로막으면서도 '최소한 전쟁만은 없어야 한다'는 대다수 주민들의 욕구를 충족해왔다. 게다가 '결손가정'이 반드시 '불량가정'이 아니고 때로는 부모가 구존한 '정상적'인 가정보다 더욱 열심히 살고 많은 것을 성취할 수 있듯이, 남북한의 결손국가들은 분단을 이용하여 내부적으로 주민을 통제하고 초기단계의 경제성장에 동원하는 데 한층 효율적인 여건을 만들어내기도 했다. 다만 이제는 세계경제의 새로운 국면이 열리고 남북한을 포함한 각국 경제의 한 차원 달라진 대응방식이 요구되는 마당이라 그러한 초기적 이점마저 대부분 사라진 상태다. 게다가 민주주의로 말하면 북한의 경우 분단체제의 장기화와 더불어 사회주의보다 왕조적 성격이 점점 짙어져 이제는 '민주주의 인민공화국'이라는 주장이 세계에서 신뢰를 잃은 지 오래다. 그에 비해 남한에서는 4·19혁명 이래 민중의 끈질긴 투쟁과 커다란 희생을 통해 1987년에 드디어 독재정권을 마감하고 상당한 수준의 민주화를 달성했다. 그러나 분단체제 속의 민주주의는 항상 위태위태한 성격이었고,[14] 이명박과 박근혜 정부 하에서의 역행을 겪으면서 다시 불량상태가 두드러지고 있다. 여기에는 날로 심화되는 빈부격차도 중요하게 포함되어야 할 것이다.

자주성 문제로 오면 남한의 성적은 훨씬 열악하다. 그동안의 경제성장으로 상당한 자주력을 확보한 면이 있지만 한국경제 자체가 지나친 해외의존도로 극도로 불안한 처지에 있거니와, 외교정책에서 미국의 영향력이 여전히 과다함은 물론이다. 특히 군사주권은 '전시작전통제권'의 이름으로 미국이 실질적으로 보유해온 데다가, 예정됐던 전작권 반환을 최근에 한국정부가 자청해서 사실상 무기연기하는 심각한 사태가 발생하기조차 했다. 이에 비해 북한은 군사주권의 확실한 보유뿐 아니라 외국군 주둔이 없고 외교정책에 대한 타국의 간섭을 완강하게 배제한다는 점에서 '자주'를 내세울 만도 하다. 그러나 자주성을 개인이건 집단이건 스스로 원하고 필요로 하는 바를 해내는 능력으로 넓게 해석한다면 오늘날 북한은 국제제재 등 외부의 압력과 내부운영의 경직성 등으로 자주성에 심각한 제약을 받는 나라라고 하지 않을 수 없다.[15]

한반도 주민들이 근대에 더 잘 적응하기 위해서도 분단체제를 극복해야 하는 것이 바로 그런 이유들 때문이다. 이는 남북이 같은 민족이니까 무조건 통일해야 한다는 민족주의적 통일론도 아니요, '1민족 1국가'라는 전지구적으로 적용하려다가는 도처에 피비린내가 진동하기 십상인 원리를 내세우는 것은 더욱이나 아니다. 어쨌든 한반도 주민이 통일된 국민국가를 보유함으로써 세계의 '국가간체제(interstate system)'에 '정상적'으로 참여하는 일이 벌써 70년 가까이 실현되지 못하고 있는 것이 엄연한 사실이다. 게다가 통일 국민국가 수립이 가까운 장래에 실현될 전망도 거의 없다.

그러나 많은 사람들이 모르거나 잊고 지내는 또 하나의 엄연한 사실이 있다. 2000년 6월의 남북정상회담에서 두 최고지도자는 조속한 통일은 추구하지도 않겠다는 데 합의했다. 게다가 그들이 합의한 대안

근대, 적응과 극복의 이중과제

은, 점진적일 뿐 아니라 단계적인 화해와 재통합 과정이었고, 그 1단계로 "남측의 연합제 안과 북측의 낮은 단계의 연방제 안이 서로 공통성이 있다고 인정하고" 대략 그런 성격의 느슨한 결합을 지향하는 것이었다.(6·15남북공동선언 제2항) 물론 이 조항의 이행은 그 후 여러 장애요인으로 순탄치 못하다. 그러나 이런 대안적 구상 자체는 뒤늦게 '정상적'인 국민국가를 건설하는 것과는 질적으로 다른 근대적응의 길을 열어놓았다.

점진적인 통일 자체는 한결 실용적인 방안일지언정 반드시 질적으로 다른 기획이랄 수 없다. 그러나 통일의 최종형태는 물론 제1단계 이후 다음 단계가 어떤 과정일지조차 미정으로 남긴 채 중간단계를 거쳐 점차적으로 통합의 수준을 높여나간다는 결정은 통일과정에 국가권력뿐 아니라 시민사회(남한의 경우 민간기업을 포함하는 넓은 의미의 시민사회)가 참여하여 그 진행의 속도와 방향 및 실질적 내용에 영향력을 행사할 시간적 여유와 공간을 제공하게 마련이다. 그러한 시민참여가 — 어느 지점에선가는 북녘 민중의 독립적 참여도 획기적으로 늘어나는 가운데 — 활발하고 슬기롭게 이루어진다면, 한반도 주민들의 실질적인 욕구에 한결 충실할뿐더러 세계와 동아시아지역 시민들의 변화하는 미래구상에도 부응하는 결과가 나올 것이다. 그러한 결과는 '정상적'인 단일형 국민국가가 아니리라 예상되는바, 사실 단일형 국민국가는 오랜 분단시대를 경과한 한반도에서 어차피 달성하기 힘든 목표이기도 하다. 반면에 왕성한 시민참여로 동아시아지역의 화해와 연대에도 결정적인 보탬이 될 새로운 형태의 복합국가가 한반도에 건설된다면 지역적·지구적 차원에서의 근대극복에 한걸음 다가가는 성과가 되는 것이다.

다시 말해서, 한반도 분단체제의 극복은 한반도에서의 근대적응 노력이 근대극복의 노력과 합치됨으로써만 가능해진다. 그런 의미로 분단체제극복 작업은 '이중과제'의 한 전형적인 사례인 셈이다.

4 동아시아에서의 적용 가능성

이중과제의 개념을 한반도 이외에도 적용할 수 있을까? 그것이 한반도만의 현안을 치장하는 수사적 호칭이 아니라 하나의 개념으로 성립하려면 당연히 그래야 할 것이다. 그 가능성을 일단 동아시아를 중심으로 (문외한으로서나마) 살펴볼까 한다.

일본의 근대사를 돌이켜보면 메이지유신 이래로 근대극복보다 근대적응에 주력하는 것이 국가정책이었다. 후꾸자와 유끼찌(福澤諭吉)의 「탈아론(脫亞論)」(1885)이 상징하는 이른바 탈아입구(脫亞入歐) 노선이 그 집약적 표현이랄 수 있는데, 그 흐름을 거스르는 사상과 운동도 일본사회 안에 물론 많았지만 국가운영에 큰 영향을 미치지는 못했다. 이후 일본제국이 대동아공영권(大東亞共榮圈)을 표방하며 미국, 영국 등을 상대로 전쟁을 벌인 사실도 본질적으로 다른 흐름이었다고 보기 어렵다. 오히려 일본이 구미열강을 너무도 착실히 학습한 나머지 독자적인 대규모 제국주의전쟁을 일으키는 데까지 갔던 것이며, 아시아로의 진정한 복귀라기보다 더욱 철저히 아시아를 타자화해서 침략의 대상으로 삼았던 것이다. 아무튼 일본의 근대화 작업은

근대, 적응과 극복의 이중과제

제국시대 한동안 괄목할 성과를 거두었지만 결국 2차세계대전에서의 패망이라는 재앙으로 끝났다. 근대적응에도 실패한 셈이다.

패전 이후 일본사회가 본질적으로 다른 노선을 택했는지도 확실 치는 않다. 적어도 정부와 지배계층은 아시아 이웃나라 민중에 대한 우월감과 거리두기를 계속하면서 추수대상을 유럽에서 미국으로 바 꾸는 선에서 '탈아입구' 노선을 견지한 것으로 보인다. 그런데도 70년 가까이 전쟁을 다시 벌이는 일 없이 비교적 안정되고 민주화된 사회 를 이룩했고, 경제적으로는 그 어느 때보다 번영했으며, 전반적으로 근대의 성공적인 적응 사례로 높은 국제적인 평판을 누리고 있다. 그 렇다면 현대 일본은 이렇다 할 근대극복의 노력 없이도 근대적응에 성공할 수 있음을 보여준 것일까?

하지만 그렇게만 볼 수 없는 면들도 있다. 예컨대 전후 일본의 평 화와 번영에 결정적으로 작용한 것이 평화헌법인데, 비록 이것이 전 승국에 의해 부과된 헌법이라고는 해도 평화국가에 대한 일본민중의 염원을 반영했고 전후의 대대적인 호헌운동을 통해 새롭게 뿌리내렸 으며, 이전 시대가 선취했던 각종 평화주의적 흐름과도 이어진 면이 있었다.[16] 아무튼 국가의 전쟁수행기능을 부정한 제9조는 명백히 근 대의 '정상적'인 국민국가와는 다른 정치공동체를 상정한 것이며, 그 밖에도 전후 일본에서는 '자본주의 이후' 즉 근대극복을 지향하는 여 러 정치적·사회적·지적 활동이 진행되어온 점을 무시할 수 없다.

그럼에도 불구하고 최근 일본정부가 공공연하게 '전쟁을 할 수 있는 정상국가'를 목표로 내걸기에 이른 것은 평화헌법을 포함한 여 러 근대극복의 노력이 거의 소진되었음을 뜻하는가? 내가 이 물음에 답할 능력은 없다. 다만 한국인으로서는 너무 쉽게 일본의 우경화와 군국주의화를 불가역적인 현실로 단정하고 분개하기보다, 후꾸시마 원전사고 이후 전혀 다른 일본사회를 건설하려는 풀뿌리운동이라든 가 오끼나와 주민이 자율성과 존엄성을 쟁취함으로써 일본국가의 성 격 자체를 바꾸려는 싸움에 우리가 어떻게 연대할지를 고민하는 것 이 옳다고 본다.[17] 동시에 전후 일본의 근대극복 노력들이 한층 위력 을 발휘하지 못한 것이, 평화헌법 수호운동 역시 일본이라는 국민국 가를 전제한(또는 아예 국민국가를 무시한 '보편주의적'인) 평화국가론으 로 흐른다든가 사회주의·공산주의를 포함한 일본의 반체제적 사상 과 운동 대부분이 여전히 탈아사관(脫亞史觀)에 젖어 있는 등,[18] 근대 주의를 온전히 벗어나지 못한 면이 많기 때문임을 지적할 수 있다. 지 금이야말로 성공적인 근대적응을 위해서도 실다운 근대극복 노력을 겸해야 한다는 이중과제론을 일본의 시민들이 숙고해도 좋을 듯하다.

중국의 근대화가 일본과 극히 대조적인 과정이었음은 누가 보 나 명백하다. 1840년 아편전쟁 이후 중국은 유럽 열강과 뒤이어 일본 의 침공을 겪으면서 수많은 치욕을 경험했고 반 식민지상태로 전락 했다. 중화인민공화국 건국 이후에도 경제적 궁핍과 국제무대에서의 고립을 떨치지 못하는 세월이 한동안 지속되었다. 한마디로 일본이 근대화의 우등생이라면 중국은 한참 뒤처진 문제아였다. 그러나 오 늘날 양상은 크게 달라졌다.

중국은 강력한 통일국가를 건설하고 유지하는 데 성공했으며 최 근 수십 년간 거대한 경제력을 확보했고 국제무대에서 미국에 버금 가는 영향력을 행사하게 되었다. 게다가 이런 업적을 주로 자본주의

근대, 적응과 극복의 이중과제

근대를 넘어선다는 명분을 걸고 이룩했다. 물론 오늘날 베이징 당국이 내세우는 '중국 특색의 사회주의'가 실은 '중국 특색의 자본주의'가 아니냐는 논란은 쉽게 가라앉지 않는다. 하지만 오늘의 중국을 쏘비에뜨 이후의 러시아와 비교한다면 사회주의혁명의 유산을 현대중국이 훨씬 더 많이 보존하고 있는 것은 분명하다. 물론 러시아에서도 혁명의 유산이 완전히 사라졌다고 하는 것은 속단일 수 있겠지만, 볼셰비끼혁명의 주된 세계사적 기능은 러시아를 자본주의 세계경제 속으로 편입하는 일이었다는 잠정적 결론이 가능하다.[19] 어쩌면 이것은 근대적응을 제대로 하기 위해 강력한 근대극복의 노력이 필요하듯이 근대극복을 제대로 달성하려면 그에 걸맞은 근대적응의 성과가 필요하다는 이중과제론을 입증하는 사례인지 모른다.

중국혁명도 비슷한 판결을 받을까? 적어도 부분적으로는 그렇다고 분명히 말할 수 있을 것이다. 예컨대 경제학자이자 사상가인 원 테쥔(溫鐵軍)은 적어도 21세기 초까지의 중국이 원시적 자본축적을 지상목표로 삼은 사회였으며, 문화대혁명도 포함하는 혁명 이데올로기는 대중을 그에 동원하는 기제로 작동했다고 설파한다.

중국은 자본이 제로에 가까울 정도로 결핍되고 심지어 대외적으로 심각한 부채를 짊어진 상황에서, 고도의 집단화를 이루고 그에 따른 제도를 건설함으로써 국가의 기본적인 건설에 대규모의 노동력을 거의 무상으로 집중 투입할 수 있었다. 이 과정에서 대중에 대한 설득의 논리를 제공하여 효과적으로 일반대중을 동원하게 한 것이 바로 혁명 이데올로기이다. 이 혁명 이데올로기 때문에 중국의 노동자와 농민들은 희생을 감수하면서까지 자발적으로 노동력을 제공했다. ……

거시적으로 살펴보면 중국의 이전 백년은 비록 급진적이었으나, 이는 국가자본 위주의 공업화를 이룩하기 위한 과정이었다. 지난 백년 동안 중국은 자본의 축적에서 산업의 확장으로, 그리고 다시 과잉으로 이어지는 역사적 경로를 밟아왔다.[20]

원 톄쥔 자신은 이러한 자본축적 과정이 일단락된 이제, 중국이 현존하는 세계자본주의와는 다른 길을 갈 가능성을 포기하지 않고 있으며, 특히 중국 농촌과 농민의 역할에 기대를 건다. 아무튼 현대 중국이 러시아보다 단지 더 성공적이고 중국의 독자성을 더 살리는 자본주의로 나아갈지 아니면 이중과제 수행의 새로운 사례로 떠오를지는 더 지켜볼 일이 아닌가 한다.

중국이 근대적응에 이미 적잖은 성공을 거두었음을 앞서 언급했는데, 그러한 성공을 근대극복 문제에 대한 마오 쩌둥(毛澤東)의 접근 방식이 볼셰비끼나 스딸린의 방식과 달랐던 면과 어느 정도 연관지을 수 있을지 검토해봄 직하다. 물론 그는 프롤레타리아 문화대혁명을 일으키는 등 사회주의혁명을 추진함에 오히려 더욱 과격한 면이 있었다. 반면에 그는 공산당이 집권함으로써 중국에서 자본주의가 끝장났다는 스딸린식 발상을 거부했으며, 레닌이나 뜨로쯔끼처럼 선진자본주의 나라들의 혁명이 뒤따라줘야 자국의 혁명이 살아남을 수 있으리라는 생각도 하지 않았다. 오로지 중국인민의 힘으로 — 거기에 제3세계 민중과의 연대를 보탠 정도로 — 그의 고유한 근대극복 전략이 성공할 수 있다고 믿었다.

마오표 개발전략은 — 중국의 공식 지도노선으로서의 '모택동사상'과는 별개로 — 오늘의 중국공산당 지도부에 의해 실질적으로 폐기된 형국이다. 물론 당의 권력독점은 유지되고 있지만 그것이 마오유산의 가장 소중한 부분인지는 의문이다. 그것보다는 위에 언급했듯이 공산당의 집권과 자본주의의 소멸을 동일시하지 않는 태도라든가 중국의 평범한 대중, 특히 중국의 농민들에 대한 그의 신뢰 등을 꼽을 만하며, 자신의 반전통주의적 이념에도 불구하고 전통중국의 풍부한 문화에 깊은 뿌리를 두고 이를 능란하게 활용한 사실도 주목에 값한다. 물론 중국이 이중과제를 수행하려면 마오가 소홀히 했던 여러 근대적응 과제에도 유의해야 한다. 전제정치에 대한 제도화된 견제, 중국중심주의·대국주의에 대한 근본적 성찰, 표현의 자유처럼 '부르주아적' 가치로 치부되기도 하는 시민의 기본적 권리 확보 등이 그 예일 것이다. 또, 마오시대 이후에야 떠오른 새로운 과제들도 감당해야 함은 더 말할 나위 없다. 아무튼 그러한 과제수행을 평가함에 있어 이중과제론이 하나의 유용한 척도가 되리라 믿는다.

여기서 우리는 한걸음 더 나아가 이런 질문을 던져볼 수 있다. 곧, 동아시아의 미래 역사가 전지구적 이중과제 수행의 획기적 전범을 만들어내기 이전이라도 동아시아의 전통 자체가 세계체제 변혁에 요구되는 사상적 자원을 이미 내장하고 있는가 하는 것이다. 예컨대 근대 세계체제의 출범 이후 전지구적으로 지적 헤게모니를 확보한 근대과학의 인식론과 진리관은 오늘날 서양 내부에서도 갖가지 도전에 직면해 있다.[21] 새로운 지식체계의 필요성을 거듭 강조해온 월러스틴도 근대에 와서 진(眞)과 선(善)이 분리됨으로써 이론과 실천의 원만한 결합이 불가능해졌음을 지적한 바 있다. 이와 관련해 그는 그 둘이 "개념으로서는 '융합(fused)'될 수 없지만 '나란히(in tandem)' 추구할 수는 있다."[22]라고 주장했는데, 나는 이중과제를 처음 제기할 때부터 "동아시아 전통 속에서의 도(道) 개념은 유교에서건 불교에서건 또는 도가에서건 항상 진(the true)과 선(the good)의 '융합'에 해당하는 것이었음을 상기"시키면서, "진과 선을 한때 동아시아의 사고와 실천에서 친숙했던 어떤 궁극적인 수준에서 '융합'함이 없이 양자를 '나란히' 추구하는 일이 과연 가능할 것이냐는 물음"을 제기했다.[23]

도는 문자 그대로 사람들이 걷는 길로서 실천과 유리된 인식이 아니요 그렇다고 진리와 무관한 실천도 아니다. 동시에 플라톤의 이데아나 유일신교의 하느님 같은 초월적 존재자도 아니며 인간이 실천을 통해 깨닫고 구현하는 진리인 것이다. 다시 말해 해체론자들이 비판하는 바 본질화된 실체 또는 현존으로서의 진리를 전제하고 있지도 않다. 이처럼 '이론과 실천의 괴리' 문제와 '본질주의(essentialism)' 문제를 동시에 감당할 수 있는 개념이 '도'인 것이다. 그러나 동양전통 속의 '도'는 스스로 과학적 인식을 배태하고 지탱해온 역사가 없고 심지어 근대에의 적응을 방해해온 경력마저 지닌 개념이기에 전승된 내용 그대로 오늘의 과제해결에 투입될 수는 없다. 근대적 지식을 수용하면서 넘어서는 힘든 과정을 — 서양전통 내부에서 싹튼 비슷한 성격의 작업들과 함께 — 새로이 완수해야 한다. 이또한 이중과제의 또 다른 면모이며, 예컨대 앞서 말한 대로 맑스가 이중과제의 발상을 선취한 바 있다 하더라도 19세기 유럽인 맑스로서는 예상하기 힘들었던 면모이다.

271

5 남은 하나의 물음 — 결론을 대신하여

이상의 논의에서 동아시아지역에 관한 이중과제론이 자연스럽게 전지구적 과제로 이어졌다. 거듭 말하지만 근대는 지구적 현실이므로 이중과제론이 일반성을 인정받으려면 그 전지구적 적용 가능성이 검증되어야 한다. 이러한 검증을 위해 지금까지 논의와는 다른 차원의 물음을 던짐으로써 결론을 대신할까 한다.

근대 세계체제가 일단 생기고 난 뒤의 이런저런 이중과제를 시인하더라도, 동일한 개념을 근대가 성립하는 과정에도 적용할 수 있는가? 16세기 유럽 서부에서 자본주의가 건설될 때, 단지 구체제를 지켜내기 위해 자본주의의 도래에 반대하는 것이 아니라 자본주의에 적응하면서 극복하는 이중과제가 이미 제기되었다고 할 수 있는가?

이 물음에 제대로 답하려면 엄청나게 해박한 지식과 남다른 예지가 필요할 터인데 나로서 불감당이라는 점은 긴 말을 요하지 않는다. 다만 근대 세계체제의 탄생이 처음부터 무한대의 자본축적을 원리로 삼는 사회체제를 건설하겠다는 배타적인 목적의식의 결과이기보다는 자본주의가 도저히 실현할 수 없는 가치들을 포함하는 새로운 시대를 향한 복잡다단한 노력들의 산물이라 보는 게 합리적이 아닐까 한다. 예컨대 프랑스 대혁명이 공식화한 — 그러나 근대초기의 여러 반봉건적 사회운동들이 내장했던 — 자유·평등·우애의 가치만 해도 자본주의의 틀 안에서는 부분적인 실현 이상을 기대할 수 없는 성질이다. 근대의 이러한 양면성을 여러 논자가 주목했고, 월러스틴 자신도 '기술(공학)의 근대성(modernity of technology)'과 '해방의 근대성

(modernity of liberation)'을 구별하면서 전자를 극복하고 후자를 추진할 것을 제안한 바 있다.[24] 이는 '근대'와 '근대성'을 엄격히 구별한다면 충분히 성립할 수 있는 주장이다. 하지만 그러한 구별이 힘든 영어권이나 '근대'와 '근대성'이라는 별개의 단어를 보유한 자국어로 얼마든지 구별할 수 있는데도 영어의 관행을 추종하기 일쑤인 한국 학계에서는, '근대'의 극복 없이도 '기술의 근대성'을 극복할 수 있다는 주장을 낳기 십상이다. 이에 따른 지적 혼란은 적어도 근대와 자본주의시대를 동일시하는 월러스틴 자신에게는 달갑지 않은 성격일 것이다.

곁가지로 따라오는 질문으로, 근대 성립기의 그러한 복합적 성격에 동의하더라도 이 시기에 한해서는 근대의 '성취'가 '적응'보다 더 적절한 표현이 아니겠냐는 의문이 있을 법하다. 이 또한 간단히 답할 성질은 아니다. 하지만 나는 여전히 '적응'을 고수하고 싶다. 첫째, 근대성의 성취라고 하면 도대체 어떤 근대성이 성취함 직한 것이냐는 문제가 이때도 해당한다. 월러스틴이 말하는 '기술의 근대성'과 '해방의 근대성'을 구별할 필요가 당연히 있거니와, 두쎌 등 라틴아메리카의 지식인들이 강조하듯이 근대의 여러 해방적 가치들은 중심부의 근대에 집중된 특징이었으며 이와 동시적으로 식민지에서 전개된 적나라한 착취와 살육은 '기술의 근대성'이라는 호칭조차 과분한 야만적 성격이었다. 그러므로 근대성을 바람직한 것으로 예단하지 않고 그중 성취할 것을 성취하되 배격할 것은 배격하면서 근대에 '적응' 해간다는 것이 한층 공정한 표현이라 생각된다. 둘째로, 물론 '근대'가 아니던 시기에 '근대'가 출발한 이행의 과정이 언젠가 존재했겠지만 역사서의 영역에서 그 시발점을 확정하는 일은 거의 불가능하

근대, 적응과 극복의 이중과제

다. 사람들이 새 시대의 도래를 알아차리기 시작했을 때는 근대이행의 흐름이 이미 어느 정도 자리잡았을 때일 것이며 그 흐름에 적응하면서 궁극적으로 이를 넘어서려는 '이중과제'적 노력이 이미 필요해진 상황이었을 것이다.

아무튼 근대초기 이래의 실상과 이중과제론의 적용 가능성에 대해서는 훨씬 많은 연구가 필요하다. 나 자신은 문학도로서 예컨대 근대초기의 작가인 셰익스피어(1564~1616)가 거대한 역사적 이행의 불가피성에 대한 인식과 더불어 그에 수반되는 비극적 손실들, 그리고 다가오는 새 시대를 넘어설 필요성과 가능성을 일찍이 제시했다는 가설을 언젠가 본격적으로 검증해보고 싶다. 또한 1세기 반가량 뒤 후발 근대화지역 독일에서 괴테(1749~1832)가 파우스트 같은 근대인 상을 그려냄으로써 한층 의식적으로 '이중과제'를 예시했을 가능성[25]에 관심을 갖고 있다. 그러나 아직 그런 검증을 해낼 준비가 덜 되었고 본고가 적절한 자리가 아님도 분명하다.

주

1 상상적 시민의 탄생

1 이 글은 필자의 저서 『시민의 탄생』(민음사, 2013), 『인민의 탄생』(민음사, 2011) 서문
을 강연 목적에 맞춰 발췌 수정한 것이다. 두 저서를 집필하게 된 배경에 대해서는 「허무
에서 건져 올린 탄생론」, 《현대사광장》 3호(역사박물관, 2014)에서 두루 살폈다.

2 1987년 민주화는 모든 사회과학자들의 주된 관심이었고 연구 소재였다. 수백 권의 책
이 쏟아졌다. 지금은 모두 도서관에 안치되었다. 찾는 학생도 드물고 독자도 없다. 가끔
학위 논문 쓰는 석 · 박사 과정 학생들이나 들춰 볼까 마치 유행 지난 옷처럼 옷장에 처
박혀 있는 꼴이다.

3 물론 창도(創道)가 중요하지만 동학 연구에서 전도(傳道)가 그리 주목받지 못하는 이유
는 무엇인가? 전도가 없었다면 동학은 농민들에게 그리 큰 영향을 미치지 못했을 것임에
도 말이다. 최시형이 끝내 붙잡고 있었던 '교조 신원'은 남접의 '척왜양이'에 비해 소극적,
관념론적 태도에 불과하다는 것이 동학 연구의 일반적 결론이다. 민중 의식의 단서를 파
고들었던 조경달 역시 최시형을 비겁하고 기회주의적인 사람으로 그릴 정도다.

2 포스트모던 조건의 재성찰

1 Alan Kirby, "The Death of Postmodernism and Beyond", *Philosophy Now*,
58(November/December 2006), pp. 34~37 중 p. 34.

2 John McGowan, *Postmodernism and Its Critics*(Ithaca, NY: Cornell University
Press, 1990), p. viii.

3 Tom Turner, *City as Landscape: A Post Post-modern View of Design and
Planning*(London: Taylor & Francis, 1995), p. 10; Garry Potter and Jose Lopez

(eds.), *After Postmodernism: An Introduction to Critical Realism*(London: The Athlone Press, 2001), p. 4.

4 이에 관해서는 이진우 엮음, 『포스트모더니즘의 철학적 이해』(서울: 서광사, 1993); 이진 우, 『이성은 죽었는가: 포스트모더니즘의 철학』(문예출판사, 1998); 김욱동 엮음, 『포스 트모더니즘과 포스트구조주의』(서울: 현암사, 1991); 김상환, 『해체론 시대의 철학』(서 울: 문학과지성사, 1996); 서성록, 『한국미술과 포스트모더니즘』(서울: 미진사, 1992)을 참조할 것.

5 David Harvey, *The Condition of Postmodernity: An Enquiry into the Origins of Cultural Change*(Cambridge, MA & Oxford, UK: Blackwell, 1990), p. 327; Terry Eagleton, *The Illusions of Postmodernism*(Malden, MA & Oxford, UK: Blackwell, 1996), p. viii. 이글턴은 "포스트모더니즘과 포스트모더니티의 구별"이 논의에 유용하 다고 말한다.

6 Steven Best and Douglas Kellner, *The Postmodern Turn*(New York/London: The Guilford Press, 1997), 특히 제 1장 "The Time of the Posts"를 참조할 것.

7 Terry Eagleton, op. cit, p. vii.

8 Jean-François Lyotard, *The Postmodern Condition: A Report on Knowledge*(1979), Geoff Bennington and Brian Massumi (trans.) (Manchester: Manchester University Press, 1984)를 참조할 것.

9 Christopher Butler, *Postmodernism: A Very Short Introduction*(Oxford: Oxford University Press, 2002), p. 3.

10 Stuart Sim, "Preface to the third edition: the modern, the postmodern and the post-postmodern", Stuart Sim (ed.), *The Routledge Companion to Postmodernism*(London and NY: Routledge, 2011), p. vii.

11 카를 마르크스 · 프리드리히 엥겔스, 이진우 옮김, 『공산당선언』(서울: 책세상, 2002), 16쪽.

12 장프랑수아 리오타르, 「"포스트모더니즘이란 무엇인가?"라는 물음에 대한 대답」, 이진우 엮음, 『포스트모더니즘의 철학적 이해』, 64~80쪽 중에서 80쪽.

13 Francis Fukuyama, *The End of History and the Last Man*(London: Hamish Hamilton, 1992)을 참조할 것.

14 George Soros, *The Crisis of Global Capitalism: Open Society Endangered*(New York: BBS/Public Affairs, 1998)을 참조할 것.

15 이에 관해서는 Terry Eagleton, op. cit, pp. 97~104를 볼 것.

16 미셸 푸코, 「주체와 권력」, 이진우 엮음, 『포스트모더니즘의 철학적 이해』, 124~136쪽 중에서 124쪽.

17 M. Foucault, *Foucault Live: Interviews, 1961-1984*, Sylvère Lotringer (ed.), John Johnson (trans.) (New York: Columbia University, 1989), p. 312.

18 M. Foucault, *History of Sexuality, Volume I: An Introduction*, Robert Hurley (trans.) (New York: Vintage/Random House, 1980), p. 93.

19 M. Foucault, *Power/Knowledge: Selected Interviews and Other Writings*(New York: Random House, 1981), p. 119.

20 Seyla Benhabib, *Situating the Self: Gender, Community and Postmodernism in Contemporary Ethics*(New York: Routledge, 1992), p. 214.

21 Honi Fern Haber, *Beyond Postmodern Politics: Lyotard, Rorty, Foucault*(New York/ London: Routledge, 1994), p. 2.

22 Ibid., p. 5.

23 이러한 현상은 '정치와 정치적인 것의 차이'로 설명될 수 있다. Oliver Marchart, *Die politische Differenz: Zum Denken des Politischen bei Nancy, Lefort, Badiou, Laclau und Agamben*(Frankfurt am Main: Suhrkamp, 2010).

24 Glenn Adamson and Jane Pavitt (eds.), *Postmodernism: Style and Subversion 1970-1990*(London: V & A Publishing, 2011).

25 Fredric Jameson, *Postmodernism or, The Cultural Logic of Late Capitalism*(Durham: Duke University Press, 1992), p. ix.

26 장프랑수아 리오타르, 앞의 글, 78쪽 이하.

27 David Harvey, op. cit, p. 117.

28 Terry Eagleton, op. cit, p. 135.

3 유교, 자본주의, 민주주의

1 이 논문은 2014년 정부(교육부)의 재원으로 한국연구재단의 지원을 받아 수행된 연구이다.(NRF-2014S1A3A2043763)

2 함재봉, 『탈근대와 유교』(서울: 나남, 1998). 그러나 이에 앞서서 제2차 세계 대전 직후

중국, 베트남, 북한 등 동아시아 국가에서 사회주의 체제가 수립됨에 따라 아시아적 가치(유교)와 사회주의의 긍정적 상관성 또는 친화성이 논의된 역사가 있다는 점을 상기하는 것이 중요하다. 당시에는 사유 재산의 부정 등 공산주의적 색채가 강한 천하위공의 대동 사회론을 놓고 사회주의에 대한 유교 문화의 영향력이 설득력 있게 개진되었다.

3 물론 이에 대해서는 박정희가 1969년 「국민교육헌장」을 반포하고, 뒤이어 유신 체제를 성립시킴과 동시에 '한국적 민주주의'를 주장하면서 한국사와 한국철학 등 국학 연구를 적극적으로 추진하는 한국정신문화원을 1978년 창립한 것을 어떻게 보아야 할 것인가 라는 문제 제기가 가능하다.

4 전제국, 「'아시아적 가치' 관련 동서논쟁의 재조명」, 《한국과국제정치》 15권 1호(1999년 봄/여름호), 208~209쪽.

5 Nathan Glazer, "Two Cheers for 'Asian Values'", *The National Interest*(Fall 1999), pp. 27~34.

6 이승환, 「책머리에」, 이승환 외, 『아시아적 가치』(서울: 전통과현대, 1999), 4쪽; 김명수, 「아시아적 가치의 문화적 기원: 싱가포르 중화민족의 정체성 위기」, 《전통과현대》(2000년 봄호), 268쪽. 그렇다 하더라도 전반적으로 아시아적 가치가 근대 서구의 주요한 발명품인 '민주주의' 또는 '자유주의'와 관련해서는 긍정적인 평가를 받아 온 적이 거의 없는 것이 또한 현실이다.

7 이승환, 「아시아적 가치의 담론학적 분석」, 이승환 외, 앞의 책, 313쪽.

8 김석근, 「IMF, 아시아적 가치 그리고 지식인: 세기말 한국과 철학의 빈곤」, 앞의 책, 272쪽.

9 장인성, 「아시아적 가치와 일본적 정체성」, 《신아세아》 8권 1호(2001), 154쪽.

10 이와 비슷한 발상에서 테일러(Charles Taylor)는 서구 인권 가치의 보편적 확산을 위해 비서구 지역이 자신들의 고유한 문화를 재해석하고, 이를 통해 "중첩적 합의(overlapping consensus)"를 형성할 것을 제안한 바 있다. Charles Taylor, "Conditions of an Unforced Consensus on Human Rights", Joanne R. Bauer and Daniel A. Bell (eds.), *The East Asian Challenge for Human Rights*(Cambridge University Press, 1999), pp. 124~144.

11 김명수, 앞의 글.

12 이에 대한 상세한 논의로는 강정인, 『서구중심주의를 넘어서』(서울: 아카넷, 2004), 157~162쪽과 거기 인용된 문헌을 참조할 것.

13 페리 앤더슨, 함택영 외 옮김, 『절대주의 국가의 계보』(서울: 경남대학교극동문제연구소, 1990), 442~443, 507~509쪽.

14 이 단락에 대한 상세한 논의로는 강정인, 앞의 책, 162~165쪽과 거기 인용된 문헌을 참조할 것.

15 앞의 책, 165~170쪽.

16 Reinhard Bendix, "Japan and the Protestant Ethic", Reinhard Bendix and Guenther Roth, *Scholarship and Partisanship: Essays on Max Weber*(Berkeley, Los Angeles, London: University of California Press, 1971), p. 201, p. 194.

17 영국의 "신교 자본주의"와 대비된 일본의 "유교 자본주의"라는 개념을 1978년에 처음으로 고안한 일본의 모리시마 미츠오는 도쿠가와 시대 서양 과학 지식의 적극적 수용, 현대 일본 기업에서 발견되는 "연공서열제", "종신 고용제", "기업별 노조" 등 "일본식 경영" 등에 주목하여 일본 자본주의의 성공을 설명하고자 했다. 그러나 그가 제시한 유교 자본주의론은 동아시아 유교 문화권 전체를 대상으로 한 것이 아니라 "충을 중심으로 하는 일본의 유교"만을 가리키는 것이었다. 김홍경, 「유교자본주의론의 형성과 전개」, 《동아시아 문화와 사상》 2호(1999년 4월호), 15~16쪽.

18 리콴유·자카리아, 「문화는 숙명이다」, 이승환 외, 앞의 책, 15~50쪽.

19 Samuel P. Huntington, *The Third Wave*(Norman: University of Oklahoma Press, 1991), p. 307, p. 310.

20 전제국, 앞의 글, 200쪽.

21 앞의 글, 201~202쪽.

22 새뮤얼 헌팅턴, 이희재 옮김, 「문명의 충돌」(서울: 김영사, 1997), 141쪽.

23 그런 의미에서 헌팅턴 역시 다원적 근대화를 인정한 셈이 되었다.

24 새뮤얼 헌팅턴, 앞의 책, 86쪽.

25 앞의 책, 88~91쪽.

26 2014년에 출간된 『동아시아에서의 유교적 민주주의(*Confucian Democracy in East Asia*)』라는 저서에서 김성문은 지금까지 전개된 유교적 민주주의를 "특수주의 테제(the particularism thesis)", "공동체주의 테제(the communitarian thesis)" 및 "능력주의 테제(the meritorcraty thesis)"로 요약하여 정리하면서 이를 논박하고 있다. 그렇지만 김성문이 '유교적 민주주의'에 대한 이론화를 거부하는 것은 아니며 "유교적 시민사회"에 기초한 "유교적인 민주적 시민사회(Confucian democratic civil society)"를 "유교적 민주주의의 새로운 모델"로 제시하고 있다. Sungmoon Kim, *Confucian Democracy in East Asia*(Cambridge: Cambridge University Press, 2014), pp. 4~18.

27 새뮤얼 헌팅턴, 앞의 책, 100쪽. 이 점에서 헌팅턴은 1960년대 이래 자신이 학문적으로

수용해 온 '전통(아시아적 가치)과 근대(서구의 근대적 가치)의 경직된 이분법에 근거한 근대화 이론'과 결별을 선포한 셈이 되었다.

28 이 장의 논의는 강정인, 앞의 책, 283~295쪽의 논의를 인용 부호 없이 끌어오면서 이 글의 목적에 맞게 재구성한 것이다.

29 그러나 최근에는 다원주의적인 근대에 이르기 위한 다양한 경로를 인정하는 방향으로 이론화가 이루어지고 있다.

30 Morton H. Fried, The Evolution of Political Society(New York: Random House, 1967). '국가'에 대한 프리드의 정의는 간단히 말해 인구의 다과(多寡)와 영토의 크기에 구애받지 않고 자기 팽창이 가능한 중앙집권적 정치체를 지칭한다. 이러한 정의에 따르면 고대 그리스의 도시 국가나 동아시아 고대의 성읍 국가(또는 성곽 국가)는 국가가 아니다.

31 이 과정에서 근대화가 서구화와 동일시되는 현상이 발생한다.

32 Max Weber, The Protestant Ethic and the Spirit of Capitalism, Talcott Parsons (trans.) (New York: Charles Scribner's Sons, 1978), p. 42.

33 막스 베버, 박성수 옮김, 『프로테스탄티즘의 윤리와 자본주의 정신』(서울: 문예출판사, 1998), 15, 14쪽.

34 강정인, 앞의 책, 506~508쪽 참조.

35 Bernard Mandeville, The Fable of the Bees(Middlesex: Penguin, 1970).

36 종국적으로 이익을 추구하는 인간 행위는 벤담의 공리주의에 의해 전통적인 종교적·도덕적 규범의 구속으로부터 완전한 해방을 얻게 되었다. 벤담은 인간의 본성이 오직 고통과 쾌락에 의해 지배되며, 따라서 고통과 쾌락이 인간 행위에 기본적 동기를 부여한다고 보았다. 그리고 이러한 인간관에 기초해 자신의 공리주의 사상을 정립했다. 나아가 인간의 행복을 고통과 쾌락의 총화를 통해 파악하고 '최대 다수의 최대 행복'을 사회적 도덕이자 입법의 목표로 설정했다. 이제 자본주의적 이익 추구 정신은 프로테스탄트 윤리와 같은 보호막이나 스미스가 제시한 '공공선에의 기여'와 같은 정당화를 더 이상 필요로 하지 않게 되었다.

37 교회사에서 고리대금(usury)은 일곱 가지 중죄 중 하나에 해당했다.

38 『논어(論語)』, 「계씨(季氏)」 1장. 성백효 역주, 『논어집주』(서울: 전통문화연구회, 1991), 328~329쪽.

39 『대학장구(大學章句)』, 전(傳)10장. 성백효 역주, 『대학·중용집주』(서울: 전통문화연구회, 1992), 45쪽.

40 『논어』, 「이인(里仁)」 11~12장. 성백효 역주, 『논어집주』, 76쪽.

41 『논어』, 「헌문(憲問)」 13장. 성백효 역주, 『논어집주』, 281쪽.

42 『맹자(孟子)』, 「양혜왕장구(梁惠王章句) 상」 15~18장, 성백효 역주, 『맹자집주』(서울: 전통문화연구회, 1992), 15~18쪽.

43 그러나 연금술이 화학을 발전시켰듯이, 학문적으로 잘못 정향된 그의 연구가 후일 종교 사회학이라는 학문을 창시한 데 기여한 공은 인정해야 할 것이다.

44 Alexis de Tocqueville, *Democracy in America*, George Lawrence (trans.), J. P. Mayer (ed.) (Garden City, NY: Doubleday, 1969), pp. 287~290; 강정인, 앞의 책, 236~237쪽.

45 흥미롭게도 토크빌이 주목한 것과 비슷한 현상이 20세기 후반 동아시아에서도 관찰되었다. 세속성 또는 현세 지향성이 강한 동아시아 문화에서 베버가 17세기 유럽을 배경으로 주목했던 기독교 교리의 영향력을 얼마나 식별해 낼 수 있느냐에 대해서는 논쟁의 여지가 있겠지만, 20세기 후반에 타이완의 민주화 운동에서는 장로교가 카톨릭보다 더 적극적이었고, 한국의 경우에는 카톨릭이 개신교보다 더 적극적이었다는 점은 널리 알려진 사실이다. 이처럼 대조적 현상은 종교적 교리보다는 개별 국가의 사회적·정치적 상황의 차이에 의해 더 잘 설명될 것이다. 따라서 한국의 민주화를 논하면서 (베버가 자본주의의 발흥에 대해 그런 것처럼) 기독교의 확산을 민주화의 독립 변수로 상정한 헌팅턴의 해석에 반대하여 필자는 이를 기껏해야 매개 변수로 보아야 한다는 주장을 전개한 바 있다.(강정인, 앞의 책, 227~247쪽)

46 앞에서 간단히 언급한 것처럼 헌팅턴은 한국의 민주화에 대해, 아시아적 가치인 유교가 아니라 서구적 가치인 기독교의 확산을 독립 변수로 설정해서 설명하고자 한다. 물론 그는 급속한 경제 발전을 통한 사회변화를 더 중요한 독립 변수로 본다.

47 막스 베버, 앞의 책, 34~38, 140~141, 144쪽.

48 스미스가 『국부론』에서 제시한 시장 가격 이론 역시 당시의 역사적 상황에서는 프로테스탄트 윤리의 충분한 대용물이 될 수 있었다. 초기에 자본주의에 적대적이던 유럽의 카톨릭 역시 비슷한 과정을 통해 후일 '자본주의 정신'에 편승했을 것이다.

49 여기서 헤게모니(hegemony)는 근대 서구 문명의 지적·도덕적 리더십을 인정한다는 뜻으로 그람시의 헤게모니 개념이 담고 있는 '동의'를 지시한다.

50 유길준, 허경진 옮김, 『서유견문』(서울: 서해문집, 2004), 393, 401, 394쪽.

51 중국의 계몽 사상가 엄복(嚴復)을 사로잡은 근원적인 질문 역시 '서양이 그토록 부강해진 비밀은 무엇인가?'였다. 그렇기 때문에 엄복의 사상을 분석한 저서를 낸 슈워츠

(Benjamin Schwartz) 역시 책의 제목을 '부와 권력을 찾아서(In Search of Wealth and Power)'라고 붙였다. 벤저민 슈워츠, 최효선 옮김, 『부와 권력을 찾아서』(파주: 한길사, 2006).

52 김갑천, 「박영효의 건백서: 내정개혁에 대한 1888년의 상소문」, 《한국정치연구》 2권 (1990), 254쪽.

53 유길준, 앞의 책, 394쪽.

54 김갑천, 앞의 글, 252쪽.

55 이 글의 목적에 비추어 이하에서는 서구 문명의 논리와 이상의 관점에서 개화를 옹호한 구절이 아니라 유교의 원리와 가치의 관점에서 개화를 옹호한 개화파의 사상만 간단히 살펴보겠다.

56 안외순, 「19세기 말 조선에 있어서 민주주의 수용론의 재검토: 동서사상 융합의 관점에 서」, 《정치사상연구》 4권(2001), 27~53쪽.

57 앞의 글, 49쪽.

58 김갑천, 앞의 글, 249~251쪽.

59 『논어』, 「태백(泰伯)」 13장.

60 김갑천, 앞의 글, 249~262쪽.

61 안외순, 앞의 글, 49쪽.

62 앞의 글, 27쪽. 이러한 해석은 필자가 로크가 자유주의 이론을 창안한 과정에 기대어 "전통의 현대화"를 주장한 논리와 유사하다.(강정인, 앞의 책, 505~514쪽)

63 이 점에서 유교의 원칙과 가치를 선별적으로 동원하여 근대 서구 문명(의 수용)을 정당화 한 것과 달리 유교의 원칙과 가치를 통해 서구 문명을 순치하려고 노력한 이론적 시도는 별도의 고찰을 필요로 한다.

64 이항로, 류인석 등 화서학파를 중심으로 한 위정척사파는 전통적인 유교 문명에 기초해 서 근대 서구 문명을 격렬하게 비판했다. 위정척사파의 이러한 대응을 19세기 프랑스와 독일의 보수주의와 비교하여 논한 글로는 강정인·장원윤, 「19세기 유럽 보수주의와 조 선 위정척사파의 근대 서구문명 비판: 프랑스·독일의 복고적·권위적 보수주의와 화서학 파의 위정척사사상을 중심으로」, 《한국정치학회보》 48권 2호(2014), 233~250쪽을 참조할 것.

65 박정희, 『우리 민족의 나갈 길』, 개정5판(서울: 동아출판사, 1962), 128쪽.

66 김대중의 아시아적 가치와 민주주의에 대한 주장 또는 민주주의가 가족 중심의 아시 아적 가치를 보존하는 데 도움이 된다는 다니엘 벨(Daniel A. Bell)의 주장 역시 이러

한 맥락에서 해석되어야 할 것이다. 김대중, 「문화는 숙명인가」, 이승환 외, 앞의 책, 51~64쪽; Daniel A. Bell, "Democracy in Confucian Societies: The Challenge of Justification", Daniel Bell et al., *Towards Illiberal Democracy in Pacific Asia*(Oxford: St. Martin's Press, 1995), pp. 17~40.

또한 19세기 말 요코이 쇼난(橫井小楠), 량치차오(梁啓超) 등 일본과 중국의 지식인들이 미국의 대통령제를 찬양하면서 대동 사회와 요순의 선양제를 떠올린 것도 동일한 맥락에서 해석될 수 있다. 島田虔次, 「堯舜民主政?」, 『隱者の尊重: 中國の歷史哲學』(東京: 筑摩書房, 1997).

67 이 점에서 아시아적 가치는 벤담의 개인주의적 공리주의를 집단주의적 공리주의로 변형하는 데 기여했다고 해석된다.

68 Karl Marx, *Capital: A Critique of Political Economy*, Vol. 1, Frederick Engels (ed.) (New York: International Publishers, 1967), p. 714.

69 다시 말해 이들이 자본주의의 기원으로 설정한 시기의 유럽에서는 아직 기독교 개혁이 일어나지도 않았다.

70 장인성, 앞의 글, 158쪽. 동시에 장인성은 일본 지식인의 담론에서 "동남아발 아시아적 가치론에 동조하면서 '아시아적 가치'로써 서구에 대항하려는 변화"도 읽어 낸다. "발전 자체보다 서구 대항 의식이 아시아적 가치의 창출과 확산을 유발한다는 역사적 경험이 유효한 대목이지 않을까."(159쪽) 물론 장인성도 선뜻 인정하겠지만, 아시아인들이 아시아적 가치 담론을 창출하고 확산시키려는 이유가 발전에 대한 정당화를 위해서든 아니면 '보편적'으로 군림하는 서구 문명에 대항하기 위해서든, 양자는 서구 문명에 대한 열등감과 저항감을 내포하고 있으며 상호 긴밀하게 연결되어 있다는 점에서 커다란 차이가 없다. 전자가 '의식의 식민화'의 소산이라면, 후자는 '식민화의 의식'에 따른 반발로서 양자는 동전의 양면을 구성하기 때문이다.(강정인, 앞의 책, 49쪽)

71 장인성, 앞의 글, 158쪽.

72 이 점에서 한국의 자본주의 발전을 유교 자본주의로 이론구성하려는 다수 국내 학자들의 경향에 반대하면서 한국 자본주의의 반유교적 특징을 낱낱이 고발한 이승환의 연구(이승환, 「반유교적 자본주의에서 유교적 자본주의로」, 《동아시아 문화와 사상》 2호 (1999), 61~82쪽)는 주목할 가치가 있다.

73 다만 아시아에서의 자본주의적 발전이 기정사실이 되고 아시아적 가치에 대한 논의가─ 그것이 합당하든 그렇지 않든 ─ 진부해진다면, 새삼 베버 테제의 합당성을 치밀하게 논구하는 작업은 이론적 사치나 낭비가 될 법도 하다. 그렇다 해도 경제 대국으로 부상한

중국발 아시아적 가치 담론이 과거 특수주의나 문화 상대주의 관점에서 표현된 아시아적 가치 담론과 달리 보편주의적 담론으로 재무장하여 부상할 때, 프로테스탄트 윤리 테제는 우리에게 좋은 참고가 될 것이다.

4 근대의 패러독스

1 "페미니즘 공부에 한창인 여학생에게 들은 바에 의하면, 대학교 안에서 페미니스트 정체성을 표방한다는 의미는 반공 사회에서 공산주의자보다 훨씬 더 위험한 존재임을 드러내는 것과 같다."라는 냉소적 코멘트가 한 여성학 교과서에 소개된 것을 최근 보게 되었다.(나임윤경, 「이성애 연애와 친밀성, 드라마처럼 안 되는 이유」, 한국여성연구소 엮음, 『젠더와 사회: 15개의 시선으로 읽는 여성과 남성』(동녘, 2014)) 한 일간지의 여성주의 칼럼니스트의 댓글에 "여성주의와 무관한 글인데도 '걸레', '술집×' 등의 표현이 난무했다."(《한겨레》 2013년 11월 29일자 재인용)라는 짧은 코멘트 또한 우리 사회 페미니즘과 페미니스트의 설 자리가 얼마나 좁은가를 생각하게 한다. 페미니즘은 한국 사회에서 백안시되는 분위기가 있다. 이는 대학에서 여성학 강좌 신청자가 줄고 강의 개설이 줄고 있는 상황에서도 감지된다. 이는 비판 학문으로서 인문학이 처한 위치와 비슷해 보이지만 여성학의 상황이 더 열악하다. 여성학이 대학에서 번성할 때는 여성이 주류 시각에서 계몽하거나 발전시켜야 할 대상일 때뿐이었다.

2 영화 「해리 포터」의 여주인공 역을 맡은 배우 에마 왓슨은 유엔 여성 친선 대사로 임명된 뒤 한 연설에서 "제가 페미니즘에 대해 발언하면 할수록 여성의 권리 확보를 위한 싸움이 늘 남성을 증오하는 것과 같은 의미가 된다."라는 사실을 깨달았다고 고백하고 "분명히 알게 된 한 가지 사실은 이 같은 현실이 바뀌어야 한다."라는 것이며 "남성들에게 이런 일에 함께 참여하기를 공식적으로 초청한다."라고 손을 내밀고 있다.(《허핑턴포스트》 2014년 9월 22일자 재인용) 그런데 이 연설이 나간 뒤 왓슨은 일부 남성들로부터 누드 사진을 해킹하겠다는 협박을 받고 있다.

3 폭스 켈러는 이론물리학과 수리생물학을 전공한 과학자로서 *Reflections on Gender and Science*(Yale University Press, 1985)를 통해 과학의 성차별성을 인식론적 입장에서 확고하게 드러냈다. 한국어판은 이블린 폭스 켈러, 민경숙·이현주 옮김, 『과학과 젠더』(동문선, 1996).

4 성과 젠더를 둘러싼 개념에서 젠더는 사실상 어느 사회에서도 제대로 번역되기 힘든 단

어이고 개념이다. 젠더 이론들은 모든 해석을 할 때, 성과 젠더의 구별을 두드러지게 하는 문화의 컨텍스트 속에서 여성이 받는 억압의 특수성을 명확하게 표현하려고 시도한다. 성과 젠더 사이의 구별이 그렇게 두드러지는 것은 이원적 쌍들의 가족(즉 자연/문화, 자연/역사, 자연적/인간적, 자원/산물) 주위에 떼 지어 있는 연관된 의미 체계에 의존하기 때문이다.(다나 해러웨이, 민경숙 옮김, 『유인원, 사이보그, 그리고 여자』(동문선, 2002))

5   젠더는 남녀의 실제적인 사회적 차이라기보다는 인종 및 민족 집합체에서 이들이 갖는 경제적 위치나 구성원권에 따른 성차 역시 담론 양식으로 이해해야 하며 담론을 통해 일단의 사회적 주체들이 상이한 성적/생물학적 구성물을 지닌다고 정의된다. 다시 말해, '젠더'와 '성' 모두 담론 양식으로 분석할 수 있으며, 다만 그 사안이 다를 뿐이다.(니라 유발데이비스, 박혜란 옮김, 『젠더와 민족』(그린비, 2012), 29쪽) 물론 여성이라는 주체를 사회적 현실의 담론적 구성물로서 보는 관점은 또 다른 종류의 "신결정론(neodeterminism)"이라는 비판도 있다.(Linda Martín Alcoff (ed.), *Singing in the Fire: Tales of Women in Philosophy*(Rowman & Littlefield Publishers, Inc., 2003)) 주체 혹은 자아는 결코 인간사가 예상 가능하다거나 해명 가능하다는 식의 생물학에 의해 결정되지 않는다는, 생물학적 결정론에 대한 이러한 기각은 인간 주체가 과소 결정된다는 신념이 아니라, 오히려 우리가 사회적 담론 또는 문화적 실천에 의해 과잉 결정된다는 믿음에 근거하기 때문이다.

6   지그문트 프로이트, 김정일 옮김, 『성욕에 관한 세 편의 에세이』(열린책들, 2004).

7   피에르 부르디외, 김용숙 옮김, 『남성 지배』(동문선, 2000).

8   김진송, 『서울에 딴스홀을 허하라: 현대성의 형성』(현실문화연구, 1999).

9   김수진, 『신여성, 근대의 과잉: 식민지 조선의 신여성 담론과 젠더 정치, 1920~1934』(소명출판, 2009).

10 실라 로보섬, 최재인 옮김, 『아름다운 외출: 페미니즘, 그 상상과 실천의 역사』(삼천리, 2012).

11 이노우에 가즈에, 「나혜석의 여성 해방론의 특색과 사회적 갈등」, 정월나혜석기념사업회, 나혜석 바로 알기 제1회 국제 심포지엄(1999) 발표 논문.

12 민족주의자들에게는 여성 해방보다도 민족 해방이 우선이었기에 여성은 새로운 근대적 가부장제 속에서 아내로서 민족 해방을 위해 남편을 내조하고, 어머니로서 장차 민족 해방을 위해 일할 자녀들을 키워 내는 것이 중요했다. 이는 식민지 사회 어디에서나 보편적으로 관찰된다.(Kumari Jayawardena, *Ethnic and Class Conflicts in Sri Lanka*(Centre

for Social Analysis, 1985))

13 영국이나 일본과 달리 조선의 경우 신여성을 둘러싼 스테레오 타입화에 대항하는 시선과 목소리는 강하지 않았다.(김수진, 앞의 책)

14 여자 스파이란 여러 국가를 돌아다니고(inter-national), 외국어에 능하고, 외국인과 친숙하게 지내며, 외국의 지식을 습득한 여성들이다. 또 그녀들은 미인이어서 세인의 주목을 받으며, 사교적이고, 성적 능력을 비롯한 다양한 능력을 갖고 있다. 이것은 여자 스파이에 대한 담론이 근본적으로 국경을 넘어 이동하는 국제적(international)이거나 초국가적인(transnational) 집단으로서의 여성에 대한 공포, 근대적 지식과 권력을 지닌 여성에 대한 공포를 동반한다는 것을 보여 준다.(권명아, 『역사적 파시즘: 제국의 판타지와 젠더 정치』(책세상, 2005))

15 니라 유발데이비스, 앞의 책.

16 신여성 관련 문헌과 구술 자료를 보면 신여성의 개념이 고정적이고 단일한 집단의 여성을 말하는 것이 아니라 사회적 담론 속에서 대상화되고 타자화되었으며 그 형태와 내용도 변화해 왔음을 알 수 있다.(조은, 「페미니스트로서 나혜석 읽기」, 윤범모·박영택 외, 『나혜석, 한국 근대사를 거닐다』(푸른사상사, 2011))

17 조은·윤택림, 「일제하 '신여성'과 가부장제: 근대성과 여성성에 대한 식민 담론의 재조명」, 학술진흥재단, 『광복 50주년 기념 논문집』; 김경일, 「한국 근대 사회의 형성에서 전통과 근대: 가족과 여성 관념을 중심으로」, 《사회와역사》, 제54집(1998); 이상경, 「나혜석: 한 페미니스트 자유혼의 패배」, 김동춘 외, 『자유라는 화두』(삼인, 1999); 김은실, 「민족 담론과 여성: 문화, 권력, 주체에 관한 비판적 읽기를 위하여」, 《한국여성학》 제10집(1994); 윤택림, 「민족주의 담론과 여성: 여성주의 역사학에 대한 시론」, 《한국여성학》 제10집(1994); 박현옥, 「여성, 민족, 계급: 다름과 집합적 행위」, 《한국여성학》 제10집(1994); 김진송, 앞의 책.

18 권명아, 앞의 책; 김수진, 앞의 책; 김경일, 『여성의 근대, 근대의 여성: 20세기 전반기 신여성과 근대성』(푸른역사, 2004) 참조.

19 민족주의를 젠더적으로 이해하고 분석해 온 학자 유발데이비스는 관료제나 지식인(뿐만)이 아니라 여성이 생물학적, 문화적, 상징적으로 민족을 재생산함에도 왜 민족주의 현상의 다양한 이론화 작업 속에서 '은폐'되었는가라는 질문을 던지면서 젠더 정치학에 매우 중요한 지점을 제공했다.(니라 유발데이비스, 앞의 책)

20 이블린 폭스 켈러, 앞의 책.

21 여성의 경제 활동 참가율은 2006년 50.3퍼센트로 정점을 찍은 이후 하락하여 2009년

49.2퍼센트를 기록하고 2013년 현재 50.2퍼센트에 머문다. 그러나 참가율보다는 임금 격차, 직종, 고용 안정성에서의 격차 등이 더욱 성차별적이다.

22 최근 한 대학의 '여성을 위한 모임'이 20년의 시차를 두고 한국 사회의 여성 콤플렉스를 조사 연구한 뒤 『내 안의 여성 콤플렉스 7』(휴머니스트, 2014)을 출간했다. 이 책의 필자들은 20년의 시간을 두고 볼 때 여성의 지위가 실제로 향상되었다기보다는 여성 역할이 다중화되고 확장되었다고 해석한다. 이들은 사라지지 않고 변형된 또는 악화된 여성들의 상황과 거기에 쫓기는 여성들의 욕망을 콤플렉스로 접근하면서 '위장된 여성성'이라고 정의하고 있다. 같은 시기에 번역 출간된 『빨래하는 페미니즘』(민음사, 2014)의 저자 스테퍼니 스탈도 미국에서 비슷하게 성별 분업 구조에 시달리는 위장된 여성성의 개인적 경험을 풀어낸다.

23 모더니티와 여성의 몸에 관심 있는 연구가들은 근대 초기부터 모성이나 여성의 신체는 '제한과 통제'의 의미로 수용되고 유동적 여성성은 담론의 대상이었다고 지적한다.(권명아, 앞의 책, 69쪽) 기실 근대 이전에도 마찬가지였다. 유교 가부장제 사회였던 조선조에서 모성의 등급화는 신분제만큼 철저하고 엄격했다. 모성을 통해 성(sexuality)과 신분제를 함께 통제할 수 있었던 사회에서 어머니를 지칭하는 단어는 일곱 가지였으며 이는 곧 등급이었다. 생물학적 친모도 적모와 서모로 구분되었다.(조은, 「모성·성·신분제: 『조선왕조실록』 '재가 금지 담론'의 재조명」, 《사회와역사》, 제51집(1997), 109~141쪽)

24 "덮어놓고 낳다 보면 거지꼴을 못 면한다"(1960년대) → "딸 아들 구별 말고 둘만 낳아 잘 기르자"(1971) → "잘 키운 딸 하나 열 아들 안 부럽다"(1978) → "아빠, 혼자는 싫어요. 엄마, 저도 동생을 갖고 싶어요"(2004) 우리나라 인구 정책의 흐름을 한눈에 보여 주는 대한가족보건복지협회(전 대한가족계획협회) 표어의 변천사다.

25 골드 미스는 결혼 적령기를 넘긴 고소득 미혼녀를 일컫는 말이다. 정확한 정의는 없지만 대졸 이상의 학력에 전문직 혹은 중견·대기업 종사자로 안정된 직장과 직업을 가지고 있고 아파트 혹은 현금 자산 8000만 원 이상인 30~45세의 미혼 여성을 지칭한다고 언론은 보도한다. 이들에 대한 언론의 관심은 주로 소비 계층으로서였으나 저출산이 골드 미스들의 결혼 지연 때문이라는 내용이 차츰 더 지면을 장식하고 있다.(《문화일보》 2007년 5월 1일자; 《내일신문》 2007년 3월 8일자; 《한국일보》 2007년 1월 24일자)

26 두 자녀 낳기를 꺼리는 어머니들을 향해 다자녀의 다복성을 강조하거나 아이 낳기를 미룬 엄마들의 후회 어린 코멘트가 목하 언론을 장식한다. 예를 들면 "맞벌이 3년 차, 아이보다는 생활의 안정이 먼저라고 생각했습니다. 이젠 엄마가 되고 싶습니다."(한국광고방송공사 2009 출산 장려 캠페인 영상 광고)

27 조은, 「젠더 불평등 또는 젠더 패러독스: 신자유주의 통치성과 모성의 정치경제학」, 《한국여성학》 26권 1호(2010), 69~95쪽. 실제로 2005년 제41회 전국여성대회의 주제는 "인력이 국력이다. 출산이 애국이다."였으며 여성이 앞장서서 저출산 위기를 극복하자는 결의문을 채택하고 출산율 감소를 "퇴폐적 상황"이라고 진단한 뒤 "출산은 여성의 창조적 의무"라는 구호를 외쳤다.(《한겨레》 2005년 10월 26일자)

28 서구에서도 제1차 세계 대전은 국가가 출산을 지원해야 한다는 주장이 여론의 호응을 받게 되는 전환점이 되었다. 인종적 '퇴화'에 대한 공포 분위기 때문에 노동 조직들이 개혁을 밀어붙일 수 있는 여론이 조성되었으며 이때 모성 보호와 가족 임금제는 노동계의 개혁 항목이 되었다. 출산을 둘러싼 개혁은 장기적으로 볼 때 국가와 사회에 이득이 된다는 주장이었다. 그러나 노동 운동에서는 강한 민주적 조류가 형성되고 있었고, 이는 젠더화된 계급 감정에 의해 강화되었다.

29 권정임, 「기본 소득과 젠더 정의: 젠더 정의를 위한 사회 재생산 모형」, 한국여성학회 2013년 추계학술대회 '시장사회: 감정의 정치경제학과 여성주의 대안으로서의 노동윤리학' 발표 논문.

30 안상욱, 「루저 문화의 등장과 남성성의 변화」, 비판사회학회 2011년 동계 워크숍 '드디어 남성을 말하다' 발표 논문, 70쪽.

31 이는 아직까지는 사이버 공간에서 주로 작동한다. 대표적인 사례가 2009년 11월 KBS의 「미녀들의 수다」에서 한 여대생이 키 180센티미터 이하는 루저라고 발언해 남성들의 집중적인 공격을 받은 사건이다. 그녀가 다니던 학교의 게시판은 마비가 될 정도였다.(김고연주, 「나 주식회사와 외모 관리」, 한국문화인류학회 2010 국제학술대회 '글로벌 시대의 몸의 인류학' 발표 논문) '된장녀'에 대한 분노도 비슷한 맥락에서 이해될 수 있으며 이러한 분노는 사이버 공간에 국한되지 않을 수도 있다.

32 대중이 원하는 판타지나 특정 정서와 결합되어 기호 가치로 전화하여 소비되는 새로운 소비 양식이 한국의 대중문화 연예 상품에서 확산되는데 그 핵심에 양극화되어 재현되는 젠더 디스플레이와 성애적 몸 이미지가 여전히 강력한 동력으로 작용하고 있다는 것이다.(이수안, 「대중문화에서 기호 가치로서 몸 이미지의 소비 양식: 아이돌 그룹을 중심으로」, 《문화와사회》 11권(2011), 193~235쪽)

33 예를 들면, '걸 파워'를 재현하는 한국 소녀 아이돌의 이미지가 항상 성애화(sexualization)를 주된 기법으로 하지는 않으며, 보다 다양한 전략들이 소녀 육체의 스펙터클화를 위해 동원된다고 한다.(이수안, 앞의 글)

34 임지현·염운옥 엮음, 「대중 독재와 여성: 동원과 해방의 기로에서」(휴머니스트, 2010).

35 니라 유발데이비스, 앞의 책 참조.

36 '울스턴크래프트의 딜레마'는 그 자체의 논리적 딜레마가 아니라 당시의 상황적 딜레마이며 기실 근대의 딜레마이기도 하다. 리처드 세넷의 '파괴적 공동체'라는 언명은 사실상 여성을 사회적 진공에 위치 지은 언명이다. '여성'을 둘러싼 수없이 많은 사회 세력과 담론을 고려하지 않은 채 마치 '여성'이라는 범주 자체가 지닌 딜레마로 해석될 가능성이 높다.

5 한반도의 전쟁과 평화

1   하영선, 「동아시아질서건축사」(http://www.hayoungsun.net), 1, 2강; 하영선, 『역사 속의 젊은 그들: 18세기 북학파에서 21세기 복합파까지』(을유문화사, 2011), 1, 2장.

2   하영선, 「동아시아질서건축사」, 3, 4강; 하영선, 『역사 속의 젊은 그들: 18세기 북학파에서 21세기 복합파까지』, 3~6장; 하영선, 『한국근대국제정치론』(근간).

3   하영선, 「동아시아질서건축사」, 5강; 하영선 엮음, 『한국 전쟁의 새로운 접근: 전통주의와 수정주의를 넘어서』(나남, 1990).

4   Bruce Cumings (ed.), *Child of Conflict: The Korean-American Relationship 1943-1953*(Seattle: University of Washington Press, 1983), Introduction.

5   George Kennan, "Long Telegram"(1946. 2. 22), http://www.trumanlibrary.org/whistlestop/study_collections/coldwar/documents/pdf/6-6.pdf; Nikolai Vasilevich, "The Novikov Telegram: Washington September 27, 1946", *Diplomatic History*, Vol. 15, no. 4(October 1991), pp. 527~538.

6   Memorandum of Conversation held in the Division of Japanese Affairs July 16, 1946, US Department of State, *Foreign Relations of the United States, 1946*, Volume VIII, pp. 715~716.

7   US Department of State, *Foreign Relations of the United States, 1948*, Volume I, Part 2(1976).

8   Anatoly Torkunov, *The War in Korea 1950-1953: Its Origin, Bloodshed and Conclusion*(Tokyo: ICF Publishers, 2000).

9   Ibid.

10 션즈화, 『마오쩌둥 스탈린과 조선 전쟁』(서울: 선인, 2010).

11 Ministry of Foreign Affairs, *Documents and Materials Exposing the Instigators of the Civil War in Korea: Documents from the Archives of Rhee Syngman government*(Pyongyang: Foreign Language Press, 1950); Ministry of Foreign Affairs, *Facts Tell*(Pyongyang, FLPH, 1950/1960).

12 Robert T. Oliver, *Syngman Rhee and American Involvement in Korea, 1942-1960: A Personal Narrative*(Seoul: Panmun Book Company, 1978), pp. 250~252.

13 Ibid., pp. 258~259.

14 하영선 「북한 1972 진실 찾기: 7·4 공동 성명의 추진과 폐기」, 동아시아연구원, EAI 국가안보패널 보고서 「동북아 데탕트: 탈냉전 국가대외전략 비교연구」, 67권을 수정 보완한 것이다. 이 글은 원칙적으로 다음 자료집의 일차 자료를 사용했다. Woodrow Wilson Center, *Cold War International History Project*, http://www.wilsoncenter.org/program/cold—war—international—history—project; Woodrow Wilson Center, *North Korea International Documentation Project*, http://www.wilsoncenter.org/program/north—korea—international—documentation—project

15 William Burr (ed.), *The Beijing-Washington Back-Channel and Henry Kissinger's Secret Trip to China September 1970 to July 1971*, National Security Archive Electronic Briefing Book, No. 66(2002), http://www2.gwu.edu/~nsarchiv/NSAEBB/NSAEBB66; William Burr, (ed.), *Negotiating US-Chinese Rapprochement: New American and Chinese Documentation Leading Up to Nixon's 1972 Trip*, National Security Archive Electronic Briefing Book, No. 70(2002), http://www2.gwu.edu/~nsarchiv/NSAEBB/NSAEBB70

16 김일성, 「조선민주주의인민공화국에서의 사회주의 건설과 남조선 혁명에 대하여」, 인도네시아 알르 아르함 사회과학원 강연(1965. 4. 14).

17 Woodrow Wilson Digital Archive, "Minutes of Conversation on the Occasion of the Party and Government Delegation on behalf of the Rumanian Socialist Republic to the Democratic People's Republic of Korea"(Pyongyang, 1971. 6. 10), *Inter-Korean Relations 1971-1972*, http://digitalarchive.wilsoncenter.org/document/112790

18 하영선 엮음, 「한반도 신뢰 프로세스: 억제, 관여, 신뢰의 복합 추진」(서울: 동아시아연구원, 2014); 하영선, 「남북 통일의 역사적 전망: 미중 시대의 복합 그물망 통일」, 윤영관 엮음, 「한반도 통일」(서울: 늘품플러스, 2013)을 수정 보완한 것이다.

19 Hilary Rodham Clinton, "America's Pacific Century", *Foreign Policy Magazine*(2011. 10. 11).

20 Hilary Rodham Clinton, "Remarks at the U.S. Institute of Peace China Conference"(2012. 3. 7), http://www.state.gov/secretary/20092013clinton/rm/2012/03/185402.htm

21 Chuck Hagels, "Secretary of Defense Speech: CSIS Global Security Forum"(2013. 11. 5), http://www.defense.gov/speeches/speech.aspx?speechid=1814

22 習近平, 「在美國友好團體歡迎午宴上的演講」(2012. 2. 16).

23 胡錦濤, 「在第四輪中美戰略與經濟對話開幕式上的致辭」(2012. 5. 4).

24 王毅, 「如何搆建中美新型大國關系」, 美國布魯金斯學會(2013. 9. 21).

25 王毅, 「開啓中國外交新征程」, 『新起点, 新理念, 新實踐: 2013中國與世界』, 研討會上的演講(2013. 12. 16).

26 김정은, 「조선로동당 중앙위 2013년 3월 전원회의」(2013. 3. 31); 「조선로동당 중앙위 3월 전원회의 보고」, 《로동신문》(2013년 4월 2일).

27 하영선, 「북한 2014 미로 찾기: 신년사의 해석학」, EAI 논평 제32호(2014. 1. 27).

28 하영선·조동호 엮음, 『북한 2032: 선진화로 가는 공진 전략』(서울: 동아시아연구원, 2010).

29 김대중, 「남이 핵 가져야 북이 협상한다」, 《조선일보》 김대중 칼럼(2011년 1월 11일); 김대중, 「한국의 핵무기, 논의할 가치도 없다는 말인가」, 《조선일보》 김대중 칼럼(2011년 2월 8일); 한국의 1970년대 핵무기 개발 계획이 지불해야 했던 안보, 정치, 경제, 기술 비용에 대해서는 하영선, 『한반도의 핵무기와 세계 질서』(서울: 나남, 1991)를 참조할 것.

30 M. J. Chung, "Thinking the Unthinkable on the Korean Peninsula", Carnegie International Nuclear Policy Conference(2013. 4. 9).

31 Amy F. Woolf, "Nonstrategic Nuclear Weapons", Congressional Research Service(2012. 12. 19).

32 NATO, "Deterrence and Defence Posture Review"(2012. 5. 20), http://www.nato.int/cps/en/natolive/official_texts_87597.htm?mode=pressrelease

33 박근혜 대통령 제65주년 국군의 날 기념사, http://www.president.go.kr/president/speech.php?&cur_page_no=1&mode=view&uno=70&article_no=38&&cur_page_no=1

34 한일 신시대 공동연구 프로젝트, 『'한일 신시대'를 위한 제언: 공생을 위한 복합 네트워크

의 구축』(서울: 한울, 2011).

35 하영선·김상배 엮음, 『네트워크 세계 정치: 은유에서 복합으로』(서울: 서울대학교출판문화원, 2010), 결론.

36 하영선, 『역사 속의 젊은 그들: 18세기 북학파에서 21세기 복합파까지』, 1장 「연암 박지원의 중국 바로 보기」.

6 비지배적 상호성과 세계시민주의

1 Martha Nussbaum, *Frontiers of Justice, Disability, Nationality, Species Membership*(Cambridge, MA: Harvard University Press, 2006); Martha Nussbaum, *Cultivating Humanity*(Cambridge, MA: Harvard University Press, 1997); Kok-Chor Tan, *Toleration, Diversity, and Global Justice*(University Park, PA: Pennsylvania State University Press, 2000); John Rawls, *The Law of Peoples*(Cambridge, MA: Harvard University Press, 1999); Jürgen Harbermas, *The Inclusion of the Others: Studies in Political Theory*(Cambridge, MA: MIT Press, 1998).

2 Arjun Appadurai, *Modernity at Large, Cultural Dimension of Globalization*(Minneapolis: University of Minnesota Press, 1996).

3 Seyla Benhabib, *Another Cosmopolitanism*(New York: Oxford University Press, 2006).

4 Fred Dallmayr, "Cosmopolitanism: Moral and Political", *Political Theory*, Vol. 31, no. 3(2003), pp. 421~442.

5 Zygmunt Bauman, *Does the Richness of the Few Benefit Us All?*(Malden, MA: Polity, 2013); Gerard Delanty, *The Cosmopolitan Imagination: The Renewal of Critical Social Theory*(New York: Cambridge University Press, 2009).

6 James D. Ingram, *Radical Cosmopolitics: The Ethics of Democratic Universalism*(New York: Columbia University Press, 2013); Daniele Archibugi, *The Global Commonwealth of Citizens*(Princeton, NJ: Princeton University Press, 2008); Daniele Archibugi, "Cosmopolitical Democracy", Daniele Archibugi (ed.), *Debating Cosmopolitics*(New York: Verso, 2003), pp. 1~15; David Held,

Democracy and the Global Order(Cambridge, MA: Polity Press, 1995).

7 Pierre Manent, Metamorphoses of the City: On the Western Dynamic, Marc Lepain (trans.) (Cambridge, MA: Harvard University Press, 2013), pp. 1~14, pp. 152~171.

8 Martha Nussbaum, Cultivating Humanity, pp. 50~84.

9 Martha Nussbaum, "In Defense of Universal Values", Idaho Law Review, no. 36(2000), pp. 379~447 중 pp. 411~426.

10 John Rawls, op. cit, pp. 78~88.

11 Jürgen Harbermas, op. cit, p. 118, pp. 141~149; Pheng Cheah, "The Cosmopolitical—Today", Pheng Cheah and Bruce Robbins (eds.), Cosmopolitics: Thinking and Feeling Beyond the Nation(Minneapolis: University of Minnesota Press, 1998), pp. 20~38.

12 Daniele Archibugi, The Global Commonwealth of Citizens; Daniele Archibugi, "Cosmopolitical Democracy"; David Held, op. cit.

13 Michael Walzer, Thick and Thin: Moral Argument at Home and Abroad(Nortre Dame, IN: University of Notre Dame Press, 1994), pp. 9~10.

14 Nadia Urbinati, "Can Cosmopolitical Democracy Be Democratic?", Daniele Archibugi (ed.), Debating Cosmopolitics, pp. 67~85 중 p. 80.

15 Richard Bellamy, Citizenship: A Very Short Introduction(New York: Oxford University Press, 2008), pp. 78~96.

16 Michael Ignatieff, Human Rights as Politics and Idolatry(Princeton: Princeton University Press, 2001), pp. 3~98.

17 Chantal Mouffe, The Democratic Paradox(New York: Verso, 2000), p. 101.

18 Amy Gutmann and Dennis Thompson, Why Deliberative Democracy?(New Jersey: Princeton University Press, 2004); Amy Gutmann and Dennis Thompson, "Deliberative Democracy", Paul Barry Clarke and Joe Foweraker (eds.), Encyclopedia of Democratic Thought(New York: Routledge, 2001), pp. 137~141.

19 Leo Strauss, An Introduction of Political Philosophy: Ten Essays(Detroit: Wayne State University Press, 1989), pp. 37~38; Leo Strauss, "How to Begin to Study The Guide of the Perplexed", The Guide of the Perplexed Vol. 1, Shlomo Pines (trans.) (Chicago: University of Chicago Press, 1963), pp. xi~lvi.

20 Maimonides, *The Guide of the Perplexed*, Shlomo Pines (trans.) (Chicago: University of Chicago Press, 1963), Ⅰ, 31~34; Ⅱ, 29~31; Ⅱ, 40.

21 Michael Oakeshott, *Lectures in the History of Political Thought*, Terry Nardin and Luke O'Sullivan (eds.) (Charlottesville, VA: Imprint Academic, 2006), pp. 75~78.

22 박명규, 『국민·인민·시민: 개념사로 본 한국의 정치 주체』(서울: 소화, 2009), 180~198쪽.

23 野村眞理, 「研究ノート〉歴史的用語としての「市民」: 故林宥一さんに捧ぐ」, 《金澤大學 經濟學部論集》 21집 1호(2001), 236쪽.

24 J. G. A. Pocock, "The Ideal of Citizenship since Classical Times", Gershon Shafir (ed.), *The Citizenship Debates: A Reader*(Minneapolis: University of Minnesota Press, 1998), pp. 31~42.

25 Richard Bellamy, op. cit, pp. 82~83.

26 Bo Strath, "The state and its citics: is there a post-modern challenge?", Quentin Skinner and Bo Strath (eds.), *States & Citizenships*(New York: Cambridge University Press, 2003), pp. 167~190 중 pp. 184~185.

27 곽준혁, 「키케로의 공화주의」, 《정치사상연구》 13집 2호(2007).

28 Isaiah Berlin, *Liberty: Incorporating Four Essays on Liberty*(New York: Oxford University Press, 1969, 2002).

29 Philip Pettit, "A Republican Law of Peoples", *European Journal of Political Theory*, Vol. 9, no. 1(2010), pp. 70~94.

30 Philip Pettit, *Republicanism: A Theory of Freedom and Government*(New York: Oxford University Press, 1997).

31 David Miller, *National Responsibility and Global Justice*(New York: Oxford University Press, 2007).

32 David Miller, *Citizenship and National Identity*(Cambridge: Polity Press, 2000), pp. 24~40, pp. 81~96.

33 David Miller, *National Responsibility and Global Justice*, pp. 230~261.

34 Ibid., pp. 34~43.

35 Stuart White, "Republicanism, Patriotism, and Global Justice", Daniel Bell and Avner de-Shalit (eds.), *Forms of Justice: Critical Perspectives on David Miller's Political Philosophy*(Lanham: Rowman & Littlefield Publishers, 2003), pp.

251~268 중 p. 256.

36 Ibid., pp. 258~259; Maurizio Viroli, *Republicanism*, Antony Shugaar (trans.) (New York: Hill and Wang, 2002), pp. 86~91.

37 Maurizio Viroli, op. cit, p. 85.

38 James Bohman, "Republican Cosmopolitanism", *The Journal of Political Philosophy*, Vol. 12, no. 3(2004), pp. 336~352 중 pp. 340~341; James Bohman, "Cosmopolitan Republicanism", *The Monist*, Vol. 84, no. 1(2001), pp. 3~21 중 pp. 5~9.

39 James Bohman, "Republican Cosmopolitanism", pp. 337~341; James Bohman, "Cosmopolitan Republicanism", pp. 9~12.

40 James Bohman, "Nondomination and Transnational Democracy", Cecile Laborde and John Maynor (eds.), *Republicanism and Political Theory*(Malden, MA: Blackwell Publishing Co., 2008), pp. 190~216 중 pp. 203~215; James Bohman, "Cosmopolitan Republicanism", pp. 15~18.

41 James Bohman, "Nondomination and Transnational Democracy", pp. 201~205; James Bohman, "Cosmopolitan Republicanism", pp. 12~15.

42 Philip Pettit, *Republicanism: A Theory of Freedom and Government*, pp. 186~200.

43 James Bohman, *Democracy across Borders*(Cambridge: MIT Press, 2007), pp. 1~57.

44 Simon Hope, "Republicanism and human rights: a plausible combination?", *Cambridge Review of International Affairs*, Vol. 21, no. 3(2008), pp. 367~382 중 pp. 370~374; Patchen Markell, "The Insufficiency of Non-Domination", *Political Theory*, Vol. 36, no. 1(2008), pp. 9~36.

45 Miguel Vatter, "Pettit & Republican Thought", Melissa Williams and Stephen Macedo (eds.), *Political Exclusion and Domination*(New York: New York University Press, 2005), pp. 118~162.

46 Philip Pettit, "A Republican Law of Peoples", pp. 86~88.

47 Bryan Garsten, *Saving Persuasion*(Cambridge: Harvard University Press, 2006), pp. 142~173; Gary Remer, "Political Oratory and Conversation, Cicero versus Deliberative Democracy", *Political Theory*, Vol. 27, no. 1(1999), pp. 39~64.

48 곽준혁, 「민족주의 없는 애국심과 비지배 평화 원칙」, 《아세아연구》 46집 4호(2003),

333~336쪽.

49 Cicero, *De Officiis*, Walter Miller (trans.) (Cambridge: Harvard Unviersity Press, 1913, 2001), Ⅲ, 49,

50 Ibid., Ⅲ, 28.

51 Ibid., Ⅰ, 34~41.

52 Ibid., Ⅲ, 27; Cicero, *De Re Publica*, in *De Re Publica & De Legibus*, Clinton Walker Keyes (trans.) (Cambridge: Harvard Unviersity Press, 1928, 2000), Ⅲ, 22, 23; Cicero, *De Finibus*, in *De Finibus Bonorum et Malorum*, Harris Rackham (trans.) (Cambridge: Harvard University Press, 1967), Ⅲ, 45; Cicero, *De Legibus*, in *De Re Publica & De Legibus*, Clinton Walker Keyes (trans.) (Cambridge: Harvard Unviersity Press, 1928, 2000), Ⅰ, 6, 18~19 참조.

53 Cicero, *De Officiis*, Ⅰ, 35.

54 Ibid., Ⅰ, 7~8; Ⅱ, 35; Ⅲ, 14~17.

55 Cicero, *De Legibus*, Ⅱ, 14, 35~37; Ⅱ, 18, 45; Ⅱ, 25, 62~66.

56 Philip Pettit, "A Republican Law of Peoples", p. 88.

57 Eric J. Hobsbawm, *Nations and Nationalism since 1780*(New York: Cambridge University Press, 1990), p. 66.

58 Paolo Virno, *A Grammar of the Multitude*, Isabella Bertoletti, James Cascaito and Andrea Casson (trans.) (Los Angeles, CA: Semiotext(e), 2004).

59 Niccoló Machiavelli, *Il Principe*, Giorgio Inglese (intro.), Federico Chabod (note.) (Torino: Giulio Einaudi Editore, 1995), Ch. 9, (2).

60 Thomas Hobbes, *De Cive*, in Richard Tuck (ed.), *On the Citizen*, Richard Tuck (trans.) (New York: Cambridge University Press, 1998). Ch. 12, 8.

7 자유와 자치 그리고 자연

1 철들고부터 안 세상의 여러 가지 불의, 특히 양심적 병역 거부 문제로 고민하다가 결국은 군에 갔던 학창 시절도 마찬가지였다. 입학 이후 지금까지 대학에서 지내면서 항상 양심에 따른 정의의 교육을 하지 못한다고 자책하면서도 바꾸지 못했다. 세상이 정의롭지 못하다는 것을 언제나 알면서도 고치려고 싸우지 못했다. 노동 문제가 금기시된 시절부터

학내외에서 노동법 등을 가르치는 것으로 최소한의 양심을 지킨답시고 자위했지만 정작 그 악법을 고치지 못했다. 수많은 악법을 비롯한 정의롭지 못한 정치, 경제, 사회, 문화에 대해서도 마찬가지다. 항상 비판적 자세를 갖고자 노력했지만 현실의 벽은 언제나 너무 두꺼웠다.

2 얼굴을 마주 볼 수 없게 하는 닭장 같은 도시의 아파트와 아스팔트 거리, 인터넷과 핸드폰의 획일적 막장에서 나는 살 수 없었다. 그래서 하루하루 아침저녁으로 다양하게 변하는 시골 자연에서 어려서부터 하던 주경야독의 아마추어로 농사를 짓고 동물을 키우며, 자전거를 타거나 걸어서 학교에 다니고, 마을 사람들과 자치 민주주의를 실천하고자 했다. 학교에서도 노동법 외에 예술을 통해 법을 비판하는 '법과 예술'이라는 새로운 과목을 가르치면서 노동자를 위한 예술에 대해 책을 썼고, 로스쿨로도 가지 않고 교양학부로 옮겼다. 허례허식의 관혼상제를 비롯한 불필요한 사교 생활도 일체 중단했다. 혈연, 지연, 학연으로부터 완전히 벗어나는 자발적 소외에 의한 철저한 고독이 나의 양심선언이었다. 이발이나 면도나 샤워를 자주 하지 않고 시골 생활에 편한 옷을 입는 등 생활의 모든 변화는 부모나 가족, 학교, 사회로부터 비윤리적이니 비도덕적이라는 비난을 받았지만, 나에게는 그것이 도리어 윤리고 도덕이었다.

3 피터 싱어, 황경식·김성동 옮김, 『실천윤리학』 제3판(연암서가, 2013), 5쪽. 이 책 말고도 우리나라에 소개되거나 소개되지 않은 싱어의 책이 많은데, 어느 책에서나 유사한 이야기를 하고 있다.

4 이 글에서 나는 싱어의 견해만을 언급하지만 그 밖에도 수많은 환경윤리학자, 윤리학자, 철학자 등의 견해를 나열할 수 있겠다. 그러나 그런 나열은 필요 없다고 생각한다. 싱어 이전에 동물은 물론 식물 등의 모든 자연물에 상호 존중을 요구하는 복잡한 사회적 교제를 할 수 있는 인격이라는 도덕적 지위가 있다는 생각은 인디언을 비롯하여 많은 민족에게 일찍부터 존재했다. 인디언 학살은 유대인 학살보다 더욱 광범위한 최초의 인류 대학살이라는 점에서 윤리학 최대의 문제이기도 하지만 싱어나 롤스나 샌델은 그런 문제에 대해 전혀 언급하지 않는다. 이를 특히 강조하는 윤리학의 입장은 제임스 P. 스터바, 배석원 옮김, 『윤리학에 대한 3가지 도전: 환경주의, 여성주의, 문화다원주의』(서광사, 2001), 168쪽 이하 참조. 인디언에 대한 인디언 자신의 연구서로는 워드 처칠, 황건 옮김, 『그들이 온 이후: 토착민이 쓴 인디언 절멸사』(당대, 2010) 참조. 나도 『인디언 아나키 민주주의: 인디언에게 배우는 자유, 자치, 자연의 정치』(홍성사, 2009)에서 이 문제를 다루었다.

5 서양에서도 반드시 그런지 의문이다. 가령 현대 윤리학의 태두라고 하는 롤스의 저술에

서도 그런 문제들을 보기 어렵다. 윤리학에 든다고 할 수 없을지 모르지만 샌델도 『정의란 무엇인가』에서 그런 문제를 거의 다루지 않는다. 동물과 관련하여 서양 사상에서도 가령 주류 원조인 플라톤이나 아리스토텔레스는 자연을 이성적 능력이 덜한 것이 더한 것을 위해 존재하는 하나의 위계 체제로 간주했다. 그래서 식물은 동물을 위해, 짐승은 인간을 위해 존재한다고 보았다. 인간의 사악함을 벌하기 위해 지구 상의 모든 동물을 물에 빠뜨린 하나님을 섬기는 유대교나 기독교의 구약 성서나 아우구스티누스나 아퀴나스 신학에서도 마찬가지다. 데카르트나 칸트도, 하이데거나 데리다도 예외가 아니었다. 예외가 있다면 몽테뉴나 밀 정도였다. 힌두교나 불교에서는 인간과 동물의 관계를 보다 긴밀한 것으로 보았지만 동물은 여전히 인간보다 하등의 존재로 취급되었고, 유교나 도교에서는 동물에 대해 거의 논의하는 바가 없다. 그런데 이러한 사상사적 검토는 싱어가 말하는 종 차별주의의 선구인 인종 차별주의나 성차별주의에서도 거의 그대로 드러난다는 점을 주의해야 한다. 싱어의 경우 서양에서는 그 문제가 극복되었다고 생각하는 탓인지 거의 논의하지 않지만, 우리나라를 비롯한 여러 나라에서는 여전히 중요한 문제이다. 이와 관련하여 피터 싱어, 김성한 옮김, 『동물 해방』, 개정완역판(연암서가, 2012); 피터 싱어 엮음, 노승영 옮김, 『동물과 인간이 공존해야 하는 합당한 이유들』(시대의창, 2012) 참조.

6 가령 박찬구는 『우리들의 응용 윤리학』(울력, 2012)에서 싱어가 『물에 빠진 아이 구하기』(함규진 옮김, 산책자, 2009, 219쪽)에서 제안한 연 수입의 5퍼센트 기부 기준을 소개하면서도 그 현실성이나 가능성에 대해서는 의문을 제기한 뒤 분배 문제의 근본적 해결을 위해서는 민주주의의 실현이 필요하다고 주장한다. 마찬가지로 싱어의 채식 주장에 대해서도 실효성이 있을지 의문을 제기한다. 개개인의 생활 습관을 바꾸기가 쉽지 않다는 이유에서. 그러면서 가능한 현실적 선택은 가능한 한 환경 파괴를 최소화하고 육식을 줄이기 위해 노력하는 정도이고 가능한 한 공장식의 동물 사육 환경을 개선하고 동물 실험을 최소화하는 일이라고 한다. 그런데 이러한 주장에 이어 "절대적 가치에 근거하지 않은 윤리란 결국 세속적인 필요에 의해 언제라도 모습을 바꾸는 전략적 지침에 불과한 것"이라고 한다.(박찬구, 앞의 책, 302쪽) 그가 말하는 '가능한 현실적 선택'이란 것이 바로 그런 전략적 지침에 불과한 것이 아닐까?

7 가령 한국의 대표적 윤리학자라고 하는 김태길이 1995년에 쓴 『한국 윤리의 재정립』(철학과현실사)에도 그런 논의는 거의 없다. 그런 논의와 박종홍이 만들었다는 국민교육헌장이 어떻게 관련되는지 알 수 없지만 어쩌면 크게 다르지 않을지 모른다. 2000년대의 윤리 논의가 그런 범주를 얼마나 벗어났는지도 의문이다. 적어도 초중등학교의 도덕이나

윤리 교과서 등에서도 그런 논의를 거의 볼 수 없다. 가령 2003년에 나온 고등학교 『시민교육』에서는 한국인이 단일 민족이므로 집단주의와 가족주의를 유지해 와서 사회적 갈등을 쉽게 해결할 수 있다고 서술되었다. 2006년 제7차 교육 과정 개편에 따라 나온 고등학교 『윤리와 사상』에서 세계 윤리에 대해 처음으로 언급했지만, 우리의 교과서에는 싱어의 책처럼 구체적인 실천 윤리를 다루기커녕 싱어와 같은 외국 학자들의 학설만을 잔뜩 싣고 있어서 그런 윤리학 이론을 가르친 탓에 우리 사회에 "비윤리가 판을 치는" 것인지 모른다는 생각이 들 정도도.

8   피터 싱어, 『실천윤리학』, 556쪽. 역자의 한 사람인 황경식은 어느 인터뷰에서 한국에서 윤리 교육을 시킬 수 있는 가장 좋은 곳은 군대라고 했지만 비민주주의적인 군대가 윤리 교육이 가능한 윤리적인 곳인지 의심스럽다.

9   위 책 옮긴이들이 쓴 한국의 윤리에 대한 논저에서도 그런 언급을 본 적이 없다. 가령 황경식, 「이론과 실천」(철학과현실사, 1998); 황경식, 『개방 사회의 사회 윤리』(철학과현실사, 1996); 황경식, 『고도 과학 기술 사회의 철학적 전망』(민음사, 2005); 황경식, 『공정과 정의 사회: 한국 사회의 지속 가능한 성장을 위한 지적 모색』(조선뉴스프레스, 2011) 등 어디에서도 찾아볼 수 없다.

10 피터 싱어, 『실천윤리학』, 21쪽.

11 1950년대의 서양이라고 해도 동성동본의 금지나 관혼상제를 둘러싼 여러 문제를 도덕이나 윤리의 문제로 다루지는 않았을 것이다. 그러나 그것은 지금도 여전히 우리에게는 중요한 도덕 내지 윤리의 문제다.

12 한국에서는 성 윤리가 더 중요하다는 견해도 있을 수 있다. 서양에서도 마찬가지다. 1971년에 나온 제임스 레이첼즈(James Rachels) 편의 *Moral Problems*의 제1장도 성에 대한 것이다. 그러나 토머스 네이글이 성도덕을 논의하면서 '성도착 행위'에 대해서 "도착된 성행위가 설사 그것이 그럴 수도 있을 바만큼 좋지는 않은 것이라 할지라도 나쁜 성이 일반적으로는 아무런 성행위도 하지 않는 것보다는 그래도 더 낫다."(제임스 레이첼즈 엮음, 황경식 외 옮김, 『사회 윤리의 제 문제』(서광사, 1983), 32쪽)라고 하는 것이 한국의 윤리학에서 그대로 인정될지는 의문이다. 한국에서 흔히 불륜이라고 하는 행위에 대해 그 책에서는 아예 언급조차 하지 않는다. 물론 한국에서는 사정이 다르다.

13 피터 싱어, 『실천윤리학』, 21쪽.

14 흔히들 우리나라가 전통적으로 동방예의지국이라는 칭찬을 들어 왔다고 하지만 적어도 지금 과연 그럴까? 전통적으로 유교 윤리를 배워 왔고 일제 강점기부터 도덕이니 윤리를 배워 왔으며 매일 아침저녁으로 국민교육헌장을 암송하면서 살았던 적도 있지만 우리의

윤리 수준은 과연 어느 정도일까? 지금 이렇게 "비윤리가 판을 치는 시대"란 그런 전통에서 예외적인 것일까?

15 피터 싱어 자신이 유감을 표명했듯이 한국에서는 그의 동물 해방과 생명 윤리가 각광을 받는 반면 세계화 윤리는 소홀히 다루어지지만 그렇다고 해서 한국에서 동물 해방이나 생명 윤리가 확고한 것은 아니다. 동물 해방에 대한 불교적 전통에도 불구하고 그렇다. 식용 개에 대한 한국인의 악평은 범세계적이지만 다른 동물의 식용 문제도 심각하기는 마찬가지다. 동물을 공장식으로 사육하는 방식은 유럽 연합에서는 없어졌고 북미에서도 약화되고 있지만 아시아에서는 여전히 강력하다. 피터 싱어, 구영모 외 옮김, 『이 시대에 윤리적으로 살아가기』(철학과현실사, 2008), 269쪽 등.

16 피터 싱어, 『실천윤리학』, 22쪽.

17 한국에서도 윤리학의 차원에서 양심이 다루어지는 경우는 거의 없다. 동양의 유가적 전통에서 말하는 양심, 즉 '인간이 본래부터 갖고 있는 선한 마음'이라는 의미의 양심은 이글에서 다루는 양심과 무관하다. 따라서 가령 맹자가 말하는 양심을 헌법상의 양심의 자유와 같이 보는 태도에는 문제가 있다. 이러한 태도는 진교훈 외, 『양심: 고대로부터 현대에 이르기까지의 양심의 의미』(서울대학교출판문화원, 2012)에 포함된 장승희의 글(54쪽)에서도 나타난다. 이 책은 서양 사상, 20세기 현대 철학, 신학 등에서 본 양심의 의미를 탐구한 여러 논문으로 이루어져 있지만 어느 논문에서나 양심의 자유에 대해 논의하지 않아서 그것과 관련된 문제의 해결과는 상관이 없다. 머레이 스타인, 박재주 옮김, 『해의 양심과 달의 양심』(철학과현실사, 2008) 등도 마찬가지다.

18 헌재 1977. 3. 27. 96헌가11; 2005. 5. 26, 99헌마513.

19 http://dic.daum.net/word/view.do?wordid=kkw000228821&q=%EC%A0%95%EC%9D%98

20 http://namu.wiki/w/%EC%A0%95%EC%9D%98

21 싱어가 양심을 독자적으로 형성되는 것이 아니라 타인과의 상호 작용을 통해 선악에 대한 공통된 지식이 존재하는 데서 생겨난다고 말하지는 않지만 마이클 왈저가 주장하듯이 당연히 인정되어야 할 것이다. 왈저의 주장은 Michael Walzer, *Obligations: Essays on Disobedience, War, and Citizenship*(Harvard University Press, 1970), p. 121, pp. 130~131.

22 피터 싱어, 『실천윤리학』, 456쪽.

23 Immanuel Kant, *The Metaphysics of Morals*, Mary Gregor (trans.) (ed.) (Cambridge University Press, 1996), pp. 160~161.

24 United States v. Seeger, 380 U. S. 163(1965. 3. 8). 이를 이얼 프레스는 "내 의견이 다른 사람들의 의견과 다를 때 참조할 수 있는 어떤 정신적인 기능일 뿐"이라고 해석한다. 이얼 프레스, 이경식 옮김, 『양심을 보았다: 분노할 것인가, 침묵할 것인가』(흐름출판, 2014), 346쪽.

25 BverGE 12, 45 (55); 21, 191 (205).

26 헌재 1997. 3. 27. 96헌가11; 2001. 8. 30. 99헌바92 등; 2002. 4. 25. 98헌마 425 등; 2004. 8. 26. 2002헌가1.

27 헌재 1991. 4. 1. 89헌마160; 헌재 1998. 7. 16. 96헌바35.

28 헌재 1991. 4. 1. 89헌마160.

29 가장 최근의 합헌 결정은 2011년 8월 30일, 헌법재판소에서 7대 2로 내린 2008헌가 22결정이다.

30 박홍규, 『그들이 헌법을 죽였다』(개마고원, 2001); 박홍규, 『법은 무죄인가』(개마고원, 1997); 박홍규, 『대한민국 신 권리장전』(21세기북스, 2010).

31 한국에서 병역을 거부하게 되면 병역법 제88조에 따라 입영기피죄로, 입영 후 집총을 거부하면 군형법 제44조 항명죄로 3년 이하의 징역에 처해진다. 그런데 2013년 11월 4~7일 한국갤럽이 실시한 '양심적 병역 거부와 대체 복무제 도입에 대한 여론 조사'에서는 68퍼센트가 양심적 병역 거부에 대한 대체 복무제에 찬성하는 결과가 나왔다. 지금도 대체 복무 제도는 양심적 병역 거부와는 관계없이, 상대적으로 저비용의 노동력을 산업계에 안정적으로 공급하는 것으로 인정되고 있다. 즉 양심적 병역 거부를 위한 대체 복무는 불허해도, 산업계를 위한 대체 복무는 허용해 주고 있는 것이다.

32 샌델이나 싱어가 상대방의 주장에 대해 논의한 적은 없지만 서로 입장이 다른 것은 분명하다. 샌델에 대한 나의 비판은 「샌델의 정의와 법」, 《민주법학》 46호(2011), 375~402쪽.

33 이는 피터 싱어의 옥스퍼드 대학 박사 학위 논문에 기초한 *Democracy and Disobedience*(Oxford University, 1973)에서 논의된 것으로 롤스에 대한 부분은 제임스 레이첼즈 엮음, 앞의 책, 237~242쪽에 번역되어 있다.

34 앞의 책, 237쪽.

35 롤스는 양심적 병역 거부를 포함한 양심적 거절(conscientious refusal)과 시민 불복종을 명확하게 구분한다. 그는 정의에 적합한 전쟁이 있음을 인정하고 자위를 위한 전쟁까지 부정하지 않으며, 정의에 어긋나는 전쟁에는 참가하지 않는다고 하는 선택적인 양심적 거절만을 정당화하고 보편적인 평화주의의 입장에 서지는 않는다. 아렌트도 양심적 병

역 거부는 개인의 양심에 근거한 개인적이고 소극적인 행위이지만, 시민 불복종은 정부의 결정이나 법에 반항하는 집단적, 적극적 행위라는 점에서 구별한다. Hannah Arendt, *Crises of the Republic*(Harcourt Brace Janovich, 1972), p. 56. 그러나 이러한 구별을 현실적으로 적용하기는 사실상 힘들다.

36 제임스 레이첼즈 엮음, 앞의 책, 238쪽.

37 드워킨은 1968년에 쓴 "Ethics and Social Justice"에서 논의하고 있다. 이 글은 제임스 레이첼즈 엮음, 앞의 책, 243~259쪽에 실려 있다.

38 피터 싱어, 『실천윤리학』, 454쪽.

39 앞의 책, 460쪽.

40 앞의 책, 462쪽.

41 앞의 책, 474쪽.

42 앞의 책, 84쪽.

43 세계주택기구에서 적정 주택 규모를 1인당 5평 정도라고 한 기준에 따라 4인 가족 20평을 넘지 않는 시골집을 15년 전에 8000만 원을 주고 샀다. 그리고 한반도의 농지 크기를 인구수로 나누어 두 사람의 몫으로 얻은 수치인 600평 밭을 같은 값으로 함께 샀다. 그 돈이 당시 내가 가진 전부였다. 그곳에 도서관을 짓기 전까지 반은 여러 가지 과수, 나머지 반은 여러 종류의 채소를 심고 농약이나 제초제는 물론 어떤 기계도 사용하지 않고 농사를 지었다. 그러나 주변의 모든 논밭은 농약 천지였다. 그래서 항상 묶여 있는 개를 잠시라도 풀어 놓으면 도처의 농약을 먹고 죽기 마련이니 사실 내가 죽인 셈이었다.

44 이반 일리히, 박홍규 옮김, 『행복은 자전거를 타고 온다』(형성사, 1990), 118쪽 등.

45 피터 싱어, 김희정 옮김, 『세계화의 윤리』(아카넷, 2003), 32쪽. 뒤에 롤스는 『만민법 (The Law of Peoples)』에서 원조 문제에 대해 "잘사는 사회가 가난과 싸우고 있는 사회에 대해 상당한 의무를 가지고 있다고 믿지만, 다른 나라에 사는 현재 빈곤한 개인에 대해 갖는 의무에는 초점을 맞추지 않"아 이를 싱어는 국제적 차원의 모델이지 전지구적 차원의 모델이 아니라고 비판한다. 피터 싱어, 『세계화의 윤리』, 226쪽.

46 피터 싱어, 『실천윤리학』, 399쪽.

47 그리고 싱어는 개인들이 해야 할 일을 거론한다. "정부를 압박하여 세계의 빈곤한 이들에 대한 원조를 늘리고 그러한 원조가 가능하면 효과적으로 만들도록 해야 한다." "우리 또한 우리 자신의 책무에 따라" "원조 단체에 기부함으로써 우리 자신에게 도덕적으로 마찬가지로 중요한 어떤 것을 희생하지 않고서도 아주 나쁜 일들이 생기는 것을 우리가 중지시킬 수 있는 한, 그러한 단체들에 기부하는 것은 우리가 마땅히 해야 하는 일이다."

(앞의 책, 404쪽)

48 가라타니 고진, 송태욱 옮김, 『윤리 21』(사회평론, 2001), 5쪽.

49 앞의 책, 221쪽.

50 박홍규·이종호, 『세상을 바꾼 창조자들: 인류를 암흑에서 해방시킨 생각과 발견』(인물과 사상사, 2014), 202~229쪽.

51 박홍규, 『디오게네스와 아리스토텔레스』(필맥, 2011).

52 피터 싱어, 『이 시대에 윤리적으로 살아가기』, 270쪽.

53 적어도 한용운은 불교를 평등의 종교로 보고 평등이 개인에게 적용된 것을 자유주의, 집단이나 인종에 적용된 것을 세계주의라고 불렀다. 한용운, 『한용운전집』, 증보개정판, 제2권(신구문화사, 1980), 44쪽.

54 2014년 10월 6일 한국을 공식 방문한 무투마 루티에레 유엔 인종차별 특별보고관은 한국의 인종 차별주의가 심각하다고 발표했다.

55 2014년 10월 27일(현지 시간) 세계경제포럼(WEF)이 발표한 「2014년 성 격차 보고서」에서 한국은 남녀평등 지수 국가 순위에서 전체 142개국 중 117위에 불과했다. 동물 살해와 관련한 지수를 알 수는 없지만 유교는 몰라도 불교는 불살생, 또는 적어도 살생유택을 가르쳤다. 그것이 조선 시대 이래 숭유억불로 없어졌는가? 조선 시대에는 서당에서 책거리를 할 때 개를 잡아 함께 먹었다고 하는 것이 사실인지, 사실이라도 어느 정도 일반적인 것이었는지 정확하게 알 수는 없지만, 유교에서는 동물에 대한 해방의 사상은커녕 사랑조차 읽기 어려울지 모른다.

56 양심, 정의, 윤리에 대한 문제는 한이 없지만 이상 언급한 외에 관심이 가는 한두 가지만 더 언급하겠다. 지난 15년은 컴퓨터와 인터넷이 본격적으로 보급된 시기였다. 그것을 나의 개나 자전거처럼 친구나 분신처럼 여기는 사람들이 대부분이지만 나는 소위 IT 문명과 담을 쌓고 지내 왔다. 사이버 검열이 문제되고 있지만 나로서는 인터넷 사용을 가능한 한 삼가자고 제안하고 싶다. 인터넷이 과거보다 더 소통을 확대해 주기는 하지만 통제의 가능성도 과거보다 훨씬 커졌음은 두말할 필요가 없다. 게다가 SNS를 비롯한 인터넷 문화는 유행 소비주의의 전형이다. 쾌락과 만족, 능률과 능력을 최대한으로 추구하는 인터넷 소비문화야말로 소위 신자유주의니 세계화 자본주의의 상징이다. 또한 공사의 구분을 철저히 파괴하여 모든 시공간을 사유화하는 괴물인 핸드폰을 나는 반윤리적인 것이라고 생각한다. 그래서 나는 삐삐 시절부터 전자 기계와는 담을 쌓고 지내 왔다. 나아가 소비나 소비자가 왕이라는 말만큼 비윤리적인 말이 또 있을까? 부자는 물론 모든 사람이 돈을 써야 나라 경제가 돌아간다는 말만큼 비윤리적인 말이 또 있을까? 모든 종교의 가르

침인 욕망의 억제야말로 종교를 거부하게 만든 가장 큰 이유가 아닌가? 페미니즘은 화장
이나 성욕을 부추긴다는 이유에서 환영받는 것일까? 모더니즘도 포스트모더니즘도 소비
를 비롯한 모든 욕망의 긍정에서는 마찬가지 아닌가? 자본주의든 사회주의든 욕망의 긍
정인 점에서는 모두 같지 않은가? 경제니 경영이니 하는 것 자체가 소비의 증대를 부추
기는 것이 아닌가?

57 박홍규, 『유엔』(형성사, 1991); 카렐 바삭 엮음, 박홍규 옮김, 『인권론』(실천문학사,
1986); 니콜라스 발티코스, 박홍규 옮김, 『세계의 최저노동기준』(분도출판사, 1985) 등
참조.

58 「자동차 등록 대수 2000만 대 넘었다」, 《연합뉴스》(2014년 11월 4일) 외 각종 신문 보도.

59 도시에서 나온 흙 등을 운반하는 대형 트럭들로 좁은 길은 항상 만원이고 군데군데 파여
있으며 매연 그 자체여서 자전거를 탄다는 것은 매연을 덩어리째로 마시는 것이자 매일
교통사고를 각오해야 할 정도로 위험한 일이다. 1차선이었던 도로 폭을 그대로 두고 중
앙에 줄만 그어 2차선으로 만든 탓에 차들의 사고도 빈발한 만큼 자전거를 타기란 거의
죽음의 곡예 같은 꼴이다. 그래서 15년간 수없이 방황하고 고민했지만 달리 살아갈 곳을
찾지 못했다.

60 게다가 삶이 어려운 사람들을 돕고 최소한 그들과 함께 살아야 한다고 생각하기 때문이
다. 이 나라 이 시대에 서울에 사는 사람들보다 못난 사람들이 상당수 사는 곳이 시골이
다. 시골이 도시보다는 문명적이지 못하여 불편함을 느낄 수도 있지만 내게는 그 점이 도
리어 시골에 살게 하는 이유다. 나는 도시의 각종 상업 시설을 도시에 살면서도 거의 이
용하지 않았다. 화려하고 비싼 술집이나 식당은 물론 헬스장이나 수영장 같은 곳에도 가
본 적이 없다. 시골에는 아예 그런 곳이 없어서 좋다.

8 근대, 적응과 극복의 이중과제

1 이남주 엮음, 『이중과제론: 근대적응과 근대극복의 이중과제』, 창비담론총서 1(창비,
2009). 김종철의 비판에 대해 나는 이 책에 재수록된 「근대 한국의 이중과제와 녹색담
론」과 새로 집필한 '덧글'을 통해 답변을 시도했다. 이남주의 서장 「근대의 이중과제는 무
엇인가」와 김영희, 「페미니즘과 근대성」도 이 책을 위해 새로 집필한 글들이다.

2 나의 영문 저서 *The Division System in Crisis: Essays on Contemporary
Korea*(University of California Press, 2011)는 주로 앞선 저서 『흔들리는 분단체제』(창

작과비평사, 1998)에 바탕을 두고 있기 때문에 *Interventions*에 실린 발표문이 포함되지 않았으며, 이중과제론의 본격적인 제기 이전의 단계에 속하는 「민족문학론·분단체제론·근대극복론」(1995)이 제3장으로 수록되었을 뿐이다. 영문 잡지 *Inter-Asia Cultural Studies*, Vol. 11, no. 4(December 2010)의 '백낙청 특집(Special Issue: Paik Nak-chung)'에서도 객원 편집자(백영서)와 기고자 몇 사람의 간헐적 언급이 있는 정도다. 최근에 와서 나 스스로 한층 분발하자는 생각으로 2012년 10월 중국 상하이에서 열린 '아시아 사상 회의'의 연설 "The 'Third' Party in Inter-Korean Relations and Its Potential Contribution to Modern Asian Thought"에서 이중과제론을 조금 더 상세히 소개했고 (*Inter-Asia Cultural Studies*, Vol. 15, no. 1, pp. 8~16에 2014년 3월 24일 온라인 게재, http://dx.doi.org/10.1080/14649373.2014.871772), 2014년 10월에는 중국 꽝쩌우(廣州)에서 열린 학술회의에서 "Modernity's Double Project in Korea and East Asia"라는 발표에서 이 주제를 정면으로 다루었다. 본고의 내용 상당 부분이 이 발표와 겹치기도 함을 밝힌다.

3　모던, 모더니티, 모더니즘 등 용어에 관한 검토는 이중과제론을 제기하기 전인 1993년의 한 토론회에서 다소 체계적으로 시도했고 그날의 발제와 토론 내용을 정리하여 나의 평론집 『통일시대 한국문학의 보람』(창비, 2006)에 「근대성과 근대문학에 관한 문제제기와 토론」으로 실었다.

4　영어 modernism이 일반사회와 예술 중 어느 분야에 적용되느냐에 따라 각기 '근대주의'와 '현대주의'로 번역이 달라져야 하는 것은 그 때문이다.(백낙청, 「근대성과 근대문학에 관한 문제제기와 토론」, 93쪽) 전자는 근대화(modernization)를 대체로 지지하는 입장인 데 반해, 후자의 경우 19세기 중반 이래의 수많은 전위예술가들이 보여주듯이 자본주의 근대에 적대적인 경우가 오히려 우세하다.

5　당장에 같은 중어문화권이지만 신해혁명(1911)의 획기성을 더 강조하는 타이완의 중화민국부터가 동조하지 않는다. '근대'가 사회주의혁명과 더불어 끝난다는 시대구분법은 볼셰비끼혁명(1917)을 세계사의 전환점으로 삼은 쏘비에뜨연방의 선례가 있지만, 오늘날 러시아는 더 말할 것 없고 중국의 현실에 비추어서도 납득하기 어려운 시대구분이다. 더구나 스딸린과 달리 혁명 이후의 사회도 언제나 자본주의로의 역전 가능성을 안고 있다고 주장한 모택동사상에 어긋나는 역사인식이기도 하다.

6　꽝쩌우 학술회의의 내 발제문 제목도 현지 번역자가 '현대성의 이중과제'로 해놓은 것을 절충해서 '현대의 이중과제'로 고치게 되었다.

7　Enrique Dussel, "Beyond Eurocentrism", Fredric Jameson and Masao Miyoshi (eds.), *The Cultures of Globalization*(Duke University Press, 1998), p. 19.

8 백낙청, 「흔들리는 분단체제」, 113쪽.

9 더구나 영어로는 둘 다 modernity이기 때문에 'achievement of modernity and overcoming modernity'가 되는 셈이다.

10 주1의 『이중과제론』에 수록된 이남주, 「전지구적 자본주의와 한반도 변혁」에서는 전지구적 자본주의와 신자유주의의 공세에 대한 추수·탈출·적응이라는 세 가지 유형의 대응을 검토하면서 '적응'전략을 옹호한다.(57~61쪽)

11 백낙청, 「근대성과 근대문학에 관한 문제제기와 토론」, 113쪽.

12 Fredric Jameson, *Postmodernism, or, The Cultural Logic of Late Capitalism*(Duke University Press, 1991). 나는 「근대성과 근대문학에 관한 문제제기와 토론」에서 이 저서의 논지에 대한 일차적 소개와 비판을 시도한 바 있다.(101~103쪽)

13 이에 관해 참고문헌을 일일이 제시할 필요는 없으리라 본다. 다만 분단체제론이 처음으로 다소나마 본격적으로 제시된 사례로는 백낙청, 「분단체제의 인식을 위하여」(1992), 『분단체제 변혁의 공부길』(창작과비평사, 1994) 참조.

14 백낙청, 『2013년체제 만들기』(창비, 2012), 제7장 '한국 민주주의와 한반도 분단체제' 참조.

15 자주성에 대한 이런 각도에서의 평가로 백낙청, 「분단체제의 인식을 위하여」, 19쪽 참조.

16 20세기 전반기 일본 주류사회의 부국강병노선에 맞선 소국주의·소일본주의 사상과 후반기 호헌운동의 연관성에 관해서는 백영서, 「20세기형 동아시아문명과 국민국가를 넘어서」, 『동아시아의 귀환』(창작과비평사 2000), 29~30쪽 참조.

17 일단 실패로 끝났지만 그러한 연대는 '2013년체제 만들기'가 기대한 효과 중 하나였다. "일본이 3·11의 교훈을 제대로 살려 기존의 탈아입구·부국강병 노선을 청산하고, 나아가 새로운 인류문명 건설에 적극 나서는 일이 한국에서의 2013년체제 성취 없이도 가능하리라고는 믿기 어렵습니다."(백낙청, 『2013년체제 만들기』, 제2장 '동아시아와 한반도에서 새로운 시대를 열기 위하여', 54쪽)

18 이에 관해서는 미야지마 히로시(宮嶋博史), 『일본의 역사관을 비판한다』(창비, 2013), 제6장 '평화의 시각에서 다시 보는 일본 '근세화': 탈아적 역사이해 비판' 및 제7장 '일본사 인식의 패러다임 전환을 위하여: '한일병합' 100주년에 즈음하여' 등 참조.

19 월러스틴은 1990년에 이미 그런 취지의 진단을 내놓았다. "결과적으로 맑스-레닌주의는 사실상 사회주의 건설의 이데올로기라기보다 국가발전의 이데올로기로 기능했다." Immanuel Wallerstein, "Marx, Marxism-Leninism, and socialist experiences in

the modern world-system", *Geopolitics and Geoculture: Essays on the Changing World-system*(Cambridge University Press, 1991), p. 97.

20 원 테쥔 지음, 김진공 옮김, 『백년의 급진: 중국의 현대를 성찰하다』(돌베개, 2013), 53~54쪽.

21 백낙청, 『분단체제 변혁의 공부길』 중 「세계시장의 논리와 인문교육의 이념」 제4절 '진리 개념에 대한 도전'(244~250쪽) 참조.

22 Immanuel Wallerstein, "Questioning Eurocentrism: A Reply to Gregor McLennan", *New Left Review*, Ⅰ/231(1998), p. 159. 이 논쟁의 발단이 된 월러스틴의 논문 「유 럽중심주의와 그 화신들」("Eurocentrism and Its Avatars", *New Left Review*, Ⅰ/226, 1997)은 이매뉴얼 월러스틴, 백승욱 옮김, 『우리가 아는 세계의 종언: 21세기를 위한 사 회과학』(창작과비평사, 2001)에 일부 수정된 상태로 수록되었다.

23 백낙청, 「한반도에서의 식민성 문제와 근대 한국의 이중과제」, 『이중과제론』, 49쪽 및 50쪽. 이 논의는 위 책에 수록되면서 다소 축약되었는데, 원문은 《창작과비평》1999 년 가을호 23~26쪽에서 읽을 수 있다. 거기서 나는 도 개념의 활성화가 단순한 이론 적 과제가 아니라 평등사회의 실현에도 필수적인 그 실천적 의의도 강조했는데 본고에 서는 생략한다.(약간의 추가논의로 백낙청회화록간행위원회 엮음, 『백낙청회화록』 제4권 (창비, 2007)에 실린 방민호와의 대담 「시대적 전환을 앞둔 한국문학의 문제들」(1999), 220~226쪽 참조).

24 Immanuel Wallerstein, "The End of What Modernity?", *Theory and Society*, Vol. 24, no. 4(August 1995), pp. 471~488. Immanuel Wallerstein, *The Essential Wallerstein*(The New Press, 2000)에 재수록.

25 임홍배, 「괴테가 예감한 근대의 이중과제」, 《창작과비평》162호(2013년 겨울호) 참조.

저자 소개

송호근

서울대학교 사회학과를 졸업하고 동 대학원에서 석사 학위를, 미국 하버드 대학에서 박사 학위를 받았다. 하버드 대학 옌칭연구소 연구원으로 있었으며 한림대학교를 거쳐 현재 서울대학교 사회학과 교수로 재직 중이다.

지은 책으로 『칼 만하임의 지식사회학 연구』, 『한국의 노동 정치와 시장』, 『정치 없는 정치 시대』, 『인민의 탄생』, 『시민의 탄생』, 『이분법 사회를 넘어서』 등이 있다.

이진우

연세대학교 독어독문학과를 졸업하고 독일 아우크스부르크 대학에서 철학 석사, 박사 학위를 받았다. 계명대학교 철학과 교수를 거쳐 동 대학 8대 총장을 역임했으며, 현재 포항공과대학교(포스텍) 인문사회학부 석좌교수로 재직 중이다.

지은 책으로 『포스트모더니즘의 철학적 이해』, 『이성은 죽었는가』, 『탈이데올로기 시대의 정치 철학』, 『프라이버시의 철학』, 『니체, 실험적 사유와 극단의 사상』 등이 있고 옮긴 책으로 『공산당 선언』, 『탈형이상학적 사유』, 『현대성의 철학적 담론』, 『인간의 조건』 등이 있다.

강정인

미국 캘리포니아 주립대(버클리)에서 정치학 박사 학위를 받았다. 현재 서강대학교 정치외교학과 교수이다.

지은 책으로 『한국 현대 정치사상과 박정희』, 『넘나듦(通涉)의 정치사상』, 『서구 중심주의를 넘어서』, 『민주주의의 한국적 수용』, 『자유 민주주의의 이념적 초상』 등이 있고 엮은 책으로 『현대 한국 정치사상』, 『정치학의 정체성』 등이, 옮긴 책으로 『보수주의』, 『통치론』(공역), 『군주론』(공역), 『로마사 논고』(공역) 등이 있다.

조은

서울대학교 영어영문학과를 졸업하고 신문대학원에서 신문학 석사 학위를, 미국 하와이 대학에서 사회학 박사 학위를 받았다. 1983년부터 2012년까지 동국대학교 사회학과 교수로 재직했으며 현재 동국대학교 명예교수이다.

지은 책으로 『침묵으로 지은 집』, 『사당동 더하기 25』, 『절반의 경험 절반의 목소리』, 『도시 빈민의 삶과 공간』(공저), 『성 해방과 성 정치』(공저) 등이 있고 다큐멘터리 영화 「사당동 더하기 22」를 제작했다. 한국출판문화상(학술 부문)을 수상했다.

하영선

서울대학교 외교학과를 졸업하고 동 대학원에서 정치학 석사 학위를, 미국 워싱턴 대학에서 국제정치학 박사 학위를 받았다. 1980년부터 30여 년간 서울대학교 외교학과 교수로 재직했다. 현재 서울대학교 정치외교학부 명예교수이며 동아시아연구원 이사장이다.

지은 책으로 『한반도의 전쟁과 평화』, 『한반도의 핵무기와 세계 질서』, 『역사 속의 젊은 그들』, 『하영선 국제 정치 칼럼』 등이 있고 엮은 책으로 『21세기 한반도 백년대계』, 『네트워크 세계 정치』, 『변환의 세계 정치』, 『복합세계정치론』 등이 있다.

곽준혁

미국 시카고 대학에서 마키아벨리 연구로 정치학 박사 학위를 받았다. 고려대학교 정치외교학과 교수, 경북대학교 정치외교학과 교수, 이탈리아 볼로냐 대학 방문교수를 역임했고 현재 숭실대학교 가치와윤리연구소 공동소장으로 있다. 루틀리지(Routledge) 출판사에서 내는 Political Theories in East Asian Context 시리즈의 책임 편집자를 맡고 있다.

지은 책으로 『Republicanism in Northeast Asia』, 『마키아벨리 다시 읽기』, 『지배와 비지배』, 『경계와 편견을 넘어서』 등이 있고 옮긴 책으로 『신공화주의』, 『선거는 민주적인가』, 『공화주의와 정치이론』(공역) 등이 있다.

박홍규

영남대학교 법학과와 동 대학원을 졸업하고 일본 오사카 시립대에서 법학 박사 학위를 받았다. 미국 하버드 대학, 영국 노팅엄 대학, 독일 프랑크푸르트 대학에서 연구하고, 일본 오사카 대학, 고베 대학, 리쓰메이칸 대학 등에서 강의했다. 현재 영남대학교 교양학부 교수이다.

지은 책으로 『자유란 무엇인가』, 『예술, 법을 만나다』, 『아나키즘 이야기』 등이 있고 옮긴 책으로 『유토피아』, 『자유론』, 『오리엔탈리즘』 등이 있다. 한국백상출판문화상을 수상했다.

백낙청

미국 브라운 대학을 졸업하고 하버드 대학에서 영문학으로 석사, 박사 학위를 받았다. 1966년 계간 《창작과비평》을 창간한 이래 분단 현실의 체계적 인식과 실천적 극복에 매진해 왔다. 현재 서울대 명예교수이며 계간 《창작과비평》 명예편집인으로 있다.

지은 책으로 『분단체제 변혁의 공부길』, 『흔들리는 분단체제』, 『2013년 체제 만들기』 등 사회평론서와 『민족문학과 세계문학』 1, 2, 『문학이 무엇인지 다시 묻는 일』 등 문학평론집, 『백낙청 회화록』(전5권) 외 다수가 있다. 대산문학상(평론 부문), 심산상, 만해상 실천상, 요산문학상을 수상했다.

최장집(머리말)

고려대학교 정치외교학과와 동 대학원을 졸업하고 미국 시카고 대학에서 정치학 박사 학위를 받았다. 고려대학교 아세아문제연구소 소장과 대통령자문정책기획위원회 위원장을 역임했다. 현재 고려대학교 명예교수이다.

지은 책으로 『한국의 노동운동과 국가』, 『민주화 이후의 민주주의』, 『민주주의의 민주화』, 『민중에서 시민으로』, 『노동 없는 민주주의의 인간적 상처들』 등이 있다.

7　문화의 안과 밖

근대성의 검토

시민사회의 기획과 도전

근대성의 검토

1판 1쇄 찍음　2016년 4월 22일
1판 1쇄 펴냄　2016년 4월 29일

지은이　송호근, 이진우, 강정인, 조은, 하영선, 곽준혁, 박홍규, 백낙청
발행인　박근섭·박상준
펴낸곳　(주)민음사

출판등록　1966. 5. 19. 제16-490호
주소　　서울특별시 강남구 도산대로 1길 62(신사동)
　　　　강남출판문화센터 5층(우편번호 06027)
대표전화　515-2000 | 팩시밀리　515-2007
홈페이지　www.minumsa.com

ⓒ 송호근, 이진우, 강정인, 조은, 하영선, 곽준혁, 박홍규, 백낙청, 2016.
Printed in Seoul, Korea

ISBN　978-89-374-5727-2 (94100)